秘密資金の戦後政党史

米露公文書に刻まれた「依存」の系譜

名越健郎

新潮選書

はじめに

降る雪や　明治は遠く　なりにけり

中村草田男のこの有名な句は、大正時代を挟んで昭和六年に詠まれた。東京が大雪の日、中村が二十年前に通った母校の小学校を訪ねた時に詠んだものだ。この年には満州事変が起こり、「坂の上の雲」の時代は分岐点を迎える。

同様に、時代は「平成」を経て「令和」に入り、「昭和」も遠くなろうとしている。敗戦までの昭和前期は怒濤の時代だったが、戦後の昭和も社会が復興へと躍動した点で、やはり怒濤の時代だった。

「戦後は日本の歴史の中で初めて庶民大衆が力強く生きた時代であった。いつの世も、歴史に庶民が登場することは稀である」と日本経済新聞の田勢康弘元編集委員は『島倉千代子という人生』（新潮文庫）で書いた。

田勢によれば、「敗戦による焼け野原から世界第二の経済大国になるまでの戦後が、島倉の歌と人生に凝縮されている」というが、島倉はともかく、戦後の日本ほど庶民大衆が歴史の前面に躍り出たことは世界史でも珍しい現象だろう。

筆者自身は、日本が昭和末期に米国を脅かす経済大国に成長した最大の原動力は、庶民が中核を占める民間企業だったとみなしている。企業間の激しい競争や社内の競争、外国との競争が経済、社会の活力となり、国家を発展させた。

企業に比べて、政界や官界、学界は二次的、三次的な役回りだった。特に戦後政治はスキャンダルが絶えず、永田町の論理が幅を利かせ、ビジョンにも乏しかった。与野党とも東西冷戦の枠組みに安住し、コップの中の政争に終始したところがある。

中でも、本書で取り上げる外国からの秘密資金導入問題は、戦後政治の腐敗体質を象徴する暗部といえよう。冷戦期に活動した自民、社会、公明、民社、共産五党のうち、公明党を除く四党が米国とソ連から、政治資金を密かに導入していたことが、冷戦後解禁された米ソの公文書で判明した。

外国からの政治資金受け入れは、政治資金規正法に抵触し、政治のモラルに反するばかりか、外国の言いなりになることで国家安全保障を揺るがしかねない事態だ。疑惑が浮上すると、各党とも受け入れを全面否定し、日本共産党を除いてまともに調査しようとしなかった。しかし、この問題の解明なしに、戦後政治の真実を解き明かすことはできない。

一九九一年のソ連邦崩壊、冷戦終結は黒船のように政界を直撃し、自社体制が固定化した「五五年体制」が終わり、政党間の離合集散の時代に入った。冷戦終結のもう一つの副産物が、米ソの公文書公開だった。

筆者は時事通信の記者として、ソ連邦崩壊前後のモスクワ、九〇年代後半のワシントンに駐在し、両国の公文書館を回った。当時のエリツィン、クリントン両政権は情報公開に積極的で、日本政府や政党に不都合な資料も出てきた。

近年、米メリーランド州の国立公文書館に通い、再度文書の発掘に当たった。かつて入手した文書やその後の公開、非公開情報を集め、戦後政治史最大の恥部を包括的に再構成してみた。

当時の関係者は既に鬼籍に入り、肉声はあまり拾えなかったが、米ソの機密文書を基に外国資金導入問題に迫ることで、米ソが暗躍し、与野党が政争を繰り広げた戦後政治史の深層に触れることができる。法に抵触する外国の資金援助問題を遠い過去の話として忘却することはできない。

秘密資金の戦後政党史

米露公文書に刻まれた「依存」の系譜

目次

第2章　民社党誕生の内幕　105

第3章 日本共産党とソ連の「内通」 145

人物　▽社会主義の「宴のあと」

第4章　社会党の向ソ一辺倒　231

秘密資金の戦後政党史

米露公文書に刻まれた「依存」の系譜

序章　外国の資金援助はなぜ違法か

▽4政党が非合法活動

「政治とカネ」の問題は戦後、日本の政治を何度も揺り動かしてきた。戦後政治史は一面では、「政治とカネ」の歴史だったといっても過言ではない。戦後間もない昭和電工贈収賄事件（一九四八年）、造船業界が政界に贈賄工作を行った造船疑獄（五四年）、田中角栄元首相逮捕につながったロッキード事件（七六年）、九十人を超える政治家が株の譲渡を受け、竹下登首相が退陣したリクルート事件（八八年）、ゼネコン各社から政界に多額の賄賂が贈られたゼネコン汚職（九三年）などは、「疑獄」に発展して政界や社会に激震が走った。不明瞭な金銭の授受や不正使用が指弾され、要職を辞任した政治家は無数にいる。

自民党絡みの事件が圧倒的に多いが、二〇〇九年に政権を奪った民主党でも、鳩山由紀夫首相の実母からの偽装献金問題や小沢一郎幹事長の西松建設からの献金疑惑が起きた。日本のメディアも政策論議より、「政治とカネ」の疑惑追及に取材力を集中する傾向がある。

カネで政治や行政が歪められ、特定の個人や企業、団体が便宜を受けるケースは戦前からあったが、戦後間もなく、民主政治の健全な発展のため、政治資金規正法（四八年）や公職選挙法（五〇年）が制定された。これらの法律はロッキード事件を機に全面改正され、政党や政治団体の収支公開が義務化され、政治献金に上限が設けられた。さらに、リクルート事件では世論の激しい批判を受けて政治改革が実行され、中選挙区制から小選挙区制への選挙制度改革や、国が政党に財政支援を行う政党助成法など、現行政治制度の原型が整った。

しかし、その後も政治とカネをめぐる問題は絶えず、政治家の資金スキャンダルが続いた。改正された政治資金規正法は発覚した問題への対症療法にとどまり、「ザル法」と呼ばれた。わが国の政治改革は、なお道半ばなのだ。

本書が扱う外国からの政治資金受領疑惑も、広義の「政治とカネ」の問題に含まれよう。戦後、自由民主党が米国から、日本共産党や日本社会党がソ連から、秘密裏に活動資金を導入していたとの噂は長年、政界の一部で取りざたされてきたが、九〇年代以降の米国の情報公開や、九一年のソ連邦崩壊に伴う文書公開で、調査・研究が可能になった。

その結果、冷戦期に活動した日本の主要五政党のうち、公明党を除く自民、民社、社会、共産の四党が外国から非合法に資金を導入していたことが判明した。

通常、個人や企業、団体が政治家や政党に寄付する場合、何らかの見返りを期待するケースが多い。外国の組織が日本の政党に政治資金を提供する場合、当事国の戦略や思惑も絡んで、国家の主権や安全保障を危うくするリスクを伴う。

本書は、冷戦期の激しい与野党対立の裏で、日本の政党が行っていた、外国からの資金導入という「非合法活動」を、米ソの公文書を通じて浮き彫りにするものだ。それは、戦後から冷戦期にかけての米ソ両超大国の対日政治工作を知る上でも重要な手がかりとなろう。この部分は、従来の戦後政治史研究で抜け落ちた部分であり、戦後政治史最大のタブーといえる。先行研究は少なく、事実関係の究明が先決となる。

▽占領期の依存体質が影響

まず、わが国の戦後政治史と外国資金導入疑惑を概観してみよう。敗戦後、日本を占領統治した連合国軍最高司令官総司令部（ＧＨＱ）による民主化政策で、日本共産党が合法化され、保守、革新両陣営で政党が乱立した。独立回復後の一九五五年、自由、民主両党が合併して自民党が誕生し、右派、左派の社会党統一も実現した。この「五五年体制」の下で、自民党が終始政権を担当し、社会党は最大野党に甘んじた。

この間、日米同盟を基軸に政権を運営した自民党は、五七年ごろから六四年にかけて米国の資金援助を受け入れていたことが公文書などから読み取れる。東西冷戦の拡大に伴い、ソ連による革新政党への支援を口実に、米側に財政支援を要請していた。

自民党は戦後史の分岐点となった日米安保条約の改定で、批准国会を乗り切るため、社会党分断工作を米国と連携して舞台裏で進めた。一九六〇年の社会党右派・西尾末広派の分裂と民社党創設に際し、米国の資金が西尾派に流入していたことも分かった。日本の政党への資金提供は、直接には中央情報局（CIA）が担当した。

一方、ソ連は国際共産主義運動の立場から、一九二二年に設立された日本共産党を支援した。戦後は、コミンテルン（国際共産党）の後継機関であるコミンフォルム（共産党・労働者党情報局）の傘下に設置された「左翼労働組織支援国際労組基金」を通じて、日本共産党に秘密資金を提供していたことが、ソ連公文書に記載されている。資金の受け渡しを担当したのは、ソ連国家保安委員会（KGB）だった。

しかし、六三年の原水爆禁止（原水禁）運動をめぐる日ソ両共産党の対立で、日本共産党はソ連を批判し、自主独立路線に転換したため、資金援助は打ち切られた。すると、ソ連は対日政治工作の拠点を左傾化していた日本社会党に移し、同党への資金協力に着手する。社会党への支援は現金を渡すのではなく、社会党系の友好商社を優遇する貿易操作を行い、商社が社会党に利益の一部を還元する形態がとられた。巧妙な細工が施されたものの、これも政治資金規正法に抵触した疑いが残る。

これらの疑惑は冷戦終結後の九〇年代に浮上したが、各党は米国やソ連からの資金援助を全面否定した。九四年に米紙『ニューヨーク・タイムズ』が米国による自民党への数百万ドルの資金援助疑惑を報じた際も[1]、自民党は調査もせずに否定した[2]。

社会党はモスクワに調査団を派遣し、文書を入手したものの、「ソ連共産党からの資金供与はあり得なかったし、事実なかった」（千葉景子・社会党副書記長）と否定した[3]。

共産党は調査チームをモスクワに派遣し、長期にわたって資料収集に努め、不破哲三議長の著作などで調査結果を公表した。しかし、その内容は「日本共産党として旧ソ連共産党に資金を要請したことはないし、党の財政にソ連資金が流入した事実もない」（志位和夫書記局長）というものだった。[4]

各党とも否定声明に際して、十分な説得力を持った説明や具体的証拠を提示したとはいえない。政党の組織防衛本能の強さを見せた反面、自浄能力の欠如を示したといえる。

それにしても、六〇年代後半から西側では米国に次ぐ第二の国内総生産（GDP）を持つ経済大国に飛躍した日本の主要政党が、政情不安定な第三世界の途上国のように、外国からの資金導入に安易に走っていたとすれば、政治の前近代性を物語る。そこには、占領期に醸成された外国への政治的・心理的依存体質がみられ、これも戦後政治の真実だった。

▽政治資金規正法の意味

外国人や外国組織からの政治資金導入は、政治資金規正法に抵触し、違法行為となる。GHQ統治下の四八年に採択された政治資金規正法は、第二二条の五で、「何人も、外国人、外国法人又はその主たる構成員が外国人若しくは外国法人である団体その他の組織から、政治活動に関する寄附を受けてはならない」と明記している。[5]

同法はGHQの指導により、政治腐敗や小政党の乱立に対応するため、米国の腐敗行為防止法をモデルに成立したとされる。その後何度も改正されたが、外国からの政治資金導入を禁じたこの条項は今日まで不変だ。
二〇〇七年に改正された同法は、外国資金導入の罰則規定として、第二二条の五の規定に違反して、「外国人・外国法人等から寄附を受けた者」は、「三年以下の禁錮又は五十万円以下の罰金に処する」としている。[6] 有罪が確定した場合、選挙権や被選挙権などの公民権が停止される。『政治資金規正法要覧〈第五次改訂版〉』は、「これは、外国人等からの『政治活動に関する寄附』の受領を禁止し、わが国の政治や選挙が外国の勢力によって影響を受けることを未然に防止するものである」と述べている。[7]
ただし、これまでに外国人献金条項違反で罪に問われたケースは一度もない。三年を経て公訴時効となるほか、外国人と知っていて故意に受け取ったのでなければ違反にならない。政治資金パーティー券の販売では、一一年から外国人への規制がなくなった。[8] グローバル化とともに、規制緩和が行われたようだ。
政治資金問題に詳しい岩井奉信・日本大学法学部教授は、「当初の政治資金規正法は収支報告を提出・公開する義務もなく、金額が実際の収支を反映しないなど、ザル法といわれた。田中金脈問題を背景に七五年に改正され、リクルート事件やゼネコン汚職後の九五年に大幅改正されるなど、世論の政治不信を受けて規制が次第に強化された。外国人の寄付禁止条項は制定当時のままだが、この規定が実際に適用され、政治家が処罰されたことは一度もない。近年、外国法人の政党寄付規制が緩和されたのは、ビジネスのグローバル化に伴い、キヤノンなど一部有力企業の外国人持ち株比率が五〇%を超えたためで、自民党と経団連のお手盛りの改正だ」と指摘した。[9]

冷戦期に米ソ両国から日本の政党に資金援助が行われた疑惑について岩井は、「明らかに政治資金規正法の外国人条項に違反するが、当時、闇献金はいくらでもあり、立件が難しい。司法当局が知っていたかどうかも分からないが、捜査した形跡はない。ただ、与野党が外国から資金援助を受けたとすれば、政治資金規正法だけでなく、外為法にも抵触する」としている。

確かに、外国の資金援助は闇献金に他ならない。ロッキード事件で五億円の賄賂を受け取った田中角栄が七六年に逮捕された際、検察は逮捕理由を外為法違反・受託収賄とした。外為法（外国為替及び外国貿易法）は無許可による一定額以上の現金持ち出しや持ち込みを禁止しており、CIAやKGBによる政党への資金受け渡しも外為法違反となり得る。

▽主要国も外国資金導入を規制

グローバル化が進んでも、主要国は自国の政治が外国勢力の影響を受けることを阻止するため、外国人・外国組織の政治献金を禁止または規制している。

米国では、外国人の政治献金は比較的自由だったが、一九六〇年代にニカラグア政府などの選挙献金が問題になり、外国の組織、個人についてすべての政治献金が禁止された[10]。しかし、選挙管理委員会の規制を受けない政治献金である「ソフトマネー」が抜け道となり、九〇年代には外国から巨額の資金がソフトマネーとして主に民主党に還流した。一般家庭出身の民主党のクリントン大統領は、九六年の選挙でインドネシア財閥や台湾系仏教寺院から多額の献金を受けていたことを共和党やメディアから追及された。

これを受けて、二〇〇二年に政治資金関連法が全面改正され、ソフトマネーも大幅に規制された。以来、法令上はあらゆる選挙に関して、外国人による政党や候補への寄付は禁止されている。[11]

英国の政党は九〇年代にメディア戦略の拡大で多額の選挙資金が必要になり、外国からの不正献金が相次いだ。このため、二〇〇〇年に政党・選挙法が制定され、外国人・外国組織の政治献金が禁止された。[12] ドイツも八四年の法令で外国からの寄付を禁止したが、外国人一人につき一千ユーロ（約十二万円）までの寄付が認められている。[13] フランスでは、九〇年の選挙関連法改正で外国組織の政治献金が禁止されたが、個人の寄付は可能とされている。[14]

このように、西側主要国は外国勢力の内政干渉を防ぐため、政治資金流入を規制している。外国人献金の監視機関を設置している国もあり、米国では、連邦選挙委員会が収支報告義務違反の疑いについて調査権限を持つ。英国では寄付者の身元確認を政党の義務とするほか、政治資金を所管する選挙委員会が、捜査令状なしに政党などに立ち入ることができる。ドイツでも連邦議会議長が調査することが可能で、違反が見つかったら公表する。[15]

日本では、法整備はなされたものの、政府は「政治資金収支報告書の中身は調べる立場にない」（総務省政治資金課）という立場だ。したがって、報道機関など外部からの指摘か、捜査当局の摘発がなければ、外国人献金は公にならないのが実情である。政治資金の監視体制は諸外国に比べて厳しくないと言える。

▽「年五万円」でクビの外相

とはいえ、日本でも近年、「政治とカネ」を追及する過程で、外国人献金が政界で大きな問題になってきた。特に、〇九年から三年間の民主党政権時代、民主党幹部が在日外国人から献金を受けていたことが次々に発覚し、前原誠司外相の辞任に発展した。前原は〇五年から計五年間、京都市内で焼肉店を経営する在日韓国人女性から年五万円、計二十五万円の政治献金を受け取っていた。

韓国人女性は母子家庭の前原を息子のようにかわいがり、苦学して大臣に上り詰めた前原を寄付で応援した。しかし、それが発覚すると、野党・自民党が政治資金規正法違反を理由に退陣を要求した。民主党内には続投論もあったが、前原は一一年三月、「外相の職にある政治家が外国人から献金を受けていた事実は重く受け止める」として辞任した。[16]

その直後、菅直人首相の資金管理団体が在日韓国人男性から百四万円の献金を受けていたことが発覚し、菅は「日本国籍の方だと思っていた」と釈明した。[17] 自民党は国会で追及したが、そのさ中に東日本大震災が発生し、追及はうやむやとなった。菅を継いだ野田佳彦首相も、資金管理団体が在日韓国人男性から十六万円の献金を受けていたことが判明した。[18] 野田は「日本名で寄付を頂き、一人ひとりの国籍を調べるわけにはいかない」と釈明した。公訴時効の三年が過ぎており、本格追及はなかった。

自民党でも同時期、石破茂衆院議員が在日韓国人の経営するパチンコ会社から献金を受けていたほか、中曽根弘文参院議員も米国人経営企業から献金を受けていたことが発覚し、返金した。安倍政権でも一四年、宮沢洋一経済産業相が、外国人が五〇％超の株式を保有する企業から寄付を受けていたことを認め、謝罪・返金した。一九年にも、立憲民主党の辻元清美国対委員長の政治団体が二年間、韓国籍の男性弁護士から計二万二千円の政治献金を受けていたことが報じられ、辻元事務所は返金し、収支報告書を訂正した。

相次ぐ「返金ラッシュ」は、政界のコンプライアンスの徹底、政治資金規正法の履行強化、「政治とカネ」へのメディアの監視などが背景にあろう。今日、寄付を求める政治家のパンフレットには必ず、「外国人の方は献金できません」と明記されている。

ただ、外国人献金問題が法に問われたケースは一件もない。菅や前原は告発されたものの、東京地検特捜部はいずれも不起訴処分とした。これは、総務省政治資金課が禁止規定の適用で、「罪を犯す意思がない行為は、罰しない」とする刑法規定を重視しているためとされる。「外国人とは知らなかった」と主張すれば、罪に問われないということだ。

既に述べたように、政治資金を管轄する総務省は、「収支報告書の中身は調べる立場にない」としており、報道機関も政治資金報告書を精査する余裕はない。発覚したケースの多くは、政党のスタッフや調査チームが調べて、該当する事案をメディアにリークし、報道させたことが多いようで、政党間の泥仕合を思わせる。

外国人献金問題への対応では、メディアも割れており、一一年の前原外相辞任について、『朝日新聞』は社説で「外国人の中でも、在日韓国・朝鮮人の人たちは、日本人と同じように税金を納め、生活空間をともにし、政治を含めた地域社会に組みこまれた存在だ。地方選挙権を求める運動も起きている。献金は確かに法に触れるが、『外国人献金問題』と抽象化した瞬間、まるで国家間の諜報を論じるようだ」と書いた。[19]

これに対し、『産経新聞』は、「政治資金規正法で外国人からの献金は禁止されているのに、『外国人とは知らなかった』と主張すれば罪に問われない。こんなことでは外国勢力の影響力を排除することなどできず、規正法はザル法に陥ってしまう。……いかにして国家主権を守るかという観点から禁止規定の運用を考えるべきだ」と強調した。[20]

『朝日』の言うように、「焼肉屋のおばさんの献金」を「国家間の諜報」と同列に論じることも過剰反応だが、外国人の献金が法に抵触することも間違いない。フランスのように外国人個人の献金を認めるか、ドイツのように上限を設定するなどの措置を講じなければ、「返金ラッシュ」は今後も続くだろう。

それにしても、冷戦時代に米ソが日本の政党に巨額の秘密資金を注入し、各政党を操ろうとしたことが闇に葬られたのに対し、「焼肉屋のおばさんの五万円」が閣僚辞任につながったことには隔世の感がある。「ザル法」といわれた政治資金規正法の外国人献金禁止条項が、厳格に運用されていることを意味する。「昭和」は秘密主義や隠蔽が横行したのに対し、「平成」は情報公開が進展し、政治家のコンプライアンスが厳重になったということだ。

しかし、CIAやKGBが暗躍した政党への秘密資金援助は、既に公訴時効とはいえ、まさに

「国家間の諜報」、さらには「国家の主権」「民主主義の根幹」にかかわる問題である。戦後政治史の舞台裏や冷戦期の米ソの対日政界工作、戦後日本政治家の実態を知る上でも解明が必要だろう。不都合な真実の清算はまだなされていない。

▽米国の公文書館

現代史の研究で、解禁された公文書の発掘、調査、検討は欠かせない作業であり、戦後史研究では、超大国・米国の公文書調査が重要な意味を持つ。米メリーランド州の米国立公文書館には世界の研究者らが訪れ、米国人以外では、日本人の利用頻度が最も多い。

日本の研究者やメディアがこの数十年、日米関係史の公文書調査で最も関心を示したのは、日米両政府の密約に絡む問題だった。密約問題には、①日本政府は非核三原則を掲げながら、核兵器の日本への持ち込みを黙認してきた、②自衛隊は専守防衛をうたいながら、朝鮮半島有事の際は米軍と軍事行動を共にすることになっている、③沖縄返還の際、米軍用地の原状回復費用を米側ではなく、日本側が負担することを了承した――などがある。メディアの論調は「国民を欺く密約があったこと自体が問題」という批判や、密約の存在が米国から伝えられ、日本側が情報公開しないことへの批判が多い[21]。

とはいえ、古今東西を問わず外交には「密約」がつきものであり、安全保障などでは一定程度の必要性を認めざるを得ない。国家に秘密は少ない方がいいが、密約が必ずしも国内法に抵触するとはいえない。また、結果論として、冷戦は西側の勝利に終わり、日米間の密約が日本の安全保障その他に害をもたらすこともなかった。冷戦期の激しい米ソ対立からみて、日本が同盟国として米国の核戦略に一定程度協力するのはやむを得ない側面もあった。日本人の核アレルギーの強さも、情報秘匿につながった。日米、あるいは日韓の過去の密約を徹底糾明しても、それは結局、冷戦史の一エピソードにすぎないだろう。

それに対し、日本の政党が米ソから資金援助を受けていた疑惑は、政治資金規正法に抵触し、国家主権に影響しかねない問題だが、密約研究に比べてこの問題の先行研究や報道は圧倒的に少ない。その中で、『ニューヨーク・タイムズ』紙の情報担当記者、ティム・ワイナーの『CIA秘録 上・下』[22]、歴史学者マイケル・シャラー・アリゾナ大学教授の著書『「日米関係」とは何だったのか』[23]、共同通信元論説副委員長の春名幹男・元名古屋大学教授の『秘密のファイル 上・下』[24]が、米国による自民党への資金援助疑惑を取り上げている。

本書で紹介する外交文書の多くは、米国立公文書館新館（通称「アーカイブス2」）で入手した、一九五五年から六〇年代後半までの国務省関係の外交文書が中心である。[25]アーカイブス2では文書の電子化を進めており、七三年以降の外交電報はデータベースで検索が可能だ。[26]

国務省広報局歴史部が刊行する『合衆国の外交』（FRUS）も必読文献である。国務省はリンカーン大統領の時代から外交文書集を逐次刊行しており、重要な対外政策決定や在外公館の公電、本省からの訓令などを一冊にまとめて公開する。第二次世界大戦前後からは地域別、大統領任期別に刊行され、ネットでの閲覧が可能だ。[27]

『合衆国の外交』への解禁・掲載にあたっては、外部の専門家を交えた審査委員会で慎重に検討される。ＣＩＡによる資金供与に関する機密文書は、ＣＩＡが解禁を拒否するため公表されないが、九〇年代以降、公開の是非をめぐって学者とＣＩＡ側で論争があった。

春名幹男は、日米開戦時から九〇年代までの日米関係の情報戦を描いた労作『秘密のファイル』で、「日本の総選挙にＣＩＡ資金が投入されたことは公然の秘密」としながら、「ＣＩＡが自民党の勝利を支援するためどのような秘密工作を行ったか」、「ＣＩＡの資金援助が自民党の勝利をもたらしたという因果関係は証明できるか」──の二点が疑問として残るとしている。[28]

米国では、外国人でも情報公開法（ＦＯＩＡ）に沿って文書開示を請求できる。筆者も国立公文書館を通じて何度か文書開示を請求したが、ＣＩＡの資金援助にかかわる文書は公開を拒否された。

本書では、外交文書の開示申請や公開を行う民間シンクタンク「国家安全保障公文書館」[29]や、日本専門家の故チャルマーズ・ジョンソン・カリフォルニア大学サンディエゴ校教授が設立した「日本政策研究所」のホームページ[30]なども参考にした。

▽ロシアの公文書館

米国の文書公開は時の政権の路線にある程度影響されるが、基本的には「三十年ルール」に則って公開される。しかし、ロシアの場合、政権の方針や政治情勢が文書公開を決定的に左右する。

ソ連邦を継承したロシアのエリツィン政権は約二億点ともいわれるソ連共産党の膨大な文書を継承し、九二年から、党中央委関係の文書を中心に積極的に公開した。そこには、ソ連時代の文書公開によってソ連の「悪政」を内外に周知させ、新政権への支持を集める狙いがあった。

これにより、ベールに包まれていた日ソ関係の未公開の歴史が部分的に公表されるようになった。当時は、外務省や国防省、検察局などでも部分的な閲覧が可能になったが、最重要部門である共産党政治局関係の文書や機密性の高いKGBの文書の多くは門外不出だった。

しかし、文書公開の動きも、エリツィン政権が保守志向を強めるに伴い、九〇年代後半から停滞していった。保守主義や民族愛国主義を前面に出すプーチン体制下では、民主化の制限に伴い、情報公開は後退した。公文書館へのアクセスが規制され、文書開示も国家機密の維持などの理由で停滞してしまった。ソ連共産党による外国政党への資金援助など、再び機密指定となった文書も少なくない。本書に登場する文書の多くは、「モスクワの春」というべき九二年春から一年間に入手したものだ。ただ、プーチン体制下でも、帝政ロシア時代の文献や一部情報機関の報告など、開示が進んだ分野もある。

ロシアの公文書館はソ連邦崩壊後に再編され、旧ソ連時代の主要な公文書は、①現代資料保存センター（RGANI）②ロシア社会政治史文書館（RGASPI）③ロシア連邦国立公文書館（GARF）――の三機関に所蔵されている。このうち、クレムリンに近い官庁街にある現代資料保存センターは共産党中央委資料室を前身とし、スターリン死去前の五二年からソ連崩壊の九一年までの文書を保存している。

本書で取り上げる文書は、現代資料保存センターで入手した文書が多いが、ロシアの学者、研究者から提供されたものも少なくない。ソ連崩壊直後は公文書館の整理もなされず、混乱していたが、社会の開放感の中で資料公開への意気込みがあった。欧米の研究機関はロシアの公文書館と積極的に契約し、文書を購入した。

ワシントンのウッドロー・ウイルソン・センターはソ連・東欧諸国の文書を収拾して「冷戦史プロジェクト」を立ち上げた。米スタンフォード大学のフーバー研究所もロシアの公文書館が所蔵するソ連時代の文書約三十万点を十数年かけてマイクロフィルム化し、公開している。米国では、議会図書館やハーバード大学、ジョージ・ワシントン大学構内の「国家安全保障公文書館」にもまとまったソ連公文書のコレクションがある[31]。

欧米の研究機関はソ連崩壊直後に組織的にソ連公文書の入手に動いたが、日本では研究者や記者が個別に活動するだけだった。欧米の研究機関のように大量の文書収集はできず、内容も日ソ関係やアジア政策など日本・アジア関係の文書にとどまった。

ソ連共産党やKGBの秘密活動については、冷戦終結後旧ソ連機関関係者や亡命者の著作で暴露されることもあった。九二年に英国に亡命した元KGB職員のワシリー・ミトロヒンは英情報機関MI6の協力を得て、二万五千ページに上るKGB文書を持ち出し、『ミトロヒン・アーカイブス』というタイトルで欧米で出版した[32]。同書は、ソ連による日本の革新政党への資金援助にも触れている。

ソ連の資金援助問題を扱った先行研究には、不破哲三・前日本共産党議長の『日本共産党にたいする干渉と内通の記録　上・下』[33]、『イズベスチヤ』紙記者だったアンドレイ・イーレシュの『ＫＧＢ極秘文書は語る』[34]、筆者の『クレムリン秘密文書は語る』[35]などがある。今回、本書でこれら文書の再検討を行った。

なお、ロシア語文書の引用は、日本語で表記するよう努めた。引用した文書は、全文と明記している以外は要約である。旧ソ連の公文書には、文書番号、通し番号が記載されていないものもある。

第1章　米国の自民党秘密工作

1．ＧＨＱの「逆コース」

▽変えられた日本の進路

第二次世界大戦後、日本を占領統治した米国主導のＧＨＱの占領政策が、一九四八年に大転換したことはよく知られている。「逆コース」「急カーブ」と呼ばれるこの政策転換は、東西冷戦の激化や中国の内戦など東アジア情勢の悪化を背景にしており、米国は日本をアジアにおける「反共の砦」に仕立てようとした。

初期の日本占領統治政策は、徹底した非武装化、戦争犯罪人の追及、政治・社会の完全民主化、経済成長の制限などに特徴があり、米国は日本が再び脅威とならないよう、弱体化を図った。戦争放棄の平和憲法制定も、初期の占領政策の副産物だった。しかし、欧州ではソ連が制圧した東欧諸国の社会主義化が進み、「鉄のカーテン」（チャーチル英首相）が敷かれた。アジアでも、中国内戦で共産勢力が勝利に近づき、朝鮮半島の南北分断も決定的になった。

共産勢力台頭の中で、米政府は四七年、戦争で荒廃した西欧諸国の復興支援のため、大規模な援助計画である「マーシャル・プラン」に着手し、東側陣営の情報収集・工作を強化するため、CIAを創設した。西独に対しても、ナチ戦犯への追及を弱め、反共路線を重視した。米国内では四八年ごろから、共産党員を公職から追放する「赤狩り」(マッカーシズム)の風潮が強まった。

マッカーサー指揮下の日本占領政策を修正させた立役者は、「ソ連封じ込め」を唱えたジョージ・ケナン国務省政策企画局長である。ケナンは四八年三月に来日して調査し、政治改革より経済復興が重要だと主張して、財閥解体を進めるマッカーサーの路線を批判した。米政府はケナンの報告書を基に、対日政策で日本の経済復興を最優先し、旧政財界人の公職復帰や経済的自立促進など、非懲罰的な方向に転換した。マッカーサーやホイットニー民政局長らは抵抗したが、新方針は国家安全保障会議(NSC)第一三号文書として四八年十月に承認され、事実上の「改革停止宣言」となった。[36]

以後、マッカーサーの影響力は徐々に低下し、朝鮮戦争中の五一年四月、トルーマン大統領によって解任される。こうして、米国の対敗戦国戦略は、日独を再起不能にすることから、ソ連との対抗上、日独の経済力・工業力を利用する方向に路線転換した。[37]

占領政策の「逆コース」は四八年以降、公務員のゼネスト禁止、労働争議へのGHQの介入、公職追放令廃止、公安警察容認、警察予備隊の創設、共産党幹部への締め付け、反共プロパガンダ、公安調査庁や内閣調査室の設置などの形で次々に具体化していく。占領前期から後期に移行する過程で、下山事件、三鷹事件、松川事件など不可解な事件が四九年に集中して起きた。GHQ内部でも、リベラルな民政局（GS）が地盤沈下し、反共主義者で日本の警察・公安権力の強化を訴えたチャールズ・ウィロビー少将率いる参謀第二部（G2）の影響力が拡大した。

▽「岸信介ファイル」の謎

戦犯裁判の終結も、占領政策の転換を象徴するものだった。四八年十二月二十三日、東京裁判で有罪となった東条英機、広田弘毅ら七人のA級戦犯が絞首刑に処せられた。翌二十四日、訴追されなかったA級戦犯容疑者十九人が巣鴨プリズンから釈放された。その中に、岸信介元商工相ら元閣僚、笹川良一、児玉誉士夫ら国家主義団体指導者がいた。GHQは「これをもって、戦犯裁判は終了する」と宣言した。

「昭和の妖怪」と呼ばれた岸信介は、一八九六年山口県に生まれた。東京帝大卒業後官僚になり、商工省などを経て建国後の満州国に国務院高官として赴任。旧満州の産業開発に辣腕を振るい、「革新官僚」として軍からも嘱望された。帰国後も要職を務め、太平洋戦争開戦時に東条内閣の商工相だったことからA級戦犯容疑者として三年半拘留された。

釈放された岸は米軍が用意した車で首相官邸に向かい、吉田茂内閣で官房長官を務めていた実弟の佐藤栄作と会った。囚人服のようなボロを着替えた坊主頭の岸が、佐藤からライターでたばこに火を付けてもらう写真が知られる。岸は「おかしなものだな。いまやわれわれはみんな民主主義者だ」と述べたという。[38]この時、岸は五十二歳。明治以降最長在任の首相となる孫の安倍晋三が生まれるのは、その六年後だった。

岸の実弟、佐藤栄作は東京帝大卒業後鉄道省に勤務し、運輸次官、官房長官（非議員）を経て政界入りした。官僚時代は岸ほど目立たなかったが、吉田茂に重用され、「吉田学校」の代表格。岸政権では党総務会長や蔵相を務め、池田勇人に続いて首相になり、在任期間は七年八カ月と昭和最長を記録した。

ともに首相を務めた岸・佐藤兄弟は、戦後日米関係史のキーパーソンであり、岸は日米安保条約改定、佐藤は沖縄返還という対米関係の大事業を成し遂げた。機密解除された米公文書にも頻繁に登場し、「秘密の関係」をうかがわせる内容もある。

処刑されたA級戦犯と、釈放されたA級戦犯容疑者には天と地ほどの違いがあるが、両者の生死を分けた一線は何だったのか。米側はなぜ岸らを訴追せずに放免したのか、岸が巣鴨プリズンにいた三年半の間に、米側とどのようなやりとりがあったのか。米側は「訴追に足る十分な証拠が集まらなかった」としているが、そこには、今後の対日政策に利用する思惑があったはずだ。占領政策の「逆コース」が岸らを復活させた。

ＣＩＡの秘密活動を追った『ニューヨーク・タイムズ』紙記者のティム・ワイナーは著書で、「（巣鴨拘置所を）釈放後岸は、ＣＩＡの援助とともに、支配政党のトップに座り、日本の首相の座までのぼりつめる」と、岸をＣＩＡのエージェントのように描いた。[39]

だが、ワイナーは公文書に基づいた証拠を持っていたわけではない。岸の死後、三十年以上を経た今も、CIAと岸の関係を示す文書は開示されていない。

米国立公文書館には、日本の戦争犯罪記録に関する資料が人物ファイルの形で保管されている。議会が九八年に採択したナチ戦争犯罪情報公開法に沿って、米国の情報機関や政府機関が作成した約百二十万ページの資料が機密を解除されたが、そのうち日本の戦争犯罪に関する資料約十万ページも公開され、公文書館で閲覧可能となった[40]。

この中で注目されたのは、CIAなど米情報機関が作成した日本人の個人ファイルで、「吉田茂」「正力松太郎」「児玉誉士夫」「昭和天皇」「辻政信」「緒方竹虎」ら数百人の日本人ファイルの中に、「岸信介」もあった。

1948年12月、
釈放直後に弟・佐藤栄作と会う岸信介

しかし、「岸信介」ファイルは拍子抜けするほど中身がなかった。ファイルにはCIAが作成した資料が五枚しかなく、経歴など一般情報が書かれているだけだった。「緒方竹虎」は約一千ページ、「正力松太郎」も約五百ページあるが、「岸信介」ファイルには、「Not Declassified」(不開示)とだけ書かれた紙が一枚挟まっており、多くの機密資料が他に存在することをうかがわせる。

CIA内部では、活動の対象となる各国の

個人や組織を暗号名で呼び合う。日本関係では「PO」を頭に付けており、緒方竹虎（POCAPON）、読売新聞（POBULK）、正力松太郎（PODAM）、賀屋興宣（POSONNET-1）といった具合だ。

しかし、人物ファイルを調査した加藤哲郎・一橋大名誉教授によると、岸については暗号名すら分かっていない。岸に関する文書の多くが機密指定であることについて、加藤は「逆にそのことがＣＩＡと岸の深い関係を疑わせる」と指摘した[41]。戦後の日米関係史には、いまだに闇の部分が多い[42]。

▽米は「吉田より岸」

ＧＨＱの日本統治は五一年九月のサンフランシスコ講和条約で終止符を打ち、条約が発効した五二年四月、日本は戦後の独立を果たし、主権を回復した。米国の占領政策が冷戦進行の文脈の中で反共に急カーブしたのと同様に、対日講和も米国の共産圏封じ込めというグローバルな政策変化の一部として実現した。

欧州では四九年四月、ソ連の脅威に対抗する北大西洋条約機構（ＮＡＴＯ）が発足。五二年五月、西独と米英仏三国の間で対独平和取り決め（ボン協定）が調印され、西独も戦後の独立を達成した。四九年十月に国共内戦で共産党が勝利し、中華人民共和国が誕生しており、米国内での中国喪失の責任論が日本の重要性を高めた。こうして、日独という旧敵国との和解は、戦後処理の枠を越えて、冷戦という新情勢に対処する新秩序となり、米国はアジアと欧州で日独を反共の防波堤に位置付けた。

敗戦後の混乱と飢餓状態の中で、六年八カ月にわたって米国に占領された経験は、日本人の対米意識や深層心理に決定的な影響をもたらした。米国の日本研究者、ジョン・ダワーは「この占領は、かつての西欧列強が世界に覇権を拡張していく時に伴っていた古い人種差別的な家父長的温情主義が新しい形をとって現れたにすぎなかった。（中略）勝者は『臣民』を文明化する使命を全うしようとしているのだ」と書いた。[43]

また、浅川公紀・元武蔵野大学教授は「占領に培われた感性（占領メンタリティ）は、日本人の対米従属意識を形成し、米側もこのような日本人の姿勢に慣れていった」と指摘した。[44]この歪んだ従属意識が、米国からの政治資金導入に心理的な道を開いた可能性がある。

独立回復後の日本は、講和条約調印直後に米軍の日本駐留を定めた片務的な日米安保条約を締結し、米国の圧倒的な影響力の下で復興を進めた。経済は折からの朝鮮戦争特需で成長を遂げたが、政局は混乱した。

独立後も吉田茂が首相を続投したが、与党内で権力闘争が続き、政権基盤は安定しなかった。野党も社会党が分裂や統合を繰り返した。五四年十二月、吉田内閣が総辞職し、公職追放されていた鳩山一郎が首相に就任した。五五年十月、革新政党が統一し、日本社会党が誕生。十一月には自由、民主の保守二党が合同して自由民主党が創設され、自民、社会の二大政党による「五五年体制」がスタートした。

この間、巣鴨を出所した岸は財界の重鎮、藤山愛一郎の資金援助を受けて政治活動を開始した。講和条約発効に伴い公職追放を解除されると、郷里の山口県から衆院議員に出馬、当選し、五四年十一月に鳩山らと民主党を結成して幹事長に就任した。米大使館幹部らとも接触を重ね、『ニューズウィーク』誌の東京支局長から英語のレッスンを受けた。保守合同に先立つ五五年八月の重光葵外相の訪米には、党幹事長として、河野一郎農相らと同行した。

八月二十九日、米国務省で行われた重光、岸、河野とダレス国務長官の会談議事録は、国務省が編纂した『合衆国の外交』で読むことができる。[45] 議事録によると、日本の内政問題で岸が、保守合同を目指していると述べたのに対し、ダレスは「日本に強固な保守合同政権ができると、何らかの支援を頼まれた際、米国としても動きやすい」と述べ、保守合同を促した。ダレスはまた、「弱い日本は米国の目標にそぐわない。強く活力ある日本がアジアで正当な地位を再び確保するよう望む」と語った。

米国も「軽武装・経済外交」の吉田茂より、「親米・反共」の岸信介をより重視していった。米側の思惑通り、五七年二月に発足した岸政権下で日米安保条約が改定され、日米同盟が強固になる。

▽左翼勢力台頭を阻止

この頃の米政府の対日秘密工作の全容を記した機密文書を、筆者は米国立公文書館で入手した。

「主要な対日工作の詳細な展開」と題した文書は、ＣＩＡや国務省、国防総省の高官らで構成される省庁間工作調整委員会（ＯＣＢ）が五五年九月に作成し、全文二十七ページ。アイゼンハワー大統領が承認した対日関係の基本文書、ＮＳＣ対日政策（ＮＳＣ５５１６／１）に沿って、ＣＩＡなどの米政府機関が五四年九月から一年間、日本で実施した工作活動を国家安全保障会議（ＮＳＣ）に報告したもので、「Top Secret」（最高機密）の刻印がある。[46]

文書は冒頭、政治分野について、「効果的な穏健保守政府の発展促進が米国の目的達成の基礎になる」としたＮＳＣの方針に沿って、米国が与党・民主党と協力したり、保守指導者に非公式にアドバイスすることで、保守勢力の協力拡大を働きかけてきたと指摘した。また、「社会党が五五年二月の総選挙で二九・五％を得票し、社会党右派よりも左派が勢力を伸ばしたことが民主、自由両党を協力させ、強力な単一保守政党への合併の必要性を高めている」と述べ、米側が両党に保守合同を働きかけていることを報告した。

重光、岸、河野が訪米した際も保守合同の促進で米側と一致し、河野が「鳩山は退陣の用意があり、岸か緒方竹虎が後継者になるだろう」と述べたことを記載している。米側は、「人事の問題にはコメントしないが、保守合同により、日本政府は重要な計画を推進でき、米国との協力も容易になるだろう」と答えた。保守合同は米側の強い意向だったことが分かる。

米政府が当時、最も力を入れたのが左翼勢力の台頭を防ぐことだった。同文書によれば、五四年から五五年にかけて、ＣＩＡやＵＳＩＡ（米広報文化交流局）は社会党穏健派幹部との非公式な接触を重ねている。

米政府は総評や全労の労組指導者を米国に招待し、USIAも日本各地の十四カ所に設置した文化センターを通じ、日本の新聞社、雑誌社、ラジオ局、労組などに米社会を紹介し、共産主義批判を含む資料や情報を提供した。

また米外交当局は日本政府に対し、政府や産業界から共産主義者や極左分子を排除するよう一貫してアドバイスした。USIAは共産圏を批判的に扱った月刊誌『共産主義の諸問題』を一万部発行し、関係機関に配布した。USIAの職員は『中日新聞』論説委員と親しくなり、ソ連に批判的な内容の社説を書かせたことも記録されている。五四年七月の自衛隊発足に際しても、米軍が防衛力整備や防衛予算策定などを指導した。

この文書から、米国が独立直後の日本で、穏健保守政権を軌道に乗せるため、保守合同を奨励し、野党や労組の懐柔を図っていたことが分かる。文書は日本政界への資金工作には言及していないが、「香港を通じて日本の共産主義者に送られる資金」を察知し、米国が英政府と連携し、英領香港を通じて日本共産党に送られる資金をストップさせようとしたとも記されている。

その後の日本では、鳩山首相が五六年十月に訪ソし、日ソ国交樹立を成し遂げた後、病気を理由に退陣した。自民党総裁選では石橋湛山が僅差で勝利し、首相に就任するが、石橋も病気のため二カ月で辞任し、五七年二月、米国が待望した岸が、副総理兼外相から後継首相に就任した。

二月二十五日朝、着任したばかりの米駐日大使、ダグラス・マッカーサーⅡ世は帝国ホテルで岸とプライベートに会談し、首相就任を祝福した。岸はこの中で、微妙な国内問題があり、「あまりに親米派」と国内で批判されることを避けたいと伝えた。大使は公電で、「前任の石橋より岸の方がはるかにうまくビジネスができる」と報告している。[47]

マッカーサーは三月十四日にも岸と通訳だけで面会し、アイゼンハワー大統領からの五月の訪米招請を伝えた。岸は深く感謝し、訪米前に大使と毎週二回、一回二時間程度会談し、日米関係にかかわる問題を協議したいと述べ、内容を極秘にするよう申し入れた。[48] こうして、岸とマッカーサー大使の間で秘密のパイプが築かれた。

岸の訪米を控えた五七年五月、大使はダレス国務長官に送った長い報告書で、「われわれは遂に、岸という有能な日本の指導者を手にした」と述べ、「岸の基本的な世界認識はわれわれと同じで、共産主義勢力が東アジアで軍事的脅威を与え、日本が主要な標的となっていること、朝鮮、台湾、東南アジアを共産主義の手に渡さないことが死活的重要性を持つことでも一致する。彼は全面戦争を回避するため、日本が米国の核抑止力に依存していることを認め、敵の侵略に備えて機動打撃部隊を常に準備態勢に置くというわれわれのコンセプトも共有している」と指摘した。大使はさらに、岸が日米安保条約の修正を提案しており、憲法改正を目指していることにも言及した。[49] 大使の高い評価が、岸訪米時のアイゼンハワー大統領による厚遇につながった。

ダグラス・マッカーサーII世
GHQ、マッカーサー元帥の甥にあたる

▽スパイ・キヨナガ出動

この時期のCIAの対日秘密工作の一端が、元工作員の告白という形で二〇〇〇年に米国で出版されたことがある。『マイ・スパイ――CIA要員の妻の回想』と題するこの本は、五一―五八年にCIA東京支部で活動した日系二世の元スパイ、故ジョー・キヨナガの妻ビーナ・キヨナガが執筆した。夫は七七年にがんで死去したが、病床で夫人にスパイ活動の全容を打ち明け、夫人が二十数年後に自伝風に執筆し、出版したものだ。[50]

ハワイ生まれのキヨナガは大戦で欧州戦線に出征。ジョンズ・ホプキンズ大大学院を卒業後、CIAに入り、日本語能力を買われて東京支部に駐在した。同書によれば、東京支部で政治・宣伝部門の責任者だったキヨナガは「毎日緊張し、夜遅く帰宅した。深夜に突然、出掛けることもあった。多くの日本人をスパイとしてリクルートし、功績を認められて昇格した」という。「世界的に有名になった日本企業トップの財界人」をCIAのスパイにしたり、「病気がちの大新聞記者」に接近し、資金援助して反共記事を書かせたというくだりも出てくる。

キヨナガの主要任務は、左翼政党の勢力拡大に対抗するため、保守政党を強化することで、保守合同の背後でCIAが動いていたことが記されている。同書は「CIAの豊富な資金の恩恵もあって、自民党はその後三十八年間統治を続けた」としている。

同書によれば、CIA東京支部は社会党や共産党、労組、学生左翼組織にもスパイを送り込み、懐柔や情報収集を図った。キヨナガは日本共産党を攪乱するため、「サムライ作戦」と呼ばれる大規模な日本共産党工作を指揮した。自ら「中国の延安から戦後帰国し、党の全国指導者になった人物」に接近し、CIAのセーフハウス（隠れ家）で密会を重ね、リクルートを図った。この人物は、野坂参三・元日本共産党名誉議長とみられるが、野坂へのスパイ勧誘工作はうまくいかなかったという。[51]

聞き書きを基にした同書は、核心部分に具体性を欠き、辻褄の合わない部分もある。しかし、米国が日本の左傾化を防ぐため、五〇年代から自民党に資金援助していたとの指摘は、永田町でささやかれてきた〝公然の秘密〟を裏付けるものだ。

2.『ニューヨーク・タイムズ』報道の衝撃

▽「自民党支援が日常化」

米国が自民党に秘密資金援助を行っていた疑惑を最初に報道したのは、一九九四年十月九日付の米紙『ニューヨーク・タイムズ』だった。「CIAが五〇、六〇年代に日本の右派支援に数百万ドル投入」という見出しの記事は、一面を含め三ページに及ぶ長文で、ティム・ワイナー記者が東京支局長らの協力を得て執筆した。報道のタイミングを含め、日本で大きな反響や憶測を呼んだ。報道の要旨は次の通りだ。[52]

一、CIAが一九五〇年代から六〇年代にかけて、自民党とその党幹部に数百万ドルに上る資金援助を行い、日本をアジアにおける反共の防波堤にしようとしたことが、米国の元情報機関高官や元外交官らの話で明らかになった。歴史家やジャーナリストは長年、日本政界へのCIAの資金工作を疑ってきたが、自民党は事実無根と否定し、支援の規模や内容が公表されることはなかった。秘密資金援助が暴露されれば、日本の国益の代表者である自民党の信用に傷がつくとみなされたためだ。

一、秘密資金提供の一端は、徐々に機密指定を解除されつつある米政府の公文書で分かる。全容はまだ隠されたままだが、生存する関係者へのインタビューや、国務省文書からも、米国が自民党への秘密資金援助を行っていたことが判明した。

一、五五—五八年にCIAの極東活動の責任者だったアルフレッド・ウルマー・ジュニアは「われわれは自民党に情報を依存していた。CIAは自民党を支援するとともに、情報提供者を雇うために資金援助した」と述べた。ケネディ政権で国務省情報部門のトップを務めたロジャー・ヒルズマンは「自民党と党政治家への資金提供は六〇年代初めまでに定着し、日常化していた。極秘事項ながら、対日外交政策の基本部分となっていた」と語った。

一、CIAは自民党支援の一方で、将来有望な多数の若手官僚と関係を築いた。政界実力者となった後藤田正晴もその一人だ。後藤田はインタビューで、「私はCIAと深い関係があった。CIA本部にも行ったが、日本の政府機関で資金援助を受けた者は一人もいない。合法的な立場で大使館にいるCIAは問題なかった。しかし、秘密工作を行っている人物もいたようで、彼らが何をしていたかは知らない。友好国の職員なので、深く調査しようとしなかった」と答えた。

一、CIAは自民党支援の一方で、野党への妨害工作も行った。元担当者らによると、CIAは社会党がソ連から秘密資金援助を受けているとみなし、社会党内にも浸透した。学生組織や労働団体にもスパイを送り込んだ。あるCIA要員は「野党の活動妨害がわれわれの最大の任務だった」と打ち明けた。

一、秘密資金援助は七〇年代初めには終わった模様で、そのころには貿易摩擦問題が拡大し、日米関係を緊張させ始めた。日本の増え続ける富を見て、CIAは日本の政治家を支援する意味を疑問視するようになった。東京に駐在したCIAの元担当者は「自民党はそのころには資金を自己調達していた。CIAはその後、長年の協力関係を利用し、伝統的な情報活動にシフトした。CIAはあらゆる省庁に協力者を得た。首相の側近をリクルートしたり、農水省に対しては、日米貿易協議で日本側の出方が事前に分かるほど精通していた。牛肉、オレンジの市場開放交渉では、日本側の最終案や交渉の落としどころまで掌握していた」と述べた。

一、CIAの自民党支援は、歴史家の言う占領政策の「逆コース」に端を発している。四五―四八年、占領軍は日本を戦争へ駆り立てた指導者らを追放したが、四九年までに事態は急変した。中国の共産化、ソ連の原爆実験により、米国は右翼の追放よりも共産主義との闘いに忙殺された。占領軍は、岸信介を含む戦犯らを釈放し、その中にはヤクザや暴力団と関係のある者もいた。児玉誉士夫もその一人で、政界の黒幕として知られ、後にCIAの手先となって保守勢力に陰で資金を流した。

一、これらの保守政治家は、引退した外交官、ビジネスマン、CIAの前身のOSS（戦略事務局）の退役者らから成るグループの支援を受けた。このグループのリーダーだったユジェーヌ・ドーマンは四五年に国務省を退職し、日本で「逆コース」を推進した人物だ。朝鮮戦争中、ドーマンのグループはCIA資金を使って大胆な秘密工作を行った。日本の保守勢力は当時資金を必要としており、米軍はミサイルに使用するレアメタルのタングステンが必要だった。ドーマン・グループは旧日本軍が秘匿していた大量のタングステンを米国へ密輸し、国防総省に一千万ドルで売却した。密輸したのは、児玉のほか、大戦中にカリフォルニアの日本人捕虜収容所でOSSがエージェントにリクルートしたスガワラ・ケイらだった。この密輸工作で二百八十万ドルの利益が出た。

一、工作に関与した元OSS要員のジョン・ハーレーは、「ドーマンのグループは、五三年の日本独立後初の総選挙で保守勢力の選挙運動にこの収益を注ぎ込んだ」と明かした。五三年までには占領も終わり、「逆コース」もうまく機能した。CIAは日本で、保守勢力との協力を開始し、五五年に保守合同が実現した。

一、五八年にマッカーサー駐日大使が国務省に送った電報は、佐藤栄作蔵相が米大使館に資金援助を求めてきたことを報告している。マッカーサーはインタビューで、「日本の社会主義者はモスクワから秘密資金を得ていた。日本がもし社会主義陣営に入るなら、他のアジア諸国も追随しかねなかった。米国の力をアジアで展開できる拠点は日本以外になかった」と語った。

一、実は、自民党への秘密資金提供は、七六年に危うく暴露されるところだった。米上院小委員会は、ロッキード社が航空機を売り込むため、田中角栄首相と自民党に千二百万ドルの賄賂を贈ったこと、そのパイプ役が児玉だったことを突き止めた。委員会のスタッフだったジェローム・レビンソンによれば、当時、ＣＩＡの要員が議会スタッフに対し、「日本について知りたければ、自民党創設までさかのぼり、われわれがそれにどう関与したかを調べるべきだ」と証言した。しかし、彼の上司はこの証言を採用しなかった。レビンソンは「これは米国の外交で最も深遠な秘密の一つだ。捜査の対象だったが、結局封印された」と語った。

▽自社連立政権に反発か

ＣＩＡが自民党に資金援助していたとする『ニューヨーク・タイムズ』紙の調査報道は、日米の外交関係者や日本の政界、メディアに衝撃を与えた。翌日の各紙はいずれも一面準トップ級で報道し、政治面、解説面で展開した。『読売新聞』は社説で、「外国から資金援助を受けることは、独立国の公党として、容認されることではない」として徹底調査を要求。[53]『毎日新聞』も社説で、「あえて政治資金規正法を持ち出すまでもなく、国政の中枢を担う政党が外国からの資金援助を受けてはならないのは自明の理である」とし、「自らの過去を自らの責任で解明する責務がある」と書いた。[54]自民党の森喜朗幹事長は、「昔のことで、党職員に事実かどうか調べさせたが、そんな事実はない。迷惑な話だ」と全面否定した。[55]

自民党資金疑惑がこのタイミングで報じられたことは、米国の新たな対日工作とする憶測も出た。当時の日本の政治情勢は、九三年七月の総選挙を経て細川護熙首相を首班とする連立内閣が発足し、自民党は五五年以来三十八年ぶりに下野した。しかし、自民党は細川首相の東京佐川急便からの献金疑惑追及で内閣退陣に追い込み、羽田孜内閣を経て、日本社会党の村山富市委員長を担いで自民、社会、さきがけの三党連立政権を誕生させた。長年の宿敵だった自社連立政権の誕生は、「五五年体制の終焉」や「冷戦終結」を象徴する事態といわれた。一方で、イデオロギー的には水と油の自社両党の連立は、野合と批判を浴びた。

米政府は自社連立政権を冷ややかにみていたようだ。米国内では、冷戦終結でソ連に代わって日本の経済力が米国の脅威になるとの見方が浮上し、当時のクリントン政権は日米の貿易不均衡是正に最優先で取り組み、日米関係はぎくしゃくしていた。『ニューヨーク・タイムズ』紙の報道は、「自民党の腐敗」や「一党政治」を問題視する米側が、社会党と連立した自民党を揺さぶる目的で情報公開したのではないか、との憶測も出た。だが、同紙は「時間をかけて文書の機密指定を解き、背景を知る生存者を訪ね、少しずつ情報を得て、ようやく記事化できた」と書いており、米政府の情報操作説を否定している。

評論家の立花隆は『毎日新聞』で、「ジャーナリストとして、やられたなという印象が強かった」「米国の政治的意図で暴露されたという見方もあるが、記事のスタイルからみて、基本的にニューヨーク・タイムズの調査報道そのものだ」としながら、報道の背景として、①(CIA高官が旧ソ連のスパイとして摘発された)エイムズ事件以来、CIA活動の掘り返し、批判が広範に行われたことの一環、②日本の政治が腐敗し、一党独裁が長く続いたために日本の政治が歪んだものになったという歴史的事実の陰に、自分たちが大きな役割を果たしていたという反省――の二点があると指摘した。[56]

立花はまた、「アメリカは四十年後にこんな文書がきちんと出て、当事者がある程度しゃべる。こういうことは日本ではまったく期待できない。日本の政府関係文書はしっかりファイルされて、なかなか閲覧もできないし、当事者も貝のように何もしゃべらない。外交文書が何年か後に公表されることはあるが、その中身は(米国とは)全然違う。米国に公開ルールがあるのは、国家の政策が正しかったのか間違っていたのかを検証するためだ。日本は過去の検証ができない」と述べ、情報公開法の制定を訴えた。

立花に付け加えるなら、クリントン民主党政権が冷戦の終結、二十世紀の終焉という時代背景の中で、従来の政権以上に積極的な情報公開政策を進め、公文書の機密解除が進んだ背景もあろう。日本では、二〇〇一年に情報公開法が施行され、行政機関は国民の情報公開請求に応じることが義務付けられた。しかし、微妙な外交文書は公開されておらず、日米両政府の情報開示の差は依然大きい。

立花との対談で、進藤榮一・筑波大名誉教授は「（五六年に）岸氏と石橋（湛山）氏が争った総裁公選が日本の政治をカネまみれにした最初だった。当時、使ったカネが四億から五億といわれる。現在なら百億円を使ったことになる」「アイク（アイゼンハワー）訪日の時には、自民党安保改定委員会の下部組織と岸氏に向けて五億円から六億円が、CIAから出て、これが（日米安保条約改定反対運動妨害のために）やくざに流れたといわれる」「岸氏がスガモプリズンから四八年十二月に出てくる。スガモの中で岸、児玉両氏が米国のエージェントと手を組む。アメリカの親日派と手を結び、日本に親米派の拠点を作ろうとした。その親米派が戦後日本の基軸を作った。親米派が岸、佐藤、田中と続く。同時に資金的にダーティーなものの源泉であり、日本の金権政治の原点があった」と激烈な自民党金権政治批判を展開した。[57]

ただし、岸、児玉が巣鴨プリズンで米情報当局と結託したとの説を裏付ける証拠はない。総裁公選に投入された未確認の金額などと併せ、実証的な分析とは言えない。田中角栄を親米派人脈に連ねる見方にも疑問がある。

『ニューヨーク・タイムズ』紙の報道は、CIAによる資金援助の額を「数百万ドル」と見出しにとっているが、これが毎年なのか、総額なのか明記しておらず、漠然としている。一ドル＝三百六十円の時代の数百万ドルは大きいが、資金援助の正確な数字は該当する機密文書が公表されない限り判明しないだろう。

共同通信ワシントン支局長を務めた春名幹男は「CIAが自民党に資金援助していたという話はニューヨーク・タイムズ紙に先に書かれてしまった」と同紙の特ダネであることを認めた上で、「大筋では正しい記事、と言えるかもしれない。だが、主に米政府、CIAの元高官の伝聞を基に組み立てたストーリーであり、ハード・エビデンス（堅固な証拠）を欠いていた。CIAと日本の内閣調査室、公安調査庁、警察、防衛庁とのいわゆる『公式の関係』と『秘密工作』を混同したりもしている。（タングステンなど）〝本筋〟ではない工作もまぜこぜにして仕立てられた記事だった」とその瑕疵を指摘した。[58]『ニューヨーク・タイムズ』紙のスクープ報道によっても、なお多くの謎が残された。

▽自民党と外務省が隠蔽工作

『ニューヨーク・タイムズ』紙の報道直後、自民党がこれ以上の情報公開をやめるよう米側に要請する奇妙な動きがあった。報道が日本で伝えられた月曜日の十月十日、村山内閣の副総理兼外相だった河野洋平・自民党総裁はモンデール駐日大使と極秘に会談し、「資金供与が政府や自民党にとって重大な問題になる」との認識を示し、資金援助問題の拡大に懸念を表明した――と『産経新聞』が報じた。[59]自民党は当初、森幹事長が「そんな事実はない」「迷惑至極」などと簡単にコメントしていたが、実際は危機感を強め、裏工作に走っていたのだろう。この会談は一カ月以上経って産経が報道し、『朝日新聞』が後追いした。[60]論調で産経と対峙する朝日が追随したことは、報道の信憑性を高める。

　産経によれば、会談には日本外務省、米大使館の関係者も出席し、都内で開かれた。河野は席上、『ニューヨーク・タイムズ』紙の記事に言及し、「（翌日の）衆院予算委員会に質問の材料を提供するような記事が出てしまった」と述べ、「日本では、政党が選挙の際に外国から資金援助を受けることを法（政治資金規正法）により明確に禁じている。今回の記事は政府にとっても問題であり、自民党にとっても重大な問題になり得る」と不快感を表明した。モンデール大使は「私はこの（文書公開の）件について相談されたので、公開に強く反対したが、結局は出てしまった」と経緯を説明し、遺憾の意を示した。

　日本側は「大使館に照会があった場合は『インテリジェンスに関するものでありコメントできない』という線で回答してほしい」と、米側のメディア対応に注文を付けた。さらに、自民党の森幹事長が既に、資金援助の事実関係を否定するコメントを発表しているので、米側もこの点を踏まえて対応するよう要望したという。日本側はさらに、「これ以上悪いものはないのか」と資金援助問題が拡大することへの懸念を示し、米側は「今回の文書が最も悪いものだと想像する」としながら、米国内で関係文書の公開範囲を広げるべきだとの意見が強まる可能性があると指摘した。

　朝日の報道も同様の内容だが、朝日は、同席していた外務省幹部が席上、「臨時国会での予算委員会が始まることもあり、問題をこれ以上荒立てないよう、配慮してほしい」と発言し、米側に資料公開やマスコミ対応で慎重さを求めたと伝えた。事実なら、自民党擁護の言動であり、政治的中立・公正が求められる官僚の一線を越えている。

この会談は唐突に設定され、当初は公表されず、一カ月以上たって報じられるなど、不可解な要素が多い。朝日によれば、河野周辺は「七月に河野氏がモンデール大使一家を招いて食事したお礼として、大使が河野氏を招いたもので、急にセットされた会合ではない」としている。その割には、大使夫人は同席せず、外務官僚らが出席するなど、趣旨が異なる印象もある。衆院予算委の審議を控え、日本側が急遽会談を求めたようだ。情報リークの出所は、日本側ではなく、米側だったかもしれない。

このように、自民党は資金援助問題で「臭いものにフタ」という隠蔽体質が目立つ。ソ連邦崩壊後の九二年、旧ソ連公文書が明るみに出て、ソ連による日本社会党、共産党への資金援助疑惑が問題になった際、自民党はモスクワへ調査団を派遣した。しかし、自らに降りかかった資金疑惑については、否定を繰り返し、調査団を派遣することもなかった。

前掲の読売社説が指摘するように、戦後の日本を築いた自民党は、「その誇りにかけて、歴史の暗部を含む過去に誠実に対処」すべきだろう。

▽ソ連の野党資金援助に対抗

日本の新聞社のワシントン支局は、『ニューヨーク・タイムズ』紙の記事に登場する元米政府高官らに当たって追加証言を取っている。ケネディ政権で国務次官補（情報担当）を務めたロジャー・ヒルズマン・コロンビア大名誉教授は『読売新聞』に対し、在任中、CIAが自民党を支援する秘密資金供与を行ってきたとの報告に「衝撃を受けた」と語った[61]。

それによると、CIAは六一年一月のケネディ政権発足直後、ホワイトハウスでラスク国務長官、バンディ大統領補佐官（国家安全保障担当）ら新しい外交・安保スタッフに対し、前政権の最高機密の引き継ぎ事項を説明した。日本関係では、①五〇年代に日本共産党がソ連から多額の助成金を得ていることを示す「非常に説得力のある証拠」があった、②自民党側から駐日米大使とCIAを介する二ルートで選挙資金要請の働き掛けがあった。アイゼンハワー政権は、自民党が資金難にあえぎ、共産党がモスクワから資金援助を受けているとの報告を重視し、自民党への秘密資金供与を密かに認可した――という内容だったという。

自民党に提供された資金額について、ヒルズマンは「CIAの報告では、年によって額が異なり、計数百万―千五百万ドルの間だった」と語った。この報告に参加者全員が驚き、「資金供与中止の場合、何が想定されるか」に質問が集中した。ケネディ政権の担当者は秘密工作の「意義と効果を疑わしく思った」ものの、工作がすでに長期にわたって行われており、中止した場合、米国の対外的威信が著しく傷つけられるだけでなく、共産勢力の脅威が現実にある中で自民党を弱体化し、日米関係に決定的なマイナスになる」と判断した。

結局、徐々に工作を縮小するしか方法がなかったという。一ドル＝三百六十円の時代に、総額千五百万ドルとすれば、約五十四億円となり、現在の貨幣価値ではその十倍以上だろう。

ただし、自民党への援助は、CIAが世界的に行っていた資金援助を含む政治工作の一部にすぎない。この報告に「衝撃を受けた」「参加者全員が驚いた」というのはナイーブにすぎよう。ケネディ政権発足後、CIAはキューバに侵攻するピッグス湾事件、南ベトナムのゴ・ディン・ジエム大統領暗殺を含む軍事クーデターなど、はるかに衝撃的な秘密工作を実行し、それにはラスク長官、バンディ補佐官ら当日の出席者も関与していた。

歴代の元駐日大使も資金援助の事実を確認し、その動機として、ソ連による革新政党への資金援助とともに、戦後の日本の民主主義が脆弱で、土台を強化する目的があったとの認識を示した。ジョンソン政権下で六〇年代後半に駐日大使を務めたアレクシス・ジョンソンは『産経新聞』の取材に対し、「戦争直後の日本では真の民主主義の基盤がなく、民主主義を目指す政党を全面的に支援することは、米国政府の基本方針だった。自民党はそうした民主主義を目指すほぼ唯一の政党だった。支援は（中略）財政支援も含まれていた」「戦後の日本は共産党と社会党がソ連、中国という共産主義の大国から財政的援助、政治的援助を受け、自由民主主義体制を崩そうとしていた。もし自民党が倒れ、米国が手を引けば、日本はソ連の支配下に入り、共産主義の体制となっていただろう」、と正当性を強調した。[62]

ジョンソンは『毎日新聞』との会見でも、保守合同で発足直後の自民党は、「政党としての経験がなく、民主主義の概念もなかった。政党運営のノウハウを教えるため、一定の資金が必要だった」と語り、自民党への資金援助が五五年体制の発足とともに始まったことを示唆した。[63] また、イタリアや旧西独など欧州の保守政党へも資金援助が行われていたとし、援助は「正しい政策であり、弁解することは何もない」と開き直った。

リベラル派論客のジョン・ダワーは『ニューヨーク・タイムズ』紙で、自民党資金援助問題について、「米国が戦後日本の構造的汚職や保守一党体制の促進にどれだけ大きな役割を果たしてきたかを明かすものだ。戦後日本の一党支配が腐敗をもたらすという歪んだ構造の確立に、われわれも手を貸していた」とコメントした。[64]「南京大虐殺」「従軍慰安婦」を事実とみなし、「日本悪玉論」を広めてきたダワーは、「自民党の金権体質に米国も責任がある」との見解だった。

マッカーサー元大使は『産経新聞』で、冷戦下では社会党など左翼がソ連から強力な財政支援を得て、日米離間を図っていたため、米側もこうした対応措置が必要だったと語り、資金提供の事実を大筋で認めた。[65]その上で、五八年に佐藤栄作蔵相から資金援助を求められ、その旨を本省に報告したことを確認し、「私の在任中は米政府から私を通じて自民党へ資金が流れたことはない。資金の支払いを了承した記憶もない」としながら、「CIAが大使に知らせないで活動することは少しも珍しくない」と述べた。[66]

こうした資金援助を肯定する元政府高官らの発言に対し、自民党は「三十年以上も前のことで、調べてもそういう事実はない。迷惑な話だ」とその都度否定した。

▽情報公開で論争

元米政府高官らによるこの種の発言は、守秘義務に抵触する可能性がある。CIA長官代行を務めたウィリアム・スタッドマンはこの頃、『ニューヨーク・タイムズ』紙に投稿し、正確な歴史記録を公開する重要性は認識しているとした上で、「米国を信頼して秘密を打ち明けたり、米国の情報機関を通じて米国の外交政策に協力したり、法的に認可された秘密支援を受けた外国人にも配慮すべきだ。まだ存命で社会活動中の人もいれば、彼らの後継者が指導的地位に就いているケースもある」とし、米国が彼らの信用を破れば、将来米国を信用しようとする人はいなくなると警告した[67]。

これに対し、学者を経てシンクタンク「日本政策研究所」を立ち上げたチャルマーズ・ジョンソンは、この投書に触れながら、「正確な歴史記録の公開こそがわれわれの関心事だ。米国の自民党買収や野党への汚いトリックの歴史を調査する上で、日米の国家安全保障問題と妥協する必要はない」と強調し、「冷戦を口実に、当時の膨大なコストや都合の悪い結果を正当化してはならない」と機密情報の全面開示を主張した[68]。

ジョンソンの言うように、メディアや研究者にとって情報の全面公開は必須であり、現在の日米両国の国家安全保障に障害になるとは思えない。自民党が情報公開を妨害するのは、野党やメディアの追及、選挙への悪影響を恐れるためだろう。

当事者の多くが、冷戦激化や民主化定着を理由に、自民党への資金援助を正当化した中で、ヒルズマンは読売との会見で、「私はアイゼンハワー政権も、自民党も過ちを犯したと思う。このことがすべて公になれば、そんな過ちは二度と繰り返さないに違いない」と反省を口にした[69]。当事者が誤りを率直に認めたのは珍しく、違法行為への呵責があると思われる。

しかし、九四年に発覚した米国の資金援助問題への関心はすぐに冷めていった。連立与党が議席を圧倒する国会での代表質問もほとんどなかった。メディアの宿命として、続報や新展開がなければ、報道の波は収まってしまう。その後、資金援助に関与した関係者の多くは鬼籍に入り、現在、実態を探るには公文書しかない。

3. 岸・佐藤兄弟のレガシー

▽岸は最良のリーダー

筆者は二〇一七年春、米メリーランド州の「アーカイブス2」を久々に訪れ、五〇—六〇年代の国務省の日本関係文書を調査した。公文書館に保管されている国務省の文書は、セントラル・ファイル(Central Files)とロット・ファイル(Lot Files)の二つのカテゴリーがある。セントラル・ファイルは国務省から各国駐在の大使・公使・領事館への訓令、大使・公使・領事から本省への報告が中心。ロット・ファイルは、職員がセントラル・ファイルに送ることを避けた結果、オフィスにそのまま保管された雑多な文書類だ。電子メールがない時代、外交電報は何枚もコピーされて関係機関に送られるため、同じ文書が二つのファイルに混在することもある。他の省庁から回ってきた文書、情報も含まれている[70]。

公文書はいずれも年代別、テーマ別に分けられ、索引のファイル名に従って該当するナンバーを記して窓口に申請すると、しばらくして厚さ十五センチ程度の紙箱に入った文書がカートに載って二十箱まで運ばれ、それを閲覧する仕組みだ。必要な文書は有料でコピーを取るか、デジタルカメラやスマートフォンで撮影する。筆者は五五年から六五年にかけての日本政治関係のセントラル・ファイルとロット・ファイルを年代順に申請し、計二百箱程度の資料に目を通した。外国政党への資金援助を示す文書は、まだ機密指定を解除されていない。しかし、注意深く読むと、資金援助を示唆する疑惑の文書もわずかながら発見できる。

たとえば、五七年十月十八日付でマッカーサー駐日大使が国務省に送った公電も疑惑文書と言える。

国務長官および国務次官補宛て（文書番号 794.00/10-1857[71]）。

私の判断では、来る日本の総選挙は、日本のみならず、極東や南アジアにおける米国の将来の立場や利害に大きな影響を与える。最近のドイツ総選挙が欧州における米国の立場に及ぼしたのと同様に重要だ。総選挙の結果は、日本の長期的な政治路線を間違いなく左右するだろう。

過去七カ月の岸内閣は、石橋内閣からの政権継承がスムースに進み、予算も日程通り通過した。日米関係も首相訪米で新段階が開かれた。日本の威信は国連安保理非常任理事国に選ばれたことで高まり、ネール・インド首相の訪日も成功だった。鳩山政権時代のような激しい派閥抗争もない。

しかしながら、別の問題もあり、一つは岸の個人的人気が高くないことだ。東京や北海道、関西などでの岸の最近の演説は、聴衆を沸かせることはなかった。岸の政策は国民感情に訴えるものが少なく、欧米人にアピールする岸の個性も国民にはまだ受け入れられていない。

もう一つは、自民党内の派閥抗争で、三木武夫や池田勇人らが虎視眈々と後継ポストを狙い、閣内の河野一郎も野心家だ。岸の力が低下すれば、均衡が崩れ、水面下で続く派閥抗争が表面化するだろう。岸は経済問題も抱えており、米価など物価上昇が彼の立場を弱める可能性がある。

岸は共産主義や中立主義に公然と反対し、自由主義陣営の団結を支持している。日本国民は全体的に、米国から自立したがっており、鳩山の高い人気は日ソ国交正常化、石橋の高い人気は共産中国との貿易拡大によるものだ。岸の立場は国民の喝采を浴びず、社会主義者や共産主義者だけでなく、中国を含むアジアとの連携を重視する一部保守層からも批判を浴びている。

過去数年間で最も危険な展開は、労働・教育界で共産主義の影響力が拡大してきたことだ。岸内閣は労組や教育界における左翼の影響力排除に強い姿勢を取っているが、岸の経歴から「戦前への回帰」といった反発を呼んでいる。

総選挙の時期は不透明ながら、一部の有力な観測筋は、今日総選挙が行われるなら、自民党はせいぜいわずかな議席を増やす程度で、数議席を失うとみている人もいる。過去何年間か、選挙のたびに革新勢力が議席を増やしてきた潮流を逆転できなければ、岸の立場と将来が脅かされる。

岸が敗れるなら、政治、経済、軍事面で強い日本を目指す彼の内政プログラムは破綻する。岸は現時点で、米国の目的から見て、最良のリーダーだ。岸が敗北すれば、後継首相は弱体か非協力的、あるいはその両方だろう。その場合、日本ひいては極東における米国の立場と利害は悪化する。

今後数ヵ月間に、岸がさらに成果を挙げられるよう、できることはすべてやるのが米国の国益となる。アデナウアーの過去二回の選挙でわれわれが行ったのと同じようにして、岸を強化することを考えるべきだ。事態の緊急性から、岸の立場の強化をどうやって支援するかを「おそらくは高レベルのグループで」直ちに検討するよう強く勧告する。選挙結果に影響を及ぼせるよう行動することが極めて重要である。

マッカーサー

岸信介

▽「アデナウアー方式」とは

以上は、岸が首相として初訪米した五七年六月から四カ月後、「日本の国内情勢が、米国の長期的な立場に極めて重要」と前置きされたマッカーサー大使の長い公電の要約だが、東条内閣の閣僚という岸の過去や政策の不人気から、岸の政権基盤が不安定であることを指摘している。岸内閣が倒れると、日本が共産圏への接近や中立主義に動く恐れがあることを警告し、岸を総選挙で勝たせることが「米国の国益」だと強調した。米大使として岸個人への異常なほどの肩入れである。

この公電では、「アデナウアーの過去二回の選挙でわれわれが行った」という部分が意味深長で、資金援助を意味するとみられる。アデナウアーは四九年から十四年間西ドイツの首相を務め、米国と強力な同盟関係を結び、CIAの秘密工作にも協力した。[72] 東西冷戦下、日本と西独をアジアと欧州の「反共の砦」と位置付けた米国は一時期、岸とアデナウアーをキーパーソンとみなして全面的に支援した。

大使の勧告にある「高レベルのグループ」とは、CIA長官や国務、国防総省の次官、関係省庁高官らで構成される工作調整委員会（OCB）とみられる。この委員会は国別の秘密工作を実施するための機関で、日本に対しても設置された。[73]

春名はこの一節に注目し、「実は、この勧告は、極めて重要な提案をしている。結論から先に言えば、次の総選挙でCIAの秘密資金を使って岸を秘密裏に支援すべきだ、という提案なのである」と書いている。[74]

マッカーサー大使は日本赴任前、国務省審議官を務め、アデナウアーとも親しく、西ドイツ情勢やドイツでのCIA活動も熟知していた。大使の公電は事実上、「アデナウアー方式」で岸に資金援助するよう求めたといえるが、この続報に関する文書はなかった。

しかし、後述するように、国務省は一度だけ、自民党などへの資金援助を公然と認めたことがある。国務省が二〇〇六年に刊行した『合衆国の外交　日本、一九六四―六八年』は、冒頭に短い「編集ノート」(Editorial Note)を掲げ、その中で「アイゼンハワー政権は、五八年五月の衆院選挙前に、CIAが少数の主要な親米・保守派政治家に一定の秘密資金援助や選挙アドバイスを与えることを許可した」と短く記述した。[75]これにより、五八年総選挙で米側が自民党に資金援助を行ったことがほぼ確認できる。

▽「自民党の物量作戦に負けた」

マッカーサー大使が「米国の死活的な利害がかかる」("US has vital stake in outcome of next Japanese elections"[76])と重視した総選挙は五八年五月二十二日実施され、投票結果は、自民党二八七

（解散時議席数は二九〇）、社会党一六六（一五八）、共産党一（二）で、自民の勝利となった。岸が社会党の鈴木茂三郎委員長との合意の上で行った「話し合い解散」で、戦後初めて、保守与党、革新野党の二大政党が真っ向からぶつかった。事前の予想では、社会党が大幅に議席を増やし、保革伯仲になるとの見方が有力だった。

だが、社会党は伸び悩み、八議席の微増にとどまった。自民党は選挙後に無所属議員らを公認して解散時を七議席上回った。岸は回顧録で、「私としては、まあ満足できる成績だった。党内における私の基盤も飛躍的に強化された」と記している。[77]

社会党は全議席の過半数以上の候補者を立て、満を持して臨んだだけに、議席を増やしても勝利感はなかった。ある社会党幹部は、「自民党の物量攻勢に負けた」と語った。[78] 政治学者の北岡伸一・東京大学名誉教授は「五五年体制下の最初の衆院選であり、自民党が社会党の伸びを抑えて長期政権の基礎を固めた、きわめて重要な選挙だった」と評している。[79]

その後の総選挙では、政党数が増えたこともあり、社会党がこの時の一六六議席を上回ることは一度もなかった。五八年総選挙はマッカーサー大使が言うように、歴史的意味があり、五五年体制下で自民党は長期政権の基礎を固めたといえる。

総選挙後、マッカーサー大使は本省への公電で、「岸は選挙で実質的な勝利を収め、彼の立場は強化された。現在は、日本と建設的討議を行うのに最もふさわしい雰囲気だ」、「日本と基本的な安保問題を解決すべき時が来た。日本をＮＡＴＯ同盟国と同様、対等に扱う準備をすべきだ」と述べ、次の課題として日米安保条約の改定を訴えた。[80]

総選挙を受けて、ホワイトハウスやCIA、国務・国防両省らの幹部で構成する工作調整委員会は七月、対日政策を総括し、「基本的に友好的な日本の保守政権が承認された。政治的な安定の時期がもたらされる結果となり、米国にとってはNSC5516／1号文書の目標達成に前進する機会が得られる」と評価した。[81]

アイゼンハワー時代の五五年に策定され、対日政策の基本文書となったNSC5516／1号は、①日米同盟関係の強化、②経済復興、③政治的安定、④再軍備の推進――を盛り込んでいる。五八年総選挙が日米関係発展の基盤になるとの認識であり、実際、その後の日米関係は、米国の思惑通りの展開となった。

▽カネをせびる佐藤蔵相

総選挙から二カ月後の五八年七月、岸の実弟で、岸内閣の蔵相だった佐藤栄作が米大使館員と会い、資金援助を求めたことを示す文書が米国立公文書館に保管されている。『ニューヨーク・タイムズ』紙がその一部を報じているが、佐藤は五九年夏の参院選用の資金援助を米側に求めたとみられ、資金援助の実態をうかがわせる文書だ。この文書の機密指定が解除されたのは、九〇年六月十六日と記載されており、ブッシュ（父）政権時代だった。「三十年ルール」に沿って機密解除された後、同紙の報道まで四年間察知されなかった。

マッカーサー大使が五八年七月二十九日付で、ジェームズ・パーソンズ国務副次官補（極東担当）に送った公電の全文を訳出する。

国務次官補　J・グラハム・パーソンズ殿　（文書番号 794 00/7-2958）[82]

親愛なるジェフ

岸の弟である佐藤栄作が、共産主義と戦うために米国に財政支援をせびろうと願い出ていることについて、あなたも、ハワード・パーソンズも関心を示していることと思う。

佐藤の申し出はわれわれにとってそれほど驚くべきことではない。彼は昨年もほぼ同じ考えを示唆していたし、最近彼と話した際にもそうした意向を持っているようだった。添付したのは、佐藤とスタン・カーペンター（大使館一等書記官）の会談に関するメモであり、むろん省内では極秘扱いされるべきだ。九月にワシントンに一時帰国したら、この件についてさらに詳しくお話しする。

一九五八年七月二十九日

東京・アメリカ大使館　　ダグラス・マッカーサーII世

大使の公電には、佐藤蔵相とカーペンター一等書記官の会談メモも添付されていた。同書記官が会談後作成したものだ。

大蔵大臣で、岸首相の実弟、佐藤栄作氏の要請に応じて、七月二十五日に会った。メディアに知られるのを避けるため、東京グランドホテルで二人だけで話した。

佐藤氏は、非常にフランクに極秘で話したいとのことだった。彼は、現在東京で行われている日本共産党と総評の二つの会議は、岸首相と日本政府、および自民党が直面する問題を象徴するものだと指摘した。さらに、日本共産党は、①国内に反米感情を醸成する、②政府転覆のため、革命勢力を糾合して強化する——という二つの目的を持っていると語った。

彼によると、総評の組織内では、共産党と密接な協力関係にある高野（実）派がこの二つの目的のために活動している。[83]高野派は少数グループながら、日本の労働者層に不穏な動きを生み出し得る立場にある。過激派が主導する日教組も、勤務評定制度をめぐって政府と激しい闘争を行っている。それは、六都道府県で激しく、それ以外の十七都道府県でも同じ問題があるという。

佐藤氏は、「政府はこれら過激派との戦いに最善を尽くしているが、十分な資金を利用できないため限界がある。自民党も手を尽くしているが、同様に資金源は限定されている。この問題への対応策の一つとして、自民党は日本の実業家・財界トップから成る非政府グループを設立した。これは秘密組織で、その結成や行動は報道されていない」と述べた。

佐藤氏によれば、最近の選挙で実業家や財界は自民党に大きな貢献をした。佐藤氏は、来年は参院選があり、自民党は同じ個人・企業に再度資金援助を要請せざるを得ないが、共産主義との戦いにこうした資金源から援助を期待することは、不可能でないにしても非常に難しいと語った。

佐藤氏はさらに、「ソ連や中国共産党が日本の共産勢力にかなりの資金援助を行っているのは疑いない。外国からの支援があるため、彼らは日本政府にとって深刻な問題を引き起こしている」と続けた。

佐藤氏は、こうした状況を踏まえ、共産主義との闘争を続ける日本の保守勢力に対して、米国が資金援助をしてはどうかと打診してきた。また、「もし米側が同意すれば、この件は極秘扱いにし、米国には何の迷惑もかけないよう処理する」と述べ、資金受領の担当者を川島正次郎(党幹事長)にする案を示した。

私は佐藤氏に対し、「このような要請があるかもしれないと思って事前に大使と協議した。大使は岸首相や保守勢力を可能な限り支援しようと尽力している。日本における共産勢力の影響に対する保守勢力の憂慮は大使も同意見であり、可能な限り支援したいと思っている。しかし、大使はその目的での資金援助は難しいと考えている。財政援助が米国から行われたことがメディアに知られるなら、米国は日本の内政に干渉していると直ちに非難される」と

◀佐藤栄作蔵相の資金援助要請を米本国に伝えるマッカーサー大使の書簡。一九九〇年に機密指定が解除された。

RM/R Files

[redacted]

"This document consists of 1 pages
Number 1 of 5 copies, Series A."

THE FOREIGN SERVICE
OF THE
UNITED STATES OF AMERICA

American Embassy,
Tokyo,
July 29, 1958.

Aug 4 1958

Hold for HLP

~~SECRET~~

Dear Jeff:

I thought you and Howard Parsons would be interested to know that Eisaku SATO, Kishi's brother, has tried to put the bite on us for financial help in fighting Communism. This did not come as a surprise to us, since he suggested the same general idea last year, and recent conversations with him have indicated that he had this in mind.

I am enclosing a memorandum of Sato's conversation with Stan Carpenter which, for obvious reasons, should be held rather closely in the Department. When I am in Washington this September I will fill you in further on this.

All the very best.

Sincerely,

XR 861.0094
893.0014
794.5-MSP

Doug

Douglas MacArthur II

794.00/7-2958

The Honorable
J. Graham Parsons,
Deputy Assistant Secretary
for Far Eastern Affairs,
Department of State,
Washington.

RM/R
37

414317

~~SECRET~~

伝えた。
佐藤氏は「大使の考えは完全に理解する。この件で自分や岸首相が大使を悪く思うことは決してない」と述べた。彼は、現在の日本の問題について随時私と自由に話し合いたいと言った。私は喜んでいつでも会うと答えた。

二人の密談から、五〇年代後半の与野党攻防の激しさがうかがえるが、後に首相としてノーベル平和賞も受賞する佐藤栄作が平然と米側に資金援助を求めていることには驚かされる。カーペンター書記官が外国援助の問題点を理解しているのに対し、佐藤には、外国からの資金援助導入が、選挙資金規正法に抵触するとの認識が微塵も感じられない。

大使書簡の冒頭の原文は、"Eisaku Sato, Kishi's brother, has tried to put the bite on us for financial help in fighting Communism" となっており、"put the bite for financial help" には、「カネをせびる」「たかる」といった意味合いがある。

公電は、「彼は昨年もほぼ同じような考えを示唆していたし、最近彼と話した際にもそうした意向を持っているようだった」と書いており、佐藤が恒常的に資金援助を求めていたことをうかがわせる。

また米外交官が、財政援助が発覚すると、米国の「内政干渉」を非難されると述べたのに対し、佐藤は「この件は極秘扱いにし、米国には何の迷惑もかけないよう処理する」と問題がないことを強調している。米側は慎重なのに、日本の閣僚がバレないので心配するなという対応であり、これも耳を疑う発言である。

公電によれば、一等書記官は事前に、資金援助の要請を察知した上で大使と協議し、「資金援助は可能だが、難しい」として態度を留保している。しかし、大使自身は公表されるとまずいとし、「帰国した際に詳しく話す」としている。一等書記官にはいったん難色を示させたが、その後の展開には含みがありそうだ。拒否する場合、「一時帰国した際、詳しく話す」と伝える必要はあるまい。憶測や疑問を呼ぶ外交文書といえる。

大使は佐藤が五七年にも資金援助を求めてきたことを示唆しているが、それをうかがわせる公文書は見つからなかった。

▽情報と金の交換か

岸は五七年二月から三年五カ月間首相を務めるが、この間マッカーサー大使と頻繁に二人だけの会談を重ねた。岸政権で自民党総務会長を務め、五八年から蔵相として入閣した実弟の佐藤栄作も、別途大使と頻繁に面会した。二人と大使の個別会談記録が、米国立公文書館のセントラル・ファイルや国務省編纂の『合衆国の外交』シリーズに記載されている。両者の「特別な関係」を示す内容であり、当時の日米関係の深層が読み取れる。大使が国務省に送った公電のうち、秘密の関係を示す電文の要旨を紹介する。

会談記録　一九五八年一月八日　（文書番号　794.00/1-858）[84]

自民党総務会長に就任した佐藤栄作と今朝会った。彼は選挙見通しに関連した政治状況を詳しく話した。佐藤によれば、岸は全体状況を点検しており、総選挙は予算通過後に延期されそうだ。岸内閣はそこまで追い詰められておらず、財界・産業界も早期解散に反対している。佐藤は、総選挙の延期は自民党に準備期間を与え、有利に働くと述べた。佐藤は、中国共産党が一月初めに日本の早期総選挙を予測したことで、社会党や総評への中国の財政支援につながると指摘した。佐藤によれば、自民党は過去の選挙での共産国家の社会党議員支援を調査する特別委員会を設置する方針という。

会談記録　一九五八年五月二十八日　（文書番号　794.00/5-2858）[85]

佐藤栄作が昨夜、大使公邸に来て総選挙の結果や新内閣の見通しを語った。佐藤によれば、昨日の岸と自民党幹部らの会談で、岸は能力と派閥バランスを考えて組閣すると伝えた。新内閣では、池田勇人と河野一郎の処遇がかぎになるという。佐藤は、総選挙は社会党に大打撃になったと述べた。党内で深刻な対立が起きる可能性があるが、鈴木茂三郎・浅沼稲次郎体制が近い将来揺らぐ恐れはないとみている。佐藤によれば、総評や日教組の過激化が自民に味方し、社会党に裏目に出た。佐藤は日本共産党が一議席しか取れなかったことを喜んだが、共産党の得票がやや増えたことに失望していた。佐藤は、共産党がいずれ社会党に共闘を申し入れるとみている。

会談記録　一九五八年七月十二日（文書番号 794.00/7-1258）[86]

岸が昨夜プライベートに会いたいと言ってきたので会った。現在の考え方と計画を最高機密で話したいということだった。通訳だけが同席。岸はまず、共産主義者や極左による総評と日教組支配を打倒する決意を述べた。九月の通常国会では、大統領や国務長官に成立を約束した機密情報保護法の成立を目指すと語った。それによって、米国や米軍との軍事研究開発が可能になり、共産勢力の浸透・破壊工作にも対処できると彼は考えている。岸はまた、通常国会に警察の捜査権限を強化する警察官職務執行法改正案を提出すると語った。岸はさらに、中ソ両国は選挙戦中、岸内閣を攻撃し、内政干渉することで、逆に自分の支持を高めてくれたと述べ、国内で民族主義のうねりがあることを指摘した。私が衆参両院の選挙制度改革をするつもりなのかと尋ねると、岸は来年参院選挙があり、社会党は暴力に訴えてでも改正に抵抗するだろうと述べ、否定的だった。これらの情報は国務省、国防総省で厳重に管理すること。リークがあれば、岸に打撃となる。

会談記録　一九五八年十二月七日（文書番号 794.00/7-12.58）[87]

昨日午後、岸と秘密裏に会い、日米安保条約改定問題を話した。岸は私に、党内情勢に微妙にかかわるので、今後もこの問題を私と秘密裏に話したいと述べた。岸によれば、党内に自民党総裁選をにらんで、安保改定を派閥抗争と結び付ける勢力がおり、三木武夫・松村謙三グループが条約改定に反対している。池田・吉田グループは賛成ながら、琉球と小笠原を条約適用範囲に加えるよう主張している。岸は、自民党総裁選までに党が安保問題で統一見解をまとめるのは難しいと述べた。しかし、中ソ両国が安保改定を非難したことから、共産主義者と同一に見られたくない社会党西尾派は必ずしも安保改定に反対しないと岸は見ている。岸は、引き続き私と秘密裏に会って安保改定に絡む問題を話し合いたいと語った。

会談記録　一九五八年十二月二十四日（文書番号 794.00/12-2458）[88]

佐藤は本日、私と内密に会い、岸が一月の自民党総裁選の後、党三役人事と内閣改造を計画していると述べた。岸は昨夜、池田と会い、今日は、松村らと会うなど、総裁再選へ根回し中という。佐藤も反主流派の支持固めで岸と一緒に動いていると語った。

会談記録　一九五九年六月六日（文書番号 794.00/6-659）[89]

岸の要請で昨夜、プライベートに会った。岸は参院選の結果に満足し、自らの立場が強まると考えている。岸は、自民の勝利は、四月の東京、大阪の知事選勝利が重要な要素になったと語った。参院選の争点の一つは日米安保条約改定であり、選挙結果は国民が日米の緊密な安保関係発展を望んでいることを示した、と岸は指摘した。今、岸が頭を痛めているのは内閣改造と党三役人事であり、「今回の改造は、選挙で勝つことよりはるかに難しい」と皮肉った。岸は参院選勝利で気分が高揚しており、二年前の訪米での日米首脳会談とその後の関係進展の回想にひたっていた。

会談記録　一九六〇年二月八日　（文書番号 794.00/2-860）[90]

岸とプライベートに会い、訪米後の政治情勢を話し合った。彼は、新しい日米安保条約と関連の取り決めが日本国民の大多数に支持されていると確信している。従って、衆院を解散する意思はないが、国内政治情勢は必ずしも安定しておらず、もし、新安保条約の批准に必要なら、解散総選挙もためらわない、と岸は言った。その理由として岸は、社会党がおそらく批准審議をボイコットすることを挙げ、民社党も追随するなら、国民の条約への承認を得るため、新たな選挙が必要になるという。岸は、日本のマスコミの極度の反政府志向も問題視した。岸によれば、解散の可能性は現時点で四〇％だが、解散する場合、事前に言及せず、電撃的に行うという。

会談記録　一九六〇年四月六日　（文書番号 794.00/4-660）[91]

昨夜、岸とプライベートに食事をした。岸は、通常国会が日米新安保条約を批准すると確信していた。自民党各派は、石橋派を除いてすべて賛成している。岸は、吉田の支持には計り知れない価値があり、派閥抗争を緩和させると述べた。私が、吉田、池田、佐藤はあなたの三選を支持しているかと尋ねると、岸は、現時点で党内の主要な指導者は今秋の総裁選で自分以外に過半数を獲得できる候補はいないとみなしていると答えた。内閣改造や党三役人事があるのかと尋ねると、「六月の大統領訪日前に内閣改造や党人事を行うのは混乱を招く恐れがあり、適当ではない」と述べた。岸は、大統領訪日が彼の立場を強化すると考えている。

会談記録　一九六〇年六月十七日（文書番号 794.00/6-1760）[92]

今朝、岸に大統領の書簡を届けた。岸は大統領訪日が延期になったことを深く遺憾に思い、謝罪すると大統領への伝言を託した。大統領がアジア諸国を歴訪中に訪日延期を決めたことは痛恨の極みで、大統領と米国民の名誉を最大限に傷つけてしまったと言っていた。モスクワや北京のエージェントとして活動する少数の狂信派が国民の意思に背き、法と秩序に反して行動する中で、他に選択肢がなかったと述べ、個人的に深い反省と謝罪を口にした。岸は、国際共産主義勢力の阻止にあらゆる手段を取るので、大統領には是非、後日訪日してほしいと語った。私は、「大統領は延期に至った事情や総理が苦渋の決断をした理由をよく理解している」と答えた。また、新安保条約が国会で承認されたので、藤山外相との間で批准書交換の手続きを速やかに進めると伝えた。

▽岸の見果てぬ夢

日米安保が重大な政局となる一九六〇年前半、米大使館から国務省に宛てて連日緊迫した内容の公電が送られており、現代史の貴重な資料となっている。これらの会談以外にも、岸・佐藤はマッカーサー大使と頻繁に会い、その都度内政動向や政府の方針を報告している。米側は座っていても、政権中枢の動向が入ってくるわけで、大使はその内容を逐一ワシントンに報告していた。マッカーサー大使は、首相との親密な関係を保つことで、米政府内に大使の実力、能力を誇示できた。

双方のやり取りには資金援助をうかがわせる記述はないが、岸と佐藤が内外政策の最高機密情報を積極的に大使に報告していたことは、「CIAと自民党の間で行われた最も重要なやり取りは、情報と金の交換だった」という『ニューヨーク・タイムズ』紙の報道を想起させる。日本の駐米大使が米大統領と頻繁に面会することなどあり得ず、日米関係が片務的関係だったことを示している。

大使の公電はまた、岸内閣の興亡を映し出している。岸政権は「日米新時代」や活発なアジア外交で脚光を浴び、五八年総選挙、五九年参院選の勝利で政権基盤を強化した。しかし、法執行の重点を公共の安全・秩序に広げる警察官職務執行法改正案の提出（五八年十月）が野党や労組の激しい反発を浴び、反安保闘争の前段となった。いわゆる警職法反対闘争である。

岸は六〇年一月に訪米し、アイゼンハワー大統領と日米新安保条約に調印した。その際、戦後初となる大統領の訪日で合意したものの、新条約の承認をめぐる国会審議は、安保廃棄を掲げる社会党の抵抗により紛糾した。安保条約は五月に強行採決されたが、総評、社会党、共産党、全学連などが共闘する街頭での安保反対闘争は、大統領訪日阻止に向けて六月にピークに達し、戦後最大の国民運動に発展した。この結果、大統領訪日は中止となり、岸は批准書が交換された六月二十三日に退陣を表明する。

岸が目指した憲法改正、安保法制は見果てぬ夢となり、孫の安倍晋三に引き継がれた。

大使の公電から、六〇年二月初めの段階で、岸が政権延命に向け、安保国会を強行突破するため、解散総選挙を検討していたことも分かった。しかし、ハーター国務長官は「衆議院を解散すれば、国会日程は四十日間空白となり、五月末までの批准は難しくなる。参院審議を次の国会に持ち越すことはリスクが生じる」とし、解散に反対する米国の立場を岸に伝えるよう大使に指示していた。[93]

米側は岸の延命よりも、新安保条約批准を優先しており、この頃岸に見切りをつけた可能性がある。岸は八三年に出版した回顧録で、「今振り返ってみると、あのとき思い切って解散すべきだった」「解散をしておけば、これらもろもろのアク抜きになり、新条約はさっぱりとした形で批准されたであろう。冒頭解散の機会を逃したことは残念だった」と重ねて解散しなかったことを悔やんでいる。[94] 米側から横槍が入ったことには触れていない。

▽岸から池田に乗り換え

マッカーサー大使は安保騒動がピークに達していた六月十日、ハーター国務長官に報告し、「岸は安保条約批准後辞任すると予想されるが、後継者については、コンセンサスがない。池田、河野、佐藤、三木が〝有力者〟と言われている。（中略）池田が最も有力な後継者にみえる」と伝えた[95]。この時点で「池田最有力」と書いた新聞はなく、米大使館が最も早かった[96]。

春名の『秘密のファイル』によれば、吉田茂系列で、大蔵官僚出身の池田勇人は、六月十五日に国会周辺の騒乱で東大生の樺美智子が死亡する事件が起きた後、側近に「ある仙人が来てね、次は俺だって言うんだよ」と雲をつかむような話をしていたという[97]。「仙人」とは、米国だったかもしれない。米大使館員が六月二十一日付で国務省に送った公電は、「米国の利益という観点からみて、池田は岸の後継者として、断然ベスト。池田は、日米パートナーシップを確信しており、自分の師匠の吉田と同様、反共強硬派だからだ」と記している[98]。

広島県出身の池田は大蔵官僚を経て、四九年総選挙で衆院議員に初当選し、吉田から新人として大蔵大臣に抜擢された。「貧乏人は麦を食え」などの放言で反発を呼んだが、吉田の庇護もあり、党内実力者の地位を固めて政策集団「宏池会」を結成、派閥を旗揚げした。岸には批判的だったが、五九年に通産相として入閣後は安保改定を全面支持した。岸退陣後の自民党総裁選で、岸が盟友の藤山愛一郎ではなく池田を支持したのは、米政府の意向を忖度したからかもしれない。

岸は米国から資金援助を受け、米国一辺倒外交だったとはいえ、「自主防衛」「自主外交」を理想に掲げ、あくまで国家自立のために米国を利用していた側面もある。岸は安保条約改定後、日米関係を「新しい観点」に立って見直すと主張しており、在日米軍の大幅削減を求める意向だったとされる。

この点で、リベラル派の元外交官、孫崎享・元防衛大教授は『戦後史の正体』で、「岸政権が一九六〇年七月、安保騒動で崩壊しなかったら、岸首相は『駐留米軍の最大限の撤退』を（六〇年に立ち上がった）『日米安保委員会』で検討させていた」可能性があるとし、米側は岸が駐留米軍の大規模な撤退を求めてくることを察知し、排除に動いたのではと推測している。[99]軽武装の吉田茂路線に近い後継の池田は、「高度経済成長路線」を突き進み、安全保障軽視の対米追随外交が定着することになる。

マッカーサー大使は安保条約批准後、一時帰国し、九月二十日、ホワイトハウスにアイゼンハワー大統領を訪ね、六月の訪日が中止になったことを大使として詫びた。

両者の会談議事録によれば、大統領は「日本人から訪日中止を残念がる大量の手紙を受け取っている。政治家は後退を前進に切り替えるものだが、今の情勢では動きにくい」と答えた。大統領はまた、「日本の政治家たちは無責任というよりは少しましな程度だな」と皮肉った。[100]

大使は「岸は世論を理解できなかった。彼の強権的な行動は、日米開戦時の東条内閣の閣僚だったという事実と結び付き、凋落につながった。後任の池田は違っており、秋の総選挙では与党の大勝が予想される」と述べ、岸を酷評し、池田に期待を示した。大使の任期も終わりに近づいており、マッカーサーは「小坂（善太郎）外相は前任の藤山外相より良い」「韓国の李承晩の失脚で、日韓関係も改善されそうだ」と付け加えた。

大統領が日本の印象を尋ねたのに対し、大使は「赴任四年になり、旅行を楽しんでいる。日本人はすぐれた民族だが、理解しにくく、われわれとは全く異なる人々だ」などと語った。岸と親密な関係を築きながら、日本人の行動原理には違和感を覚えていたのだろう。米側から重用されながら、役割が終わると捨てられる構図は、岸がライバル視した吉田茂と同様だった。吉田は五四年に首相を退陣したが、日本の急速な再軍備に反対したことから、米国が吉田を嫌い、退陣に一役買ったといわれる。[101]

▽資金要請した幹事長

岸政権時代の自民党の資金受領は、川島正次郎党幹事長がキーパーソンだったようだ。佐藤栄作は五八年七月の米大使館員との密談で、「川島をチャンネルにしたい」と話している。[102]

苦学して記者から政界入りした党人派政治家の川島は「政界の寝業師」と呼ばれ、後に日本プロレスリング・コミッショナーを務めたことが知られる。鳩山首相退陣後、岸政権の樹立に動き、岸内閣の下で自民党幹事長を務め、党の金庫番だった。六〇年の安保闘争では、動揺する党内の混乱収拾に腐心し、新安保条約成立まで岸を擁護した。

安保反対運動が連日、国会や米大使館周辺で吹き荒れていた六〇年五月二十三日、川島幹事長

川島正次郎

はマッカーサー大使と内密に会談し、米側に資金の注入を求めた[103]。

「大使と川島正次郎の会談メモ」と題する米公文書によれば、川島は「日本での安保条約をめぐる議論は、ソ連支持者とアメリカ支持者の間の覇権争いだ」と述べ、ソ連と中国の共産主義者は岸と安保条約を打破するため、膨大な金を注ぎ込んでいると強調した。その上で川島は、「岸派が安保条約の批准を確実にするためのイデオロギー戦、政治戦を遂行するに当たって追加的資金を提供してほしい」と要請した。

川島はさらに、「米国の資金は秘密裏に民間の経済団体を通していただくことになるが、それは『全学連と戦う学生団体の設立』と、大半の大新聞が反対している安保条約のための宣伝活動に使用される」と伝えた。

これに対し、マッカーサーの対応は慎重で、「そのような資金を提供できる見込みはないが、この提案は心にとどめておく」と答えた。

大使はこの時は資金援助を断っているが、川島が求めた「追加的資金」とは、それまで米側から資金援助があったことを意味する。川島の言う「全学連と戦う学生団体」は、右翼や体育会系の学生と思われる。安保闘争では、随所で安保賛成の右翼の活動がみられ、全学連などのデモ隊が右翼組織に襲われ、百人近くが負傷する事件もあった。春名の『秘密のファイル』によれば、右翼や体育会系学生らを動員する資金はCIAが調達したといわれる。

▽ライシャワー大使の勇み足

空前の規模に拡大した反安保闘争は、岸が六月二十三日に安保騒動の責任を取って辞意を表明したことで、火が消えるように沈静化した。岸は後任の首相に池田を推薦し、池田は自民党総裁選の決選投票で石井光次郎に勝ち、七月に首相に就任した。池田は所得倍増など経済重視を掲げ、日本経済も高度成長路線に乗った。六〇年十一月の総選挙は、自民が二百九十六議席で、追加公認を加えると三百議席の大台に乗った。社会は百四十五議席と約二十議席減らし、結党直後の民社党も振るわず、安保闘争が嘘のような自民の圧勝に終わった。

米国でも、同年十一月の大統領選で民主党のケネディが当選し、内外政策で新機軸を打ち出した。マッカーサー大使は帰国し、新大使にはハーバード大教授で日本専門家のエドウィン・ライシャワーが任命され、日米関係は新時代に入った。ケネディは六三年十一月に暗殺されるが、ライシャワーはジョンソン政権の六六年まで大使を務め、「日米パートナーシップ」を演出した。池田は癌のため東京五輪閉幕後に退陣し、六四年十一月、実力者による党内調整会議を経て佐藤栄作が新首相に就任した。

佐藤内閣発足の翌日、皇居で園遊会が開かれ、その場で佐藤はライシャワーを手招きした。大使の公電によると、「佐藤首相は本日の園遊会で私を脇に寄せ、私と互いに緊密な関係を築き、自由に電話で話したいと持ち掛けてきた。早期に訪米し、ジョンソン大統領と首脳会談を行いたいと話した」という。[104] 岸政権以来の首相と米大使のホットラインが佐藤政権で復活し、やがてニクソン政権との間で沖縄の本土復帰につながることになる。

国務省によれば、六四年時点で、自民党への資金援助は終了したとされるが、ライシャワー大使が六五年、返還前の沖縄で行われた立法院（占領下における琉球政府の立法機関）選挙で、保守勢力を勝たせるため、ＣＩＡの資金援助計画を策定していたことが、国務省が解禁した文書で明らかになった。それは、文書公開作業を進めているワシントンの民間シンクタンク、「国家安全保障公文書館」が情報公開法（ＦＯＩＡ）に沿って九六年に入手し、公表した。[105] 文書は六五年七月十六日、ワシントンの国務省で行われた沖縄政策に関する議論をまとめた議事録で、日本におけるＣＩＡの資金援助工作文書が機密を解かれるのは異例だ。

それによると、六五年十一月、米国の施政権下にあった沖縄の琉球立法院選挙を控えて、一時帰国中のライシャワーは「もしわれわれが選挙に負けたら、相当なトラブルになる。日本政府は米軍への協力姿勢を維持するのが困難になる」とし、琉球の選挙に影響を与える行動計画を議論するよう求めた。

そのための選挙資金の提供方法として大使は、①ＣＩＡが沖縄に直接資金を送金する、②自民党を経由して間接的に送金する——の二ルートを挙げ、「われわれは二重の負担を負うべきではない。二つのルートを通すと、露見する恐れがある。自民党ルートを使い、自民党に最も効果的な方法で金を使わせるのが安全だ」と述べ、「自民党の資金に上乗せするだけで完全な偽装になる」と強調した。

ステッドマン陸軍次官代理は「二ルートのリスクは同程度だと聞いている。だったら、直接ルートにも資金を回したらどうか」と反論したが、大使は「リスクは同程度ではない。ワトソン高等弁務官が資金を効果的に掌握したいと考えるのは分かるが、金は自民党を通すべきだ」と主張し、陸軍側も了承した。

ステッドマンは、六日後に「303委員会」が開かれる予定だと報告した。「303委員会」とは、CIA長官や国務、国防総省の次官級らで構成され、対日秘密工作を協議する機関である。その場で自民党ルートでの資金援助が決まったとみられる。

十一月の琉球立法院選挙では、自民党系の与党・民主党が改選前より一議席増やして過半数を制し、野党・人民党は敗北した。この選挙では、与党側の「金権選挙」がメディアで批判された。CIAがどれだけの資金を提供し、どのような効果があったのかは不明だ。

エドウィン・O・ライシャワー

六五年は、米軍が北ベトナムに対する「北爆」を開始し、ベトナム戦争が本格化した年でもある。沖縄の嘉手納空軍基地が重要な空爆拠点になっており、米政府内には選挙で革新勢力が勝つと、沖縄の政情不安を招き、ベトナム戦争に悪影響を及ぼすとの危機感があった。ライシャワー大使のような知日派学者ですら、資金援助工作の誘惑に勝てなかった。

この文書を入手した国家安全保障公文書館のウォンプラー研究員はプレスリリースで、「日本での秘密政治工作は、米国が最も秘匿する機密の一つであり、CIAは五〇年代から六〇年代初めにかけての自民党への秘密援助に関する文書の機密解除を拒否してきた」とし、今回の文書が「初の具体的な証拠」と指摘した。[106]

4．資金援助の実態

▽岸とのパイプ役を特定

CIAの資金援助疑惑については米国で一定の調査・研究があり、専門家らが著作の中で部分的に言及している。一九九四年にこの問題を報じた『ニューヨーク・タイムズ』紙のティム・ワイナーはCIAが戦後世界で行ったインテリジェンス活動を網羅した著書『CIA秘録』を二〇〇八年に刊行した。「五万点の機密解除文書、三百人以上のインタビュー」を経て書かれたという同書は、日本語版のために対日工作部分を追加執筆した。[107]

同書によれば、戦後間もない四七年に設立されたCIAの東京支局のスタッフは当初、三人だけだった。GHQのマッカーサー司令官はCIAを嫌って信用せず、日本での活動には大きな困難があった。五二年の占領終了後、CIAはウィロビー少将が率いたGHQのG2（参謀第二部）を吸収する形で拡大した。しかし、GHQが雇っていた工作員は、右翼活動家や密輸業者らが多く、児玉誉士夫に手玉にとられるなど「お粗末な仕事のやり方」が目立った。

同書は、CIAの任務は「まさに、アメリカの国益に資する日本の指導者を選ぶことに尽きていた。CIAには政治戦争を進めるうえで、並外れた巧みさで使いこなせる武器があった。それは現ナマだった。CIAは四八年以降、外国の政治家を金で買収し続けていた。しかし世界の有力国で、将来の指導者をCIAが選んだ最初の国は日本だった」とし、それが岸信介だとしている。

ワイナーは、A級戦犯容疑者だった岸がCIAの援助とともに首相の座にのぼりつめるプロセスを次のように描いている。[108]

一、岸は戦後、A級戦犯容疑者として収監されていた間も、アメリカの上層部に味方がいた。そのうちの一人は、開戦時に駐日大使を務めていたジョゼフ・グルーだった。グルーは四二年、東京の収容所に入っていたが、戦時内閣の閣僚だった岸がグルーを収容所から出してやり、ゴルフを共にしたことがあった。二人は友人になった。グルーは岸が巣鴨拘置所を出所した数日後、ＣＩＡが設けた偽装機関「自由ヨーロッパ全国委員会」の初代委員長になった。

一、岸は日本の外交政策をアメリカの望むものに変えていくことを約束した。アメリカは日本に軍事基地を維持し、核兵器も日本国内に配備したいと考えていた。岸が見返りに求めたのは、アメリカからの政治的支援だった。

一、フォスター・ダレス国務長官は五五年八月に岸と会い、日本の保守派が一致して、アメリカの共産主義者との戦いを助けるなら、支援を期待してもよろしい、と言った。その支援が何であるかは、だれもが理解していた。岸はアメリカ大使館上級政務担当官のサム・バーガーに、主たる連絡役として、若手であまり日本で知られていない下級の人間と直接話をするのが最善だろうと言った。その役割は、ＣＩＡのクライド・マカボイに割り振られた。マカボイは海兵隊上がり、沖縄戦の生き残りで、一時新聞記者をした後、ＣＩＡに加わった。マカボイは日本到着後まもなく、バーガーによって岸に引き合わせられた。この時、ＣＩＡが外国の政治指導者との間で培った最も強力な関係の一つが誕生した。

一、ＣＩＡと自民党の間で行われた最も重要なやり取りは、情報と金の交換だった。金は自民党を支援し、内部の情報提供者を雇うのに使われた。アメリカ側は、三十年後に国会議員や閣僚、長老政治家になる、将来性のある若者との間に金銭による関係を確立した。彼らは力を合わせて、自民党を強化し、社会党や労働組合を転覆しようとした。

一、外国の政治家を金で操ることにかけては、ＣＩＡは七年前にイタリアで手がけていた時より上手になっていた。現金が入ったスーツケースを高級ホテルで手渡すというやり方ではなく、信用できるアメリカのビジネスマンを仲介役に使って協力相手の利益になるような形で金を届けていた。こうした仲介役の中に、ロッキード社の役員がいた。
一、岸は巧みにトップに上り詰めるなかで、CIAと二人三脚でアメリカと日本の間に新たな安全保障体制をつくりあげていこうとするのである。岸を担当していたマカボイは、戦後日本の新しい外交政策に影響力を及ぼすことができた。
一、岸はCIAから内々で一連の支払いを受けるより、永続的な財源による支援を希望した。アイゼンハワー大統領自身も、日本が安保条約を政治的に支持することと、アメリカが岸を財政的に支援することは同じことだと判断していた。大統領はCIAが自民党の主要議員に一連の金銭を提供することを承認した。CIAの役割を知らない政治家には、この金はアメリカの巨大企業から提供されたものだと伝えられた。この資金は少なくとも十五年間にわたり、四人の大統領の下で日本に流れ、その後の冷戦期中に日本で自民党の一党支配を強化するのに役立った。

「CIAの秘密工作に関する最高の本」(『ウォールストリート・ジャーナル』紙)と評された同書は全体的に、CIAの失敗談に焦点を置きすぎた印象が強い。通常、インテリジェンスの成功のケースは表に出ないからだ。日本関係の情報源として、アルフレッド・ウルマー元CIA極東部長、ホーレス・フェルドマン元CIA東京支局長、ロジャー・ヒルズマン元国務次官補、歴代駐日大使らの名が挙げられており、聞き書きによるものだ。岸とCIAのパイプ役については、生前のマカボイ本人に直接確認したという。[109] マカボイが登場する米公文書は、国立公文書館にはなかった。

岸とCIAの関係を明快に浮き彫りにした決定版といえるが、公文書による確認がとれているわけではない。岸が「日本の外交政策をアメリカの望むものに変えていく」と約束したくだりは、単純すぎるだろう。新安保条約について、岸は五七年の訪米で、ダレス国務長官に「現行の条約は米国に一方的に有利で、アメリカに占領されているような状態だ。相互契約的な条約ではない」と対等な条約に変えるよう要求している。[110]

米国の資金が「少なくとも十五年間にわたり、四人の大統領の下で日本に流れた」という部分も、ジョンソン時代初期の六四年には中止されたとする国務省の記述と矛盾する。国務省によれば、資金流入は、アイゼンハワー、ケネディ、ジョンソンの三人の大統領の下で行われた。

▽「変えられた国」

日米関係や米国のアジア政策を専門とするマイケル・シャラー・アリゾナ大学教授も九七年、占領期から七〇年代までの日米関係の舞台裏を詳細に描いた歴史書『「日米関係」とは何だったのか』を出版した。[111] 原題は「Altered States」（変えられた国）。米国の影響力や干渉、圧力によって、日本が戦前とまるで異なる国家に変貌していく経緯を描いた。シャラーは解禁された米公文書を広範に調査しており、この中には新事実も少なくない。

たとえば、核持ち込み問題で六〇年代前半、米海兵隊岩国基地の数百メートル沖合に常時停泊していた揚陸艦内に核爆弾が極秘保管されていたことを明らかにしている。[112] 有事に核搭載の米艦船が安保条約に基づく事前協議をバイパスして日本の港湾に寄港する密約があったことは知られているが、同書によれば、平時にも「常時停泊」していたことになる。六六年にこの情報を知ったライシャワー大使は激怒し、ラスク国務長官にかけあってなんとか撤去させたという。

また、岸政権下の五七年に群馬県の米軍演習場で、米軍兵士が空薬莢拾いの主婦を射殺し、裁判権が日米のどちらにあるかで紛糾したジラード事件についても、同書は、日本側がジラード三等兵の刑軽減に配慮すると米側に秘密裏に約束していたことを明かした。[113] アイゼンハワーは日本側に配慮し、日本の裁判権を認めていたが、ジラードは執行猶予付きの判決を受けて帰国しており、ここにも密約があった。

シャラーは同書で、CIAの資金提供問題に二～三ページを割き、以下の内容を書いている。[114]

一、五七年の岸信介の訪米以後、岸や佐藤栄作とアメリカ高官との間に、自民党の資金に関して話し合いが行われるようになる。たとえば、五八年七月、佐藤は米大使館の一等書記官とひそかに会い、運動資金を懇願した。前の年にも佐藤は何回もアメリカの高官たちと秘密の融資について議論し合った。

一、マッカーサー大使も佐藤と同様、五八年から五九年に予想される一連の国政選挙に懸念を抱いていた。大使の報告によれば、組織労働者と社会党は依然、保守政党支配を脅かしている。アメリカ政府内における人気にもかかわらず、岸は政治運動家としては光彩に欠ける。大使はダレス国務長官に対し、自民党と岸の派閥に梃子入れするため、①日本のより自由な漁業権を韓国に認めさせる、②ベトナムとインドネシアに日本との賠償協定を締結させる、③日本の輸出品の受け入れ拡大、④戦争犯罪人の釈放の促進、⑤小笠原諸島住民の送還——を要請した。表には出ていないが、マッカーサーは秘密の運動資金の提供についても働き掛けを行った。

一、アイゼンハワー大統領はCIAが日本で秘密活動を開始することを認めた。五五—五八年に対日工作を管轄したCIA要員、アルフレッド・ウルマーは、「われわれは自民党に資金を提供した。CIAは情報を自民党に依存し、自民党内に同盟者をつくるため秘密のカネを使った」と述べた。国務次官補だったロジャー・ヒルズマンによれば、六〇年代初期までに政党と政治家個人に対し、毎年二百万ドルから一千万ドルの資金供給が「定着して慣例」となり、日米双務関係の正規の一部分となっていた。

一、CIAによる資金は、五八年五月の衆議院選挙運動をはじめ、さまざまな方面に使われた。国務省と情報分析家は、社会党が躍進し、岸ら親米派は自民党内のライバルと比べても伸びないのではと心配した。運動資金は選び抜かれた一群の自民党指導者を通じて、特にアメリカに友好的だと思われる候補者に渡された。一方、反社会党活動に利用する政治情報を得るため、追加資金が使われ、比較的穏健と思われる一部社会党候補者に対しても、党内での彼らの立場の改善を図るために資金が提供された。これらの資金は、五八年の衆院選と五九年の参院選で岸の梃子入れに役立つことになる。自民党と社会党の政治家に対する資金提供は、少なくとも十年間続いた。

シャラーは文書公開の国務省諮問委員を務めており、CIAの秘密活動に関する文書を閲覧しているはずだが、委員として知りえたことを公表することは守秘義務違反となり、ぎりぎりのところで執筆したとみられる。

「(資金は)自民党指導者を通じて、とくにアメリカに友好的だと思われる自民党候補者に渡された」というくだりが事実なら、自民党への組織的支援というよりも、岸派議員の支援だったことになる。シャラーは米側が秘密資金を「五八年の衆院選と五九年の参院選で岸の梃子入れ」に使ったとしており、米側は、日米安保条約改定を控えたこの時期が日米関係の将来に死活的に重要と位置づけた模様だ。「社会党の政治家に対する資金提供」とは、六〇年に社会党から分裂した旧民社党グループを意味し、次章で検討する。

▽二つの資金ルート

ケネディ政権で国務次官補を務めたヒルズマンは『読売新聞』の取材で、自民党への資金の流れについて、「CIAと駐日米大使を通す二ルートがあった」と証言したが、二ルートのうち、米大使を通じたルートは、五八年に佐藤栄作が米大使館員を通じて資金援助を求めた文書でうかがえる。

もう一つのCIAを通じた資金ルートは機密部分が多いが、CIAの歴史スタッフだったウェイン・ジャクソンがまとめたアレン・ダレス元CIA長官の業績文書にその一端が書かれており、これは現在、ネットで全文の閲覧が可能だ。[115]

この文書によれば、CIAが各国の政党、派閥に選挙資金援助を行う場合、援助の勧告は、現地の大使館職員やCIAスタッフらの会話、あるいはどちらかの提案を通じて構想が生まれるが、そのプロセスを突き止めるのは不可能という。勧告がワシントンに届くと、国務省とCIAなどの協議で検討される。

ダレスCIA長官が勧告を重要とみなした時や、CIAの予備基金から支出する必要が生じた場合、計画調整グループ（PCG）、または特別グループ（SG）で検討された。PCGとSGのメンバーは、国務省、国防総省の次官級やCIA長官、大統領補佐官らで構成された。工作が決定されると、実際の工作は当該国駐在のCIA支局が実行し、その進捗状況は毎週、計画担当者やCIA次官、国務・国防次官らの会議に報告された。

この業績文書は、「計画調整グループ」または「特別グループ」が設置された期日について、▽フランス（五五年七月二十七日）▽ギリシャ（五八年三月二十六日）▽日本（五八年三月十一日）▽パキスタン（五八年七月十六日）——などと記している。日本には、「特別グループ」（SG）として設置された。

日本では五八年五月に総選挙があり、これに照準を合わせた動きととれる。CIAの秘密工作を検討する高官級の会議は、トルーマン時代は心理戦略委員会（PSB）と呼ばれ、アイゼンハワー政権では工作調整委員会（OCB）と改称された。その後、「計画調整グループ」や「特別グループ」など、より機密性の高いグループに発展したとされる。いずれの組織も、大統領が管轄する国家安全保障会議（NSC）が決めた戦略指令に沿って動いた。

たとえば、五五年にNSCで承認された米国の対日戦略に関する「NSC5516／1号」文書は、「米国の目標を達成する基礎として、日本における効果的で穏健な保守の政府の発展を促進」と規定している。これに沿って、保守勢力の拡大、左翼勢力の抑制に向け、資金援助を含む秘密工作が展開されたとみていい。

▽国務省のスモーキング・ガン

米政府が自民党などへの資金援助を実行したことを確認する決定的な文書が、二〇〇六年七月に国務省歴史部が公表した短い「編集ノート」だった。国務省の外交資料集『合衆国の外交、日本、一九六四―六八年』はジョンソン時代の対日関係文書百四十本を公表したが、日本関係は前巻の刊行から十年もかかっており、機密文書の公開をめぐって内部調整が難航していた。この巻にも資金援助を示す外交文書は収録されていないが、同巻は冒頭に「編集ノート」を掲げ、極めて異例な形で日本での資金工作の事実を初めて認めたのである。その全文を訳出する。[116]

一九五八―六八年の十年間、米政府は日本の政治の行方に影響力を行使すべく四つの秘密計画を承認した。アイゼンハワー政権は、左派政治勢力の選挙での躍進の可能性が、日本の中立主義を強め、ひいては左翼政府に道を開くことを憂慮し、五八年五月の衆院選挙前に、CIAが少数の主要な親米・保守派政治家に一定の秘密資金援助や選挙アドバイスを与えることを許可した。支援を受けた候補者には、米国の企業家から援助を受けていると伝えられた。この支援計画は、その後の六〇年代の選挙運動中も続けられた。

もう一つの米国の対日秘密工作は、極左政治家の当選の可能性を小さくすることを目指した。アイゼンハワー政権は、より親米的で責任ある野党が誕生することを望み、五八年五月前にCIAが左派野党勢力からの穏健派の分裂を画策する秘密計画を実施することを承認した。この計画の下での資金援助は限定的で、六〇年は七万五千ドル（当時のレートで約二千七百万円）だった。六〇年代初頭を通じて、基本的にはこの規模で継続された。

六四年までに、ジョンソン政権の主要な当局者は、日本の政局が安定度を増したため、日本の政治家への秘密資金援助はもはや不要と確信するようになった。さらに、秘密資金計画は、露呈のリスクを冒すほどの価値がないとのコンセンサスも生まれた。六四年初めには、政党への支援計画は段階的に消えていった。一方、極左の影響力を抑えるため、日本社会の各層有力者に働きかける宣伝と社会活動にほぼ等分されたより広範な秘密計画は、ジョンソン時代を通じて継続された。その支出は控えめな水準で、たとえば六四年は四十五万ドル

（約一億六千二百万円）だった。

国務省がこの「編集ノート」を公表した時、日本のメディアは「米政府が自民・野党穏健派へ資金援助」（『朝日新聞』[117]）、「ＣＩＡが対日工作、左派勢力抑え込み」（『読売新聞』[118]）などと三、四段の比較的小さい扱いだった。しかし、この短い「編集ノート」の意義は小さくない。米政府が、日本での秘密資金工作を公式に認めたのはこれが初めてだったからだ。

これにより、政治資金規正法に違反する米国からの秘密資金導入があったことが確認された。英語の表現で言う、“Smoking Gun”（動かぬ証拠＝実弾発射を裏付ける煙の立ち上がった銃）といえよう。「編集ノート」の形で国務省が資金援助を認めた経緯は明らかでないが、編纂にあたった国務省歴史部は、機密解除に反対するＣＩＡの圧力の中で、あえて歴史に誠実に向き合う姿勢を示したと言えなくもない。

しかし、その記述は不完全かつ中途半端な表現が目立つ。資金の提供先は「親米・保守派政治家」向けとされ、「自民党」とは書かれていない。「左派野党勢力」への支援額について「六〇年は七万五千ドル」と「限定的」な額を明記しているが、保守勢力への支援額はそれをはるかに上回るはずなのに明記されていない。

文章構成も奇妙で、冒頭で「四つの秘密計画を承認した」としているのに、①親米・保守派政治家の支援、②左派野党勢力の分裂工作、③各層有力者への働き掛け——の三つしか書かれていない。『ニューヨーク・タイムズ』紙のワイナーは「編集ノート」の記述について、「注意深い文言で書かれ……ＣＩＡが今日の時点で認めうるぎりぎりの内容」と指摘し、「ＣＩＡ、国務省、および国家安全保障会議関係者と私が行ったインタビューによれば、四件目は岸に対する支援である」と書いている。[119]

おそらく、この「編集ノート」を『合衆国の外交』シリーズの冒頭に収録するに当たって、激しい議論があったと思われる。ＣＩＡ側からの厳重な検閲を経て、玉虫色の表現に落ち着いた可能性がある。その後、ＣＩＡの対日秘密資金工作を裏付ける公文書は解禁されていない。

▽大平正芳がＣＩＡ資金を批判

米国が自民党に秘密資金を提供しているとの説は、冷戦期の日本の政界では「公然の秘密」でもあった。マスコミの政治部記者は〝所与の事実〟としてこの噂を口にしていたし、社会党の幹部は選挙で負けた際、自民党の物流作戦を批判し、しばしば内輪で「米国の資金提供」を愚痴っていた。しかし、資金援助を受けたと名乗り出る議員はおらず、確たる証拠もなかった。あくまで政界噂話にとどまったが、その中で、政治家の話を書きとめ、刊行された「証言」が二つある。

一冊は、栗原祐幸元労相が九〇年に大平正芳元首相との思い出をつづった著書『大平元総理と私』で、七六年にロッキード事件で田中角栄が逮捕された時の大平とのやりとりをこう記している。[120]

「田中さんについては、ロッキード事件の捜査がいよいよ核心に入り、ついに田中さんが逮捕された夜、（大平が）私に語った話が忘れられない。『今日は何とも言いようのない淋しい日だ。まさか田中君が外国から金をもらった容疑で、逮捕されようとは夢にも考えていなかった。実は俺が池田内閣の官房長官のとき、アメリカのＣＩＡから、選挙に必要なら軍資金を供給するという申し出をうけたことがある。このとき、金は欲しいと思ったが、外国の金は絶対に受けてはいけないと心に鞭打ってことわったものだ。このことは田中君にも話し、彼もそうだと同調してくれた。（中略）今にして思うと、もっと田中君に強く言っておけばよかったと悔やんでいる』と」

もう一つは、三木武夫元首相とゆかりのあった記者らの回想をまとめた九一年の追悼文集『われは傍流にあらず　政治記者の記録　政治改革に生涯をかけた三木武夫の軌跡』で、産経新聞記者だった久保紘之が三木から聞いたエピソードを明らかにしている[121]。

「池田内閣時代の『ＣＩＡにまつわる秘話』は、故三木武夫から直接、聞いたことがある。そのとき、確か一緒にいたのは現参院議員・國弘正雄だった。僕の記憶に間違いがなければ大平は当時、自民党幹事長だった三木に、『例のものをハワイまで取りにくるように……』という連絡がアメリカから首相官邸に届き、困惑したことを告げ、『こんなことが前内閣まで慣行として行なわれていたのですかねェ』と、いつになく口吻《こうふん》をもらしていた、というのである」

いずれも大平の発言を間接的に紹介したものだが、大蔵官僚出身で池田派に属した大平は、岸内閣退陣を受けて誕生した第一次、第二次池田政権で官房長官を務めた。発言が事実なら、CIAは首相官邸経由でも資金援助を行い、ハワイが受け渡しの現場だったことになる。佐藤栄作と米書記官の会談メモで、佐藤がパイプ役に指名した自民党幹事長の川島正次郎は米国留学経験があり、しばしばハワイに行くことが政治部記者の間では有名だったという。川島が再三ハワイを訪れることは、国会でも問題になり、野党議員が戦闘機商戦との絡みで追及し、川島は「持病のぜんそくの療養が目的」と答えたことがある。[122]

三木武夫は池田政権末期の六四年七月に自民党幹事長に就任し、佐藤政権発足をはさんで一年間務めた。記者の話は、当時筆頭副幹事長だった大平が、内輪で三木に一種の警告として伝えたとみられ、岸内閣の体質を批判している。

田中逮捕に関する大平発言は、CIAの自民党資金工作がロッキード事件につながったことを示唆している。『ニューヨーク・タイムズ』紙の報道の中に、CIAの要員が事件を調査中の米議会スタッフに、「自民党創設までさかのぼり、われわれがそれにどう関与したかを調べるべきだ」と話すくだりがあった。ティム・ワイナーの著書も、ロッキード社の役員が自民党への資金引き渡しに関与したとしている。大平は二つの深遠な因果関係を知っていたかもしれない。

違法行為に厳格な大平だが、外相時代には、ライシャワー大使との間で六三年、有事の際の在日米軍基地への核持ち込みを容認する密約を結ぶなど、不透明な外交交渉が目立った。六二年には日韓国交正常化交渉で金鍾泌中央情報部（ＫＣＩＡ）部長と対日請求権放棄の密約を結んでおり、「密約外相」といわれた。

▽ソ連の援助と桁違い

こうして、米国が冷戦時代に日本に安定した穏健保守政権を樹立するため違法な秘密資金工作をしていたことは間違いないが、具体的な活動や資金の流れは明らかでない。資金が党に送られたのか、特定の親米派政治家に渡ったのかも不明だ。ＣＩＡの資金援助が自民党の選挙運動にいかに使用され、勝利にどうつながったかという因果関係も立証できない。当時の日本側、米側関係者は鬼籍に入り、新たな証言は得られない。ＣＩＡの対日秘密工作に関する機密文書が公開されない限り、全容解明は不可能だろう。

秘密資金援助が総額でいくらになるかも分からない。マイケル・シャラーは、五八年頃から少なくとも十年間続いた援助の額は、「毎年二〇〇万ドル（七億二千万円）から一〇〇〇万ドル（三十六億円）」に上ったと書いている。[123] ヒルズマンは「年によって額が異なり、計数百万―千五百万ドル（五十四億円）の間だった」と語った。[124]

支援額は毎年変わるとはいえ、三十六億円、五十四億円は当時とすれば巨額だ。総選挙のあった五八年に自民党が自治省に届け出た献金受領額は十四億七千万円で、それを大きく上回る。数字は誇張された可能性もある。

旧ソ連から社会党、共産党に流れたとされる秘密援助も毎年変化するが、たとえば、ソ連を中心とする東側から五五年に日本共産党に提供された資金は二十五万ドル（九千万円）とソ連共産党公文書に記載されており、CIAの支援額とは桁が違っている。自民党支援の口実にされた、「ソ連の革新政党向け資金援助への対抗」という大義名分も誇張だったことになる。対日工作に使われた資金の総額も、CIA文書が公開されない限り判明しないだろう。しかし、米国の国益を損ね、イメージを悪化させる情報は、CIAからは出そうもない。

資金援助がいつ打ち切られたのかもはっきりしない。国務省の「編集ノート」は、ジョンソン政権が日本の政局が安定度を増したため、秘密資金支援はもはや不要とみなし、六四年初めには「段階的に消えた」（Phased out）としている。これに対し、ワイナーは「資金は少なくとも十五年間にわたり、四人の大統領の下で日本に流れた」と書き、シャラーは「少なくとも十年間続いた」としている。「編集ノート」が正しいとすれば、五七年から七一八年となる。

この間の日本の総理は、岸信介（五七—六〇年）、池田勇人（六〇—六四年）、佐藤栄作（六四—七二年）だった。ただ、五五年の保守合同の前後から岸らへの援助が行われていた可能性もある。「編集ノート」は冒頭、「五八—六八年の十年間、米政府は日本の政治の行方に影響力を行使すべく四つの秘密計画を承認した」とし、秘密計画が六八年まで続いたとしている。額は縮小しながら、別の形態で工作が続いたかにみえる。

米国の資金援助は、六〇年の岸内閣退陣、池田内閣発足とともに縮小したと思われる。岸派の川島自民党幹事長は六〇年七月に辞任し、その後任は益谷秀次、前尾繁三郎と池田派が就いた。池田内閣の官房長官は「外国の金は絶対に受けてはいけない」と発言した大平だった。米国でも六一年にCIAの秘密活動に批判的だったケネディが大統領に就任し、日米でプレーヤーが一新された。

米政府が日本の政治の行方に影響力を行使すべく秘密計画を実施した五八―六四年に行われた国政選挙は、五八年五月総選挙、五九年六月参院選、六〇年十一月総選挙、六二年七月参院選、六三年十一月総選挙と計五回あり、すべて自民の圧勝だった。親米的な穏健保守政権を安定化させ、日米同盟を強固にすることを狙ったこの時期の米国の戦略は成功し、その後、日米同盟は長期にわたって安泰となった。佐藤栄作以降も、中曽根康弘、小泉純一郎、安倍晋三と、親米派首相は長期政権になるというジンクスができてしまった。

それにしても、日本が東京五輪を開催し、戦後の復興と発展を世界にアピールしていた六四年の時点で、与党が裏で違法な外国資金導入になお手を出していたとすれば政治の後進性を物語る。翌六五年は戦後初めて、日本の対米輸出が米国の対日輸出を上回り、貿易黒字に転換した画期的な年となった。

この点で、シャラーは「ケネディ政権は六一年になっても自民党、その他への秘密資金提供を続けたものの、日本を安定させ、米国につないでおくには貿易拡大の方がもっと良い方法だと考えていた。ジョン・F・ケネディ大統領の顧問たちは、日本が対米輸出を二倍、三倍にし、あまりにも日本が米国の消費者に依存するようになる結果、もはや中立など考える余地がなくなるような未来を心に描いていた」と書いた[125]。

しかし、この貿易拡大戦略は結果的に裏目に出た。日本の対米輸出はその後百倍、二百倍と膨張していき、米国が再び対日貿易黒字に転換することは二度となかった。

第2章　民社党誕生の内幕

1．期待された「社会民主主義」

▽社会党の宿命は分裂

　敗戦から二カ月半後の一九四五年十一月二日、日本社会党の結党大会が東京・内幸町の日比谷公会堂で行われた。戦前に設立された日本共産党が四五年十二月に合法化されたとはいえ、終戦後新たに誕生した政党第一号は社会党だった。焦土と瓦礫の中から、いち早く政治再建に乗り出したのはリベラル勢力だった。

　日本社会党は、戦前の無産政党や非共産党系の社会主義勢力が大同団結する形で誕生した。右派の西尾末広、水谷長三郎、左派の鈴木茂三郎、荒畑寒村らが糾合し、初代委員長には中間派の片山哲が就任した。この直後、自民党の前身である日本自由党や日本進歩党が結成され、占領下の日本は政党政治へ動き始めた。

敗戦に伴う価値観の逆転や旧体制への嫌悪感、社会のリベラル志向から、社会党の人気は高かった。四七年四月の新憲法下最初の総選挙で社会党は三一％の議席を占めて比較第一党となり、民主党などと連立し、片山内閣が誕生した。「階級的大衆政党」を名乗る社会党の政権掌握は、戦後史の画期的な出来事だった。片山は就任に際して、「旧勢力に代わる革新勢力台頭の表れ。すなわち『時代の力』である」と強調した。

ＧＨＱのマッカーサー司令官は片山政権の誕生を「日本の内政が中道を歩んでいることを示した」と位置付け、キリスト教徒の片山が首相になったことは「日本人の宗教的寛容の表れ」と評価した。ＧＨＱの「逆コース」が始まる前で、当時の占領政策は日本の完全民主化、非軍事化に力点が置かれていた。

だが、社会党はほどなく、宿命的な党内対立に直面する。内閣の実権を握った右派の西尾末広官房長官は党内左派の入閣を拒否。左派は公然と片山内閣の施政を批判し、党内対立から片山内閣は瓦解し、十カ月足らずの短命内閣に終わった。社会党内では長らく、片山内閣は「右寄り路線の誤り」「革命を遠ざけた」などと批判的に総括された[126]。

続く民主党の芦田均内閣でも社会党は与党にとどまったが、四九年一月の総選挙で議席を激減させ、野党に転落した。その後、九三年の細川連立政権誕生まで、社会党が政権入りすることはなかった。社会党はサンフランシスコ講和条約への賛否をめぐって左右両派が分裂と統一を繰り返した後、五五年十月に再統一した。翌月には保守合同で自由民主党が誕生し、五五年体制がスタートする。

社会党にとって、内部対立と分裂は宿命であり、やがて岸内閣の日米安保条約改定をめぐって左右の対立が広がった。さらに、五九年参院選の敗北をめぐる責任問題も先鋭化し、西尾派と河上丈太郎派の一部が脱党した。小規模な分裂二回を含め、これが五度目の分裂だった。

西尾は一九六八年に出版した回想録で、「結党以来、社会党内に持込まれていた宿命的な矛盾の最終的爆発にほかならなかった。（民社党結成の）直接の動機は、あくまで左派の挑戦に端を発するもので（中略）左派の『西尾除名要求』は、左派の計画的な党内クーデターともいうべきものであった」と書いている。[127]「左派と右派のイデオロギー上の根本的対立」が社会党の病根だと西尾は指摘した。

西尾末広

香川県出身の西尾末広は戦前、大阪で旋盤工を経て労働運動に身を投じ、無産政党から議員になり、戦時下で東条内閣倒閣運動に加わった人物である。社会党創設では片山委員長の下で書記長に就任。社会党右派の中で頭角を現し、吉田茂ら保守指導者とも交流があった。片山内閣で官房長官、芦田内閣では副総理を務めた。五五年の社会党統一後は要職に就かなかったが、五九年の参院選敗北後、左派の社共共闘路線に反共主義の立場から反対して右派の派閥を形成し、安保闘争で条件付き賛成を主張して離党、民社党を結成した。

民社党には衆院議員四十人、参院議員十七人が参加し、西尾が初代委員長に就任した。六〇年一月二十四日の結党大会で西尾は、「革新政党の本流」を目指し、「左右のイデオロギーにもとづいた独裁を排除」すること、「アメリカにも、中ソにも、かたよらぬ自主外交」を訴えた。[128] 結党宣言では「保守党の腐敗政治と、社会党の容共化に不満をもち、幻滅を感じた国民の待望してやまなかった民主社会主義新党は、本日ここに結成をみた」と強調した。

新安保条約の批准審議を前に、国民的な反対運動を組織していた社会党にとって、新条約に是々非々の姿勢で臨む民社党の誕生は打撃だったが、逆に岸政権にとって、社会党分裂は国会運営にプラスとなった。その背後で、米国が暗躍していたことが、米公文書で明らかになる。

▽西尾グループと米大使館が接触

民社党に対して、CIAの秘密資金が一定期間流れていたことは、米側によって確認されている。前章で触れたように、二〇〇六年に刊行された米国務省の『合衆国の外交』日本編は「編集ノート」で、「アイゼンハワー政権は、より親米的で責任ある野党が誕生することを望み、五八年五月前にCIAが左派野党勢力からの穏健派の分裂を画策する秘密計画を実施することを承認した。この計画の下での資金援助は限定的で、六〇年は七万五千ドル（当時のレートで約二千七百万円）だった。六〇年代初頭を通じて、基本的にはこの規模で継続された」と明記した。[129]

民社党の党名には言及していないが、自民党支援よりも詳細に書かれ、「六〇年は七万五千ドル」と金額まで記録している。これは、発表時点で民社党が既に消滅しており、抵抗がなかったことも影響したかもしれない。

では、社会党分裂、民社党誕生の背後で、米国はどう動いていたのか。米国立公文書館に保管されている外交資料には、民社党への直接的な資金援助を示す文書はなかったが、在京米大使館が分裂前、社会党右派と接触を強め、分裂を暗に働き掛けていたことが示されている。

米大使館と西尾派の接触は、社会党の左右両派が対立を深めた五八年に本格化した。米大使館のハーラン・クラーク一等書記官は五八年十一月、社会党右派の論客、西村栄一衆院議員と会談し、政局をめぐり意見交換し、その日のうちに本省に報告した。

会談記録　一九五八年十一月二十五日　（文書番号 794.00/11–2558）[130]

本日、西尾末広の側近、西村栄一衆院議員らと昼食を共にした。

西村はこの中で、「警察法改正をめぐる岸内閣の不手際で社会党が団結しているようにみえるが、二、三週間で分裂するだろう。社会党左派は共産党と安保条約改定を葬る統一戦線を作ろうとしているからだ。統一戦線の動きは警察法改正反対運動とともに進んでおり、共産党勢力が社会党の地方組織に浸透している。これは社会党にとって危険な兆候だ」と述べた。

西村はまた、「中国が左派を通じて、社会党代表団の中国友好訪問を密かに招請している。

中国共産党は共産党や社会党左派に浸透し、日本への影響力拡大を図っている。日米離間が目的のようだ」と警告した。

西村は、社会党左右の勢力比は、右派が四二％、左派が五八％で、「社会党右派は党分裂に備えて、少数グループにとどまらず、多数派になれるよう努めている」とし、右派が分裂含みであることを示唆した。

西村はさらに、左右両派が党大会の開催時期をめぐって対立していることなど、社会党の内情を説明した。

西村は西尾とともに社会党を離脱し、六七年から西尾の後を受け、第二代民社党委員長に就任する。この時点では社会党議員だった。

一方、マッカーサー大使も西尾と接触しており、五九年六月、西尾と内輪で会談した内容を国務省に報告した。

会談記録　一九五九年六月九日　（文書番号 794.00/6–959）[131]

三週間前、社会党右派の指導者、西尾末広から総選挙後に密かに会いたいとの依頼を受け、昨日午後、長時間会談した。日本人は西尾だけで、政治情勢と安保条約改定について話し合った。

私は安保条約について背景説明を行い、「安保条約改定は日本側のイニシアチブであり、われわれも日本が世界における立場を回復したことを受け、安保関係を対等なパートナーシップにするために肯定的に応じた。われわれは、日本の安全と独立の強化は、日米両国だけでなく、自由世界全体にとっても重要とみなしている」と説明した。

これに対し西尾は、「社会党には、親共産主義グループ、鈴木茂三郎委員長ら左派、自分がリーダーの社民主義グループの三つの派閥があり、各派によって安保条約への対応が異なる。親共産主義者らは社会主義諸国が安保条約に反対しているとの理由で、全社会党員に安保反対を促している。彼らは世界を社会主義対資本主義の対立構図で見ている。私は世界を全体主義（共産主義）対民主主義の構図で見ており、社会党は民主主義陣営を支持すべきだとの立場だ」と語った。

西尾はさらに、「社会党の全般的な立場は新条約に反対だが、一部の党員は条約が公平かつ公正、憲法に合致するなら、必ずしも反対しないと主張している。右派のかなりのメンバーがこの視点から条約を考えている」と述べた。また、「新条約の最終案が合理的な内容なら、左派指導部も党内で全面反対を唱え続けるのは難しくなるのではないか」と指摘した。

以上のような西尾の立場に注目すべきであり、彼は安保条約への対応で極めて重要な点を強調している。安保問題では、社会党内の情勢を含む日本の内政の全体状況を見通すことが米国の利益につながる。

西尾の発言が外に漏れるなら、西尾にとって大きな打撃であり、米国の利害にもマイナスとなる。取り扱いに十分注意してほしい。

▽健全な野党と労組を

大使の公電から、米側は社会党の分裂が安保条約批准に好ましいとみなし、西尾グループへの積極的なアプローチを行ったことがうかがえる。

西尾や河上丈太郎ら右派は五九年十月、参院選敗北の総括や六〇年安保闘争の運動方針をめぐって左派と激しく対立し、遂に社会党を離党、院内クラブを作った。マッカーサー大使は直後の十一月六日夜、西尾と腹心で外交官出身の曽祢益（初代民社党書記長）を大使公邸に招き、意見交換した。大使が離党した西尾らの今後の方針を聴くため、夕食会に招待したものだ。

会談記録　一九五九年十一月七日　（文書番号 794.00/11-759）[132]

西尾と曽祢が昨夜、大使の招待で公邸を訪れ、新しい政党について内輪で話し合った。マッカーサー大使は、「私は西欧の社会民主主義者を多数知っており、多くの国を訪れた経験からも、先進国には健全な中道左派の政党が必要だと確信している。右の保守政党に代わる選択肢に投票したい有権者のためにもだ。同様に、極端な政治目的ではなく、労働者の生活のために戦う健全な労組も必要だ」と述べ、日本国民の意思と異なる極左政策を取る社会党から決別した西尾らの勇気を賞賛し、新政党の方向についてただした。

西尾は労組運動について、「総評は五〇年に反共労組として発足したが、その後傘下の産別（産業別組織）に共産党員が入り込んだ。しかし、炭労、官公労などで健全な労組が分離する前向きな動きがある」と労組運動の現状を説明した。西尾グループは今後、労働者だけでなく、農協や中小企業、知識人らの支持も取り込み、新党準備委員会を経て新党の綱領・規約を作成し、一月の新党結成につなげたいと述べた。また「組織的には、英労働党をモデルとして研究している」とし、「今朝の読売の世論調査では、八〇％が西尾グループを支持している。世論の支持に満足している」と語った。

大使は社会党や総評が沖縄に活動家を送り込み、反米闘争を強化していることに懸念を表明し、「極東の緊張と脅威が続く限り、米政府は沖縄の施政権を日本に返還できないが、米国は沖縄への日本の潜在主権を認めている。沖縄の経済を良くして日本に返すのが米国の政策だ」と述べ、社会党や総評に対抗するため、西尾グループも労組活動家を沖縄に派遣するよう要請した。西尾は「良いアイデアだ」と応じ、全労の代表が沖縄の労組と接触するようにしたいと述べた。

西尾グループは労働者や農協組織、中小企業の社員、知識階層の支持獲得を目指しており、西ドイツ社民党の綱領を慎重に検討している。組織面では、英労働党を参考にしており、一月末には新党を立ち上げる予定だ。

大使は「非公式かつ秘密裏の会談」に感謝し、今後も引き続き会いたいと述べた。西尾も「大使と時々会いたい」と応じた。

マッカーサー大使は添付のコメントで、「会談を通じ、西尾と曽祢は新党が着実に前進し、世論の広範な支持を得られると自信満々のようだった。二人は新党の動向について今後も情報提供すると私に約束した」と報告した。

会談メモからは、大使が西尾ら社会党右派の新党結成を歓迎し、米政府がこの動きを支援していることが伝わってくる。この会談のころが、米側と西尾グループの蜜月だった。

大使はその後も、新党準備委員会や党結成について、民社党の動向を本省に詳しく報告している。米大使館では、ステグメイエン一等書記官が民社党担当となり、民社党の動向を伝える多数の報告が公文書館に保管されている。

六〇年一月に誕生した民社党は、二月からの安保国会で、安保条約には原則反対だが、十分な審議をし、暴力による阻止はしないとの態度を取った。しかし、実際には与党の強行採決路線に反発し、途中から社会党と組んで審議拒否を続け、国会は空転した。安保対策では、必ずしも民社党工作が実を結んだとは言えなかった。

民社党はやがて、綱領改定問題をめぐって党内が紛糾した。同書記官が六一年五月十日付で大使に送った報告によると、後に委員長になる永末英一衆院議員は、党綱領委員会の討議で憲法九条への対応が議論の焦点になっていると書記官に伝えた[133]。

公電に記された永末の発言によれば、西尾らの執行部は安保条約の段階的破棄と最低限の軍事力保有、片山元首相は非武装中立、永末のグループは武装中立をそれぞれ支持する。永末は「野党として、日米安保条約には全面的に反対せねばならない」とし、執行部の「段階的破棄」に反対していると述べた。

書記官は、民社党が将来的な日米安保体制破棄に傾いていることを指摘するとともに、党内で反対意見を尊重する気風があり、現状では団結回復は難しいとコメントした。行間には、民社党が社会党の伝統である議論、対立、分裂の風土を引きずっていることへの不信感もうかがえる。民社党内が、最終的には日米安保条約破棄を念頭に置いていることも、米国にとっては興醒めだろう。安保成立や自民党政権の安定化で、米国にとって民社党の価値は低下していった。

それでも、国務省の「編集ノート」は、六〇年から六四年まで「左派穏健勢力」に毎年七万五千ドル（約二千七百万円）を提供したとしている。

西尾は回想録で、社会党離党後、東京・溜池の小さなビルに仮事務所を設けた際、事務局長の中村正雄とこんなやりとりがあったことを書いている[134]。

「中村君がある日私のところへやってきて、『金の方は大丈夫ですか』と心配そうに私に聞くのであった。『大丈夫というほどでもないが、二千万円ぐらいは見当をつけている』と答えたら『結党までに五千万円は要ると思いますが……』と中村君は私の顔を見ながら念を押すのであった」

西尾は、資金をどこから調達したのかには触れていない。

▽自民離脱を容認した岸

六〇年の社会党分裂に向けて、マッカーサー大使と岸首相が「密談」を重ねていたことも米公文書で分かった。この二人は頻繁に何でも話す仲だが、社会党分裂工作をめぐっては以下のようなやりとりのあったことが、大使の国務省宛て公電に記されている。

会談記録 一九五七年九月二十日 (文書番号 794.00/9-2057)[135]

九月十八日に岸とフランクに話した。……岸は労働問題を気にしており、特に総評の左傾化を憂慮していた。岸は、「労組は経済目的に活動を絞るべきだ。政治活動に出るなら、政府も対抗措置を取らざるを得ない。総評は十月にゼネストを打つと言っており、現行法で適切な措置を取る」と述べた。岸はさらに、「社会党は二つに分裂している。総評が左派を支持し、保守的労組は右派を支持する。この分裂した状況では、社会党は政府に長期の戦いを挑むことはできない。分裂により、党大会も開けない状態だ」と語った。また、「政府は共産党が共産中国とソ連から、財政支援を受けているとみており、この問題を慎重に調査中だ」と指摘した。

会談記録　一九五八年十二月七日　（文書番号 794.00/12-758）[136]

昨日午後、岸と秘密裏に会った。……岸は社会党右派のリーダーである西尾と非公式に接触していることを明かし、「西尾グループからは、琉球と小笠原が新条約の対象に含まれず、日本が二度と戦争に巻き込まれないという保証があるなら、条約改定に反対しないという極秘の示唆を得ている」と語った。岸はまた、「中国とソ連が新条約に反対したことが、共産主義者とみられたくない西尾グループに影響したようだ。中ソの安保反対が西尾派の転向を促した」と述べた。

会談記録　一九五九年六月六日　（文書番号 794.00/6-659）[137]

昨夜、岸がプライベートに会いたいというので会った。彼は四日前の参院選の結果を喜んでいた。……私が、社会党の敗北は党の分裂につながるだろうかと尋ねると、岸は、「信頼できる当局者の話では、西尾は現在の社会党執行部にも、党の左翼路線にも非常に困っており、左翼政策が続けば、党を割ることを検討している」と答えた。その上で、岸は、「内密の話だが、西尾が社会党を割るなら、二十人程度のリベラル系自民党議員が西尾グループに合流することになっても、私は反対しない。それによって、西尾グループには十分なメンバーが揃い、社会党を支持する有権者にも強くアピールできる」と語った。

「自民党議員の二十人合流容認」は、この公文書で初めて明らかになった。参院選で自民が大勝し、「岸は自分の立場が強まったと有頂天だった」（公電）ことから来る余裕の発言だろう。実際には、自民党からの合流は実現しなかったが、岸は天王山と位置付ける安保国会を前に、西尾派切り崩しに乗り出したと言える。岸との懇談から三日後、マッカーサー大使は西尾と会談している。米大使館と自民党が連携し、両面から西尾派の抱き込みに乗り出したようだ。

民社党に対しては、自民党からも資金援助が行われたことをうかがわせる文書もあった。安保国会がヤマを越し、新条約が自然承認された直後の六〇年六月二十日、ポスト岸の有力候補である池田勇人は米大使館員と会談している。

在日米大使館から国務省宛て公電　一九六〇年六月二十一日（文書番号 794.00/6–2160）[138]

池田は昨夜、米大使館員と会った際、「自分の目標は岸の後継者になることだ」と述べ、直接後継に自信を示した。大野（伴睦）や石井（光次郎）らの暫定政権を継ぐのではなく、直接政権を継承するということだ。池田は、吉田の支持を得ており、毎日一、二度電話で話していると語った。池田によれば、総選挙は十一月ごろの見通しという。

池田は、社会党の抵抗や党内非主流派の批判の中で、新条約を国会で通すには池田派の支持が不可欠だったとし、岸・佐藤に対して強い立場に立ったことを強調した。

安保条約の批准書が交換される前に、社会党と自民非主流派が岸内閣不信任決議案を提出する可能性についてただすと、池田は、「民社党が同調しないので難しいだろう」と述べ、「西尾が多額の資金援助を受けられるよう、自分の責任で取り計らったからだ」と語った。

会話の中で池田は、二人の娘が近く訪米すると述べ、親米派ぶりを示した。また自分が総理になったら、大使と緊密な接触を持ち、日米関係に全力を尽くすと大使に伝えてほしいと付け加えた。


池田が言及した「多額の資金援助」の資金源や額などは書かれていないが、民社党のてこ入れ策が多方面から展開されていたことをうかがわせる。米側はこの時点で既に、岸を見限り、池田に乗り換えていた。岸を「悪魔の政治家」と酷評していた非主流派の池田が、五九年の第二次岸改造内閣に通産相として入閣し、安保改定で岸と共同歩調を取る背後で、米国が動いていた可能性もある。米国務省によれば、米国の自民党への資金援助は池田政権下でも継続され、池田が病気で辞任する六四年に終わった。

▽弔い合戦で埋没

自民党が社会党右派に肩入れしたのは、社会党の分裂・弱体化や安保国会乗り切りを狙う党利党略の要素が大きい。米国も同様に左翼勢力の分断を工作したが、それ以外の目的もあったようだ。

マイケル・シャラーは著書『「日米関係」とは何だったのか』の中で、「日本社会党と総評は階級闘争のマルクス主義を信奉し、一方、民社党と全労はアメリカ人にもなじみ深い生活権擁護の労働運動を主張した」とし、米国は西欧スタイルの社会民主主義政党を日本にもつくるという目的で、西尾ら穏健派社会主義者への支援を強めたと分析した。[139] マッカーサー大使が西尾らに表明した「先進国には健全な中道左派の政党が必要」という発想である。

シャラーはさらに、「五八年以来、アメリカと自民党は、西尾や全労にひそかに資金援助をすることによって、社会党の分裂を策し、岸と池田は、民社党の幹部に資金を提供して接触を維持し、民社党が条約改定を支持してくれるか、少なくとも批准のための国会審議を混乱させないようにしてくれることを期待した」と書いている。[140]

実は、米政府は日本の独立後、比較的早くから穏健な社民主義政党の誕生に向けて動いていたようだ。CIA長官や国務・国防総省高官らで構成する「工作調整委員会」(OCB)が五五年九月に作成した「主要な対日活動詳報」は、米外交官や米文化広報局(USIA)、CIAが五四、五五年に日本の穏健社会主義指導者との接触を慎重に行ったと報告した。[141] また、米当局者や労組幹部が総評や全労、総同盟のリーダーらと接触し、「穏健な労組の発展」を奨励した。米側はこの時点で既に、野党や労組の懐柔工作を水面下で進めていた。

また、アイゼンハワー政権の国家安全保障会議（NSC）は六〇年六月、「米国の対日政策」（NSC6008／1）という基本文書を採択したが、この中の「主要政策指針」は、「米国の目的達成の基礎として、日本においては効果的で穏健な保守政権の維持を促進する」と述べる一方、「保守への支持を阻害することなく、穏健で責任のある野党の活動を奨励する」とし、健全野党の育成も掲げている。[142]

「穏健な野党」とは、西欧の社民主義政党を念頭に、自民、社会に次ぐ第三勢力の台頭を支持したといえる。「指針」は自民党について、「保守勢力特有の派閥主義が政治的不安定の原因だ。一部の勢力は党内闘争で政治的無責任を示し、その結果、政府もしばしば、米国に非協力的な機会主義的政策を志向する」と批判した。一方で、「社会党の穏健派勢力が分裂し、最近結成した民社党は、まだ形成段階ながら、将来、長期化する保守政権に代わり得る、穏健で責任のある広範な中道右派社会主義政権の選択肢を与える」と期待を表明している。

米政府は自民党の一党支配体制よりも、ドイツのように、保守政党と穏健社民主義政党が交互に政権交代する二大政党制を望んだ形跡がある。

民社党の登場は、世論の変化も反映していた。六〇年代は日本が敗戦後の混乱と貧困から立ち直り、高度成長が進んだ時代で、社会も多様化し、成熟しつつあった。保守の自民、左派の社・

共という水と油の激突に人々は倦み始めていた。民社党結成三カ月後の世論調査では、政党支持率は自民三九％、社会一七％、民社一二％で、国民の期待は高かった[143]。

民社党のシンクタンクには、蠟山政道、関嘉彦、猪木正道、中村菊男といった著名な政治学者が結集した。自民党や米国の多少の資金援助があったとはいえ、それでもってこれだけの政党が誕生したとは思えない。階級政党ではなく国民政党を宣言し、格差拡大につながる過度の資本主義経済を是正する福祉国家構想を掲げた民社党は、社会の多様化の中で存在意義を示した。

だが、その後民社党が飛躍することはなかった。結党後最初の六〇年十一月総選挙で、民社党は議席を四十から十七に激減させ、惨敗した。この時は前月、東京・日比谷公会堂で浅沼稲次郎社会党委員長暗殺事件が起こり、社会党への弔い合戦となって民社党は埋没した。浅沼暗殺の一報を聞くと、西尾は「しまった」と叫んで慌てたエピソードがある[144]。

その後、六四年に公明党も登場し、野党勢力は多角化した。友好関係にあり、同様の綱領を掲げるドイツ社民党は戦後、何度も政権を担当したが、日本に社会民主主義は根付かなかった。民社党は九三年の細川連立内閣で政権入りしたものの、九四年に小沢一郎らが主導した新進党へ合流して解散した。新進党解党後は多くの議員が民主党を経て民進党に参加し、その後希望の党、国民民主党に移った。

社会学者の竹内洋・関西大学名誉教授は、「民社党は二度の不運を持った。一度目は六〇年安保が強行採決によって院外で大きな反対運動になり、民社の中道議会主義が弾き飛ばされた。二度目は六〇年安保後、人々が平静に戻った時、浅沼社会党委員長が刺殺され、六〇年十一月の総選挙で同情票が党勢を失速させていた社会党に流れ、民社党は惨敗する」と述べ、「ちょっとした偶然が、強い逆風のもととなり、成敗の分かれ目になる。民社党はこうした不運で勢いをなくし、歴史から消えた」と評した[145]。

2. 情報公開の攻防

▽文書解禁で大論争

ここで、対日関係文書の情報公開をめぐる米政府内の攻防を探ってみよう。米国の法律では、「三十年ルール」に沿って、作成から三十年前後を経た外交文書は原則的に公開されるが、冷戦終結後の九〇年代、対日関係文書の解禁問題をめぐり激しい論争が政府部内であったことはあまり知られていない。文書公開のアドバイザーを務める歴史家が公表を主張したのに対し、CIAや国務省が解禁に反対したのだ。

問題となったのは、ケネディ政権時代の日米関係に関する文書を集めた『合衆国の外交（FRUS）日本、一九六一―六三年』の編集作業。国務省とCIAが一部文書の非公開を決めたのに対し、アドバイザーの歴史家らが疑義を呈した。議論は九三年十一月四日に国務省で行われた「歴史外交文書諮問委員会」で展開された。この会議の議事録メモをジャーナリストの大野和基が情報公開法に沿って入手し、一部を月刊『文藝春秋』（九四年十二月号）で公表している。[146] それによると、委員会ではおよそ、こんな議論が展開された。

ジェーン・ピッカー委員（クリーブランド州立大学教授）　六〇年安保に関するいくつかの文書が公開を拒否されていた。こうした文書が非公開のままでは、アメリカの日本に対する外交政策の全体像を歪めてしまう。これらの文書の欠落の長期的な影響について心配していた。

国務省日本担当官　こうした文書を公開すれば、現在の日米関係にダメージを与える可能性がある。

ブラッドフォード・パーキンズ委員（ミシガン大学教授）　上院はこれらの非公開にされた文書の内容を知っているだろうか。

ウォレン・キンボール委員長（ラトガース大学教授）　知っているのは上院の諜報活動に対する監視委員会のメンバーだけだろう。

ピッカー委員　非公開文書を除いた文書だけでは、「まったく当時の実像をミスリードしてしまう」。

キンボール委員長　同盟国に関する極秘情報は、敵国に関する極秘情報よりも、より繊細な問題をはらんでいる。この問題の現実的、かつ実際的な解決方法はいかなるものなりや。
日本の政治状況を考える必要がある。自民党をはじめとする多くの組織が現在もまだ存続している。こうした自民党などは、再び政権に復帰する可能性もある。

国務省日本担当官

歴史学者のピッカーが、歴史に正面から向き合う立場から全面公開を主張したのに対し、国務省の日本担当官は、公開すれば現実の外交に支障が出るとして譲らない。国務省でも、歴史部は文書公開に賛成だが、日本部など東アジア部局が反対したとの情報もあった。毎年数回開催される「歴史外交文書諮問委員会」の会議議事録は公開されており、九六年三月以降の議論は、国務省歴史部のホームページで閲覧可能だ[147]。

日本関係部分の取り扱いはその後も論争になっており、たとえば、九六年十月の会議では日本関係の文書について、「機密指定の解除を拒否された文書の塊がある」「国防総省は聞いていない」「これはクリアするのが最も難しい編集作業になる」「編集作業ができないなら、編全体を出版すべきでない」といったやりとりが記録されている[148]。

機密指定の「文書の塊」が何かは特定されていないが、おそらく自民党への資金提供か、核持ち込み密約か、沖縄返還に伴う秘密交渉あたりだろう。

『「日米関係」とは何だったのか』の著者で、歴史外交文書諮問委員会委員を務めるシャラーは、諮問委員会で争点の一つになったのは、五〇―六〇年代の資金提供を裏付ける文書約十点の取り扱いだったと指摘した[149]。

シャラーによれば、約十人の委員の総意は、「資金提供に関する全ての文書を機密解除して収録すべきだとの意見だった」という。ところが、政府側との非公開折衝の中で、CIAが強硬に反対。国務省も「日本の外務省が在日米国大使館を通じて、政治的立場がある関係者が生存しているなどの理由で、文書公開に強く反対している」と伝えた。ここでなぜか、日本外務省が議論に介入してくる。

▽腐敗した日本政治

日本関係の文書公開をめぐる議論について、『ロサンゼルス・タイムズ』紙のアジア専門記者、ジム・マンは九五年、それを皮肉る記事を執筆した。[150] 記事は、「冷戦が終了し、世界が旧ソ連や旧東独のアーカイブスから出てくる過去四十年の歴史を知りつつあるのに、ワシントンではCIAのおかげで冷戦史の一部はいまだにアクセス不能だ」とし、「CIAは静かに、しかし全力で冷戦期の米国の役割に関する最も重要な情報の開示を阻止してきた。国務省でさえ、公表しても米国の国家安全保障に害はないとしているのに、CIAは米国の対日政策に関する文書公開を妨害している」と書いた。

記事はさらに、「要するに、CIAはわれわれが冷戦時代の彼らの活動を知ることを望まないのだ。なぜ日本の政治は腐敗してみえるのか、なぜ日本の政党は救いようがないほど弱体なのか、なぜ日本に二大政党制が根付かないのか。今日、経済的には世界で最も筋骨隆々なのに、政治的には貧相でやせぎすの日本の進路を決めた五〇年代、六〇年代の米政府の記録の一部が、これらの疑問に光を与えるはずだ」と強調した。

米国の政党が日本の政党に比べて腐敗していないのかなど記事には議論の余地もあるが、同紙によれば、国務省の歴史部はケネディ時代の対日関係文書の編集に際し、CIAの日本での秘密活動に関する情報を同書に盛り込みたい意向だった。これに対し、CIAは機密解除を拒否し、公表を許さなかった。

同紙は「不完全な文書を公表すれば、世論をミスリードさせる」とするキンボール教授の言葉を引用しながら、歴史家は、該当部分を白紙ページのままで発行すると警告していると伝えた。「米国の公式外交史がこのような形で公表を妨害されたのは、一九二〇年代以来初めてで、前代未聞」（『ロサンゼルス・タイムズ』紙）という。秘密活動の恥部を隠し、組織防衛に走るCIAと、歴史に忠実であろうとする歴史家の攻防が読み取れる。

文書公開問題を通じて、日本外務省・大使館の「内政干渉」があったことも判明した。九六年十月の諮問委員会討議で、「日本大使館から歴史部のデスクに、質問状が来ている。日本大使館は国立公文書館にもスタッフを送っており、メディアが報じる前に概要を知りたいようだ」という国務省当局者の発言が記録されている。[151]

二〇〇三年九月の委員会討議でも、「外国政府機関も情報開示の障害になっている。たとえば、日本大使館は民間企業を雇って、米国立公文書館でどのような文書がこれから公表されるか突き止めようとしていることが分かった」という発言があった。[152]

シャラーも、日本外務省・大使館が公開に反対しているとの報告が歴史外交文書諮問委員会であったことを確認した。[153]

日本外務省が八〇年代から既に、五〇年代後半の日米安保条約改定交渉など広範囲にわたる日米関係の公文書を非公開にするよう米側に要請していたことは、米政府内の記録とは別に、日本の報道機関の調査でも判明した。『西日本新聞』が一六年一月、「『外交の闇』隠蔽躍起『核密約』も米に要請か――外務省」、「『外務省、機密解除に反対』米元諮問委員が証言――CIA、自民政治家へ資金」の見出しで報じている。[154]

その経緯は、同紙ワシントン支局が情報公開法に沿って入手した国務省作成の「機密解除に関する日本の申し入れ書」と題する文書に書かれているという。

『西日本新聞』によれば、問題の文書は八七年四月、米公文書機密解除審査部門の責任者、故ドワイト・アンバックが作成した。在米日本大使館が八七年一月と三月の二度にわたり、作成から三十年を経て機密解除の対象となる五〇年代の米公文書について、機密を解除して国務省の外交資料集に収録しないよう国務省東アジア太平洋局に文書で申し入れてきたため、米側の対応を同局とアンバックが協議した内容をまとめた三ページの記録という。

文書によると、日本側が非公開にするよう求めたテーマは、①核兵器の持ち込み、貯蔵、配置ならびに在日米軍の配置と使用に関する事前協議についての秘密了解、②刑事裁判権、③ジラード事件、④北方領土問題、⑤安保改定を巡る全般的な討議――の五点。米側は、①と②については「引き続き公開禁止を続ける」と約束しながら、③、④、⑤については日本側の要請を拒否した。

アンバックは「われわれは広範囲にわたる際限のない非公開要請には同意できない」、外交史料集刊行などに「深刻な問題を引き起こす」、「全て受け入れれば関係する二つの巻のうち一巻は全体の約三分の一、残る一巻は六〇％以上の分量が影響を受ける」、「これは米政府による情報公開を外国政府が統制できるのかという根源的な問いを提起している。答えは明らかにノーだ」と強い不快感を示した。米側の回答は八七年八月までに日本大使館に伝えられたという。

文書には、「すべての同盟国・友好国の中で、日本が最もわれわれの外交記録の公開政策に非協力的だ」という記述もあった。八七年に日本大使館が非公開を求めた文書には、ＣＩＡの自民党への資金援助は含まれていないが、「日本からの非公開要請は他にもあった」（トマス・ハバード元駐韓大使）という。[155]

日本外務省の隠蔽体質が浮き上がってくるが、それにしても、こうした文書が存在することを突き止め、情報公開法のプロセスに沿って申請し、開示を待って報道した『西日本新聞』の取材力には驚かされる。

▽日本外務省、初の対米干渉

日本側の八七年の申し入れは、「三十年ルール」に沿って、米側が五七年の岸内閣発足以降の機密文書を公開することを想定し、公開されれば厄介なことになるとの憂慮から、機先を制して公開中止を求めたとみられる。米側が「これは米政府による情報公開を外国政府が統制できるのかという根源的な問いを提起している」と反発するように、露骨な内政干渉ととれる。

戦後の日米関係は、安全保障から貿易問題まで、米側が日本に厳しい要求を突きつけ、日本側が防戦に回るパターンが繰り返された。戦後の日米関係史で、日本側が攻勢に出て米国の内政に公然と干渉するのは極めて異例だ。本来なら、日本の外交官は省益ではなく、国益の絡む分野で米国に要求を突きつけるべきだろう。

在米日本大使館が情報開示の行方について、「民間企業」を雇って調査しているとする米側報告も気になった。日本大使館は米国のロビイストを大量に雇って米議会などへのロビー活動を行っていることが一時期問題になったが、百五十人もの日本人館員を擁するだけに、自力で動いて経費節減に努めるべきだろう。

日本側の申し入れは、政府・自民党の指示なのか、それとも外務省独自のイニシアチブだったのかは分からない。ただ、日本外務省は他の省庁と比較しても、国民の「知る権利」を意識せず、「外交機密」を理由に、隠蔽工作に走ることが少なくない。組織防衛本能が強い当時の次官や北米局長、駐米大使らのラインが独断で決めた可能性もある。公表された場合、与党自民党から叱責を受けるため、忖度して動いたかにみえる。

今回明らかになったのは氷山の一角であり、日本外務省は他の諸国に対しても都合の悪い情報、文書の不開示を水面下で申し入れているのではないかという疑惑が出てくる。〇二年から各省庁で導入された情報公開法制度で、外務省が他の官庁に比べて最も閉鎖的で公開を渋るという評価が定着している。情報隠蔽体質では、世論の批判や専門家の検証に耐え得る外交交渉は期待できず、日本外交は鍛えられないだろう。

機密文書公開問題をめぐり内部で紛糾した国務省の外交史料集『合衆国の外交』の日本編は九六年、「北東アジア　六一―六三年」の中に中国編、朝鮮編とともにケネディ時代の日米関係外交文書計六十五本を収録して刊行された。

しかし、同書は序文で、掲載を準備した九本の文書が開示の承認を得られなかったことを明らかにし、「却下された文書は、日米安保条約の一定の側面に関する取り決めと、日本の政治情勢への米政府の対応に関するものだった」と指摘し、このために、今回の出版は、「不完全」だったと明記している。[156] 歴史部のせめてもの抵抗だったのだろう。開示を却下された文書の中に、資金援助にかかわる内容が含まれていたとみられる。

続編となるジョンソン時代の日本編は九六年から十年間も刊行されず、その間にも、文書解禁問題をめぐり激しい論争があった。たとえば、〇一年六月の「歴史外交文書諮問委員会」会議では、「日本編は国務省とＣＩＡの調整難航により、刊行が遅れている」（国務省歴史部スタッフ）、「問題の文書をマーカーで消してウェブ上で公表するか、回想録として別途発行する手もある。困難があっても、このプロジェクトを進めねばならない。次回の十月の会議に向けて小委員会を設置して検討したらどうか」（委員会委員）――といった意見があった。[157]

こうした経緯を経て、国務省は〇六年七月、『合衆国の外交、日本　一九六四―六八年』を発行し、ジョンソン時代の対日関係文書計百四十本を公表した。前巻の刊行から十年もかかっており、ここにも資金援助関連の文書はない。

だが、同巻は冒頭に短い「編集ノート」（Editorial Note）を掲げ、異例の形で日本での資金工作の事実を初めて公式に認めた。第1章で全文を訳出したが、不完全かつ中途半端な筆致であることは既に指摘した通りだ。それでも、編纂に当たった国務省歴史部は、機密解除に反対するCIAや日本外務省の圧力の中で、あえて歴史に誠実に向き合う姿勢を示したと言えるかもしれない。

『合衆国の外交』シリーズ日本編の編集作業は毎回紛糾し、〇六年にジョンソン時代編が刊行された後、ニクソン時代編『合衆国の外交　日本　一九六九―七二年』が十二年後の一八年六月にやっと刊行された。これには、沖縄返還が決まった六九年の日米首脳会談関連文書をはじめ計百三十七点が掲載された。序文によれば、十年以上にわたる審査を経て、今回は全面不開示が一本、部分不開示が七本だったという[158]。

序文は、「今回の編集はニクソン政権の対日政策を包括的かつ正確に提示できた」と安堵している。日本外務省・大使館の内政干渉があったのかどうかは明らかでない。

3. 世界的な選挙干渉

▽ＣＩＡが敗戦国で秘密工作

米国による自民党、民社党への秘密資金援助は、冷戦期の汚点ながら、米国の世界戦略の一環であり、日本を特別扱いしたわけではなかった。政党への資金援助や選挙介入、プロパガンダ活動など、各国への内政干渉は、米国型民主主義の普及を図ってきた米国の使命感も影響している。

二〇一六年の米大統領選で、ロシアが民主党陣営へのサイバー攻撃やフェイク・ニュースなど情報操作を行ったことは米世論を激怒させ、トランプ陣営とロシアの癒着が「ロシア・ゲート」疑惑として、特別検察官の捜査に発展した。

一方で、米メディアの一部には、「ＣＩＡはロシアの選挙干渉を非難するが、米国も同じことをしてきた」（『ロサンゼルス・タイムズ』紙[159]）、「米国には、他国の選挙に介入してきた長い歴史がある」（『ワシントン・ポスト』紙[160]）などと自国を批判し、バランス感覚のある記事もみられた。

戦後超大国となった米国は、冷戦時代に自由主義陣営の盟主、「世界の警察官」として、各国の内政や選挙に干渉してきた。ＣＩＡは第三世界でクーデターや政権交代を主導したり、要人暗殺を仕掛けたこともあった。冷戦は東西の体制比較競争でもあり、選挙で親米派政党を勝利させ、親米政権を擁立する衝動にかられたようだ。

とりわけ戦後、軍の駐留を含む米国のプレゼンスが大きかった敗戦国の日本、西独、イタリアは、民主主義の基盤が脆弱で、ＣＩＡなどの活動も活発だった。米政府は日独伊三国を、ソ連の脅威にアジアと欧州で対抗するための戦略的要衝と位置づけた。CIAが各国で資金援助や政治工作を実行したことを示す文書は、基本的には非公開ながら、少しずつ機密指定が解除されつつある。

ワシントンにある民間シンクタンク、国家安全保障公文書館は二〇一七年二月、イタリアでのCIAの秘密活動に関する文書を入手し、ホームページ上で公表した[161]。

それによると、CIAは一九四〇年代後半から六〇年代初めまで、イタリアの保守中道・親米派政党、キリスト教民主党（キ民党）などに毎年約五百万ドル（約十八億円）を提供していた。この秘密資金援助以外にも、イタリア軍の兵器調達契約の一部を流用し、共産党や労組の弱体化工作に充てていたとされる。

四八年四月のイタリア総選挙は、キ民党にてこ入れする米国と、イタリア共産党を支援するソ連の「代理戦争」の様相となり、事前の予想では共産党が第一党になるとみられた。CIAはキ民党に対し、巨額のドルを投入して選挙運動を展開させ、共産党を中傷するビラや文書を大量にばら撒いた。

またアイゼンハワー政権は五〇年代、仮にイタリアで共産党が武装蜂起して政権を掌握したり、内戦が勃発した場合、他の欧州諸国と連携し、軍事介入することを検討していたという[162]。

▽イタリア総選挙が介入の雛形

イタリアの総選挙介入に関する文書は、国務省の外交資料集『合衆国の外交　一九四八年　西欧Ⅲ』でも公開されている。四八年三月、国家安全保障会議（NSC）は「最高機密」指定の報告で、翌月のイタリア総選挙で共産党主導の新政府が誕生するなら、「地中海における米国の安全保障上の国益が重大な脅威を受ける。イタリアはモスクワに服従する全体主義国家となり、ソ連はシチリア島を軍事基地に使用できる」などと危機感を表明した。NSCは対策として、①米議会が、『反米政党が政権に加わるなら、経済援助を中止する』との声明を出す、②与党への支持を高めるため、連合国が掌握するトリエステのイタリアへの返還を進める――など八項目の行動計画を採択した[163]。

このうち二項目は機密扱いになっており、保守政党への資金援助が含まれているとみられる。この頃、駐イタリア米大使が国務省に送った公電は、キ民党党首のガスペリ首相が大使に、「選挙戦のための米国の協力、とりわけ資金の手配に深い感謝を表明した」と記されており、資金援助が確認できる[164]。この時の総選挙では、共産党指導者もスターリンに資金援助を要請し、ソ連も資金提供している[165]。

『ニューヨーク・タイムズ』紙は二〇一八年二月、米国とソ連・ロシアの過去の選挙干渉に関する調査報道を行い、一九四八年イタリア総選挙でのCIAの活動が、各国親米政党に資金援助を行う際のひな形になったと指摘した[166]。

当時イタリアに駐在していたCIA工作員は同紙に対し、「われわれは連日、カネを詰めたかばんを持ち歩き、特定の政治家に届けた」と告白した。CIAはこの前年に発足したばかりで、工作員の活動も洗練されていなかった。ＣＩＡはポスターやパンフレット、横断幕を作成し、共産党を中傷するフェイク・ニュースを地元紙に掲載させ、「現金入りスーツケース」を駆使した、と同紙は伝えている。

イタリア総選挙は、与党キ民党が四八％を制して勝利し、共産党を中核とする民主人民戦線は三一％で、イタリアは自由主義陣営にとどまった。

▽岸とアデナウアー

大戦後の四〇年代後半は、東欧諸国が社会主義化し、西欧の選挙では共産党が躍進し、中国革命が成功するなど、東風が西風を圧倒していた時代だ。

大戦を勝利に導いたスターリンが賞賛され、ソ連の国家イメージも改善された。戦前の価値観が否定され、共産党員が各国で増加した。フランスやギリシャの総選挙でも共産党が躍進し、第一党をうかがう勢いだった。こうした中で、米国が背後で、両国の保守親米派政党に資金援助したことも知られている。

旧西独では戦後、親米派のコンラート・アデナウアーが保守政党・キリスト教民主同盟（ＣＤＵ）を創設し、四九年に初代首相に選ばれた。十四年間首相を務めたアデナウアーは、米国と強力な同盟関係を結び、ＣＩＡの秘密工作に協力していたとされる。

米ジャーナリストのウェイン・マドセンは、「五〇年代、ＣＩＡはアデナウアー率いるドイツのキリスト教民主党に大量の資金援助を行った。社会民主党や右派政党の支持を抑える目的もあった」としている。[167] しかし、『合衆国の外交』に載るアデナウアーと米要人の会談記録は非公開部分が多く、資金援助の関係文書はなお機密指定となっている。

ドイツの有力誌『シュピーゲル』は九七年、欧州統合の旗振り役だったアデナウアーの欧州統合推進団体の宣伝活動費としてCIAが三百万―四百万ドルを間接的に融通していたと報じた。[168] 米英両国の公文書から判明したという。

東西冷戦下で、アデナウアーと岸は米国の「同盟者」として重要な役割を果たした。

マッカーサー駐日大使が五七年十月に国務省に送った公電の中に、「アデナウアーの過去二回の選挙でわれわれが行ったのと同じようにして、岸を強化することを考えるべきだ」という意味深長な一節があることは第1章で指摘した。[169] 同大使は日本赴任前、欧州に駐在し、西独情勢やCIAの工作にも通じていた。

春名は、アレン・ダレスCIA長官の業績文書に、アデナウアーが五四年の西ベルリンの選挙に資金提供するよう要請した一節があるとし、「アデナウアーはアメリカの『同盟者』であり、ダレス兄弟とも親密だった」「CIAの選挙資金の提供について直接接触するほどの近い関係にあった」と指摘した。[170] 春名はさらに、「五九年七月には岸首相が西ドイツを訪問、六〇年三―四月にはアデナウアー首相が訪日し、友好関係を温め合ったのは象徴的だった」と書いている。

一連の文書から、米国が戦後、日本と西独を反共の砦とすべく、「穏健な保守政権」の長期化を画策し、岸とアデナウアーをキーパーソンに据えていたことが分かる。日独伊三国での米国の露骨な秘密工作が目立つのは、戦後体制の構築という要請とともに、敗戦国が対象という「気安さ」があったはずである。

▽戦後八十一回の選挙干渉

米政府が冷戦期に、ＣＩＡを使って各国で政権転覆や選挙干渉を行ってきたことは既に知られているが、大戦後の四六年から二〇〇〇年までに外国の国政選挙で米国が影響力を行使したのは計八十一回に上るとの調査が一六年秋に公表された。ペンシルベニア州ピッツバーグにあるカーネギー・メロン大学の政治学者、ドブ・レビン教授のグループが膨大な資料を分析し、ネット上に公表した[171]。

調査によれば、この間の旧ソ連・ロシアの選挙介入は計三十六回とされ、冷戦期の米ソの選挙干渉が熾烈を極めたとしている。「大国の党派別選挙干渉」と題する全文十九ページの調査報告は、ネット上で有料販売されている。ここで導かれる結論は、「大国の干渉は、標的となった国の選挙結果に重要な影響を与え得る」というものだ。

選挙干渉の定義は、一方の政党・候補者への資金援助や支援活動、他方の政党・候補者へのネガティブキャンペーンや運動妨害、選挙工作での秘密活動、プロパガンダ活動などが含まれるとしている。

同教授は米国の干渉をめぐる調査方法について、①米議会が行ったＣＩＡの秘密活動に関する調査報告、②機密解除されたＣＩＡの歴史記録、③米国の秘密活動に関する歴史資料、④米国の情報活動に関する学術調査、⑤ＣＩＡ工作員や米政府当局者が執筆した回想録、⑥米国の海外での民主化促進活動に関する歴史や学術調査、⑦国務省編纂の『合衆国の外交』のキーワード検索——などで実施したとしている。

また、ソ連・ロシアの選挙介入については、元ソ連国家保安委員会（ＫＧＢ）のアーキビストだったワシリー・ミトロヒンがソ連崩壊後に西側に持ち出した「ミトロヒン文書」や、元ＫＧＢ工作員らの回想録、スタンフォード大学フーバー研究所、マサチューセッツ工科大学、ウッドロー・ウィルソン研究所など米国の冷戦史研究機関の調査等を基にしている。他に、『ニューヨーク・タイムズ』紙、『ワシントン・ポスト』紙、英紙『ガーディアン』のＨＰで過去記事を検索し、情報を大量に収集した後、厳重に検証したという。

同調査によると、米国がこの期間に選挙干渉した八十一の国政選挙の内訳は、①欧州（三三％）、②アジア（二八％）、②中南米（二八％）、④中東（八％）、⑤アフリカ（三％）——の順。国別では、①イタリア（八回）、②日本（五回）、③イスラエル（四回）、③ラオス（四回）、③スリランカ（四回）——の順となっている。

日本の五回の国政選挙介入とは、五八年衆院選、五九年参院選、六〇年衆院選、六二年参院選、六三年衆院選の可能性があるが、特定されていない。

レビンは調査について、四八年イタリア総選挙が「米国の初期の選挙干渉のモデルになった。われわれはイタリアで、キリスト教民主党を共産党に勝たせるため、一切合財投げ入れた」とし、

「米国の介入はおそらく共産党の勝利を阻止するのに重要な役割を果たした。それは四八年の選挙だけでなく、その後の七回のイタリア総選挙でも同様だった」と分析した。

この調査はあくまで選挙干渉が対象であり、イランや南ベトナム、グアテマラ、チリなどでのクーデターや政権交代の支援は含んでいない。冷戦時代の米国には、自由陣営の盟主として、親米国家の拡大、共産勢力の浸透阻止への強烈な使命感があり、それがＣＩＡの非合法活動を容認した。

カーネギー国際平和財団の外交評論家、トーマス・キャロザーズはこの調査について、「左翼政府の誕生を見たくなかった米国は、他国の選挙に影響力を行使しようとかなり頻繁に介入した。冷戦期を通じて、選挙介入の動機は共産主義の封じ込めという目標にあった。そのアプローチは冷戦終結後も続いた」と指摘した[172]。

オバマ政権で国家情報長官を務めたジェームズ・クラッパーは、レビンの調査に言及しながら、米国が冷戦期に他国の選挙に干渉したり、政権転覆を図ってきたことを認め、「米国はそれが、人権の尊重に照らして当該国国民の最大の利益に合致すると確信して実行したと思う」とし、調査結果を大筋で追認していた[173]。

▽「共産主義の埋葬」も画策

米国の選挙介入は、冷戦終結前後だけでなく、冷戦後も頻繁に続いた。レビンの調査によれば、九〇年のチェコスロバキア議会選で、米国は改革派で劇作家のワツラフ・ハベルが率いる政党に資金援助や選挙運動の技術支援を提供し、民主化革命後最初の選挙で改革派政党を勝利させ、共産党の復活を防いだ。「米国は、共産主義が死に、埋葬されることを確認したかった」とレビンは指摘する。[174]

クリントン政権が九六年のロシア大統領選でエリツィン陣営を公然と支援したことはよく知られている。クリントンは選挙前、ロシアに国際通貨基金（IMF）を通じた百二億ドルの緊急融資を承認。エリツィン政権は融資の一部を、未払い状態となっていた公務員給与や年金の支給に充てた。選挙技術も提供し、米専門家チームが現地入りしてエリツィン陣営に協力した。選挙は共産党のジュガーノフ候補が猛追し、エリツィンとの決選投票となった末、エリツィンが再選を果たした。クリントンは「民主主義の勝利だ」と選挙結果を歓迎したが、この時の選挙干渉も「共産主義の埋葬」戦略の一環だった。

米国の選挙干渉が裏目に出たこともある。イスラエルのラビン首相が九五年にユダヤ教過激派の若者に暗殺された後、米政府は中東和平プロセスを継続させようと、九六年のイスラエル総選挙で労働党の後継者、ペレス首相続投を支援した。しかし、総選挙は極右政党のリクードが勝利し、首相に就任したネタニヤフは中東和平交渉を中止した。ネタニヤフ、クリントン両者の関係はぎくしゃくし、クリントンを追い詰めた九八年の不倫もみ消し疑惑の発覚は、ネタニヤフの意を受けた情報機関モサドの陰謀とする説がワシントンで流れた。[175] 不倫相手のモニカ・ルインスキーがユダヤ系だったことも、この憶測を強めた。

九九年のイスラエル総選挙では、クリントン政権は民主党の選挙運動専門家、ジェームズ・カービルらのチームを労働党支援に派遣し、今度は選挙を経てバラク労働党政権が誕生した。選挙戦前からネタニヤフのスキャンダルやゴシップが噴出したことも政権交代の理由とされ、背後でクリントン政権が暗躍したとの噂も出た。トランプ政権誕生後のトランプ、ネタニヤフ両首脳の盟友関係をみれば、米国の対イスラエル政策は激変した。

一方、レビンの調査は、旧ソ連・ロシアが行った選挙干渉を三十六回としており、①西独（五回）、②フィンランド（四回）、②イタリア（四回）、④フランス（二回）、④インド（二回）――の順となっている。日本の選挙への干渉は挙げられていない。ただ、秘密主義のソ連の行動が正確につかめるはずがなく、調査報告は「ソ連の選挙介入については、調査は完全ではない」と認めている。ソ連崩壊後の九〇年代の疲弊したロシアには他国に選挙干渉する余力はなく、列挙されたのはソ連時代の介入だろう。

▽今も続く選挙干渉

しかし、国力を回復したロシアのプーチン政権は二〇一六年の米大統領選で、トランプ共和党候補の当選を狙って民主党のヒラリー・クリントン陣営にサイバー攻撃を仕掛け、クリントン候補の好感度を落とす情報操作を行った。米議会はこれに反発し、一七年に超党派で対露制裁強化法案を採択、トランプ大統領も署名した。

レビンは「旧ソ連が反共のレーガン大統領の再選を阻もうとした一九八四年の米大統領選に干渉して以来の選挙介入」とみている。[176] ロシアは近年、一七年のフランス大統領選、ドイツ総選挙、オランダ総選挙など欧州の重要な国政選挙でもサイバー技術を使った介入を行ったと欧米で批判された。サイバー技術の進化も著しく、第三国選挙への介入問題は今日的テーマとして扱われるべきだろう。

レビンらの調査は、一九四六―二〇〇〇年に世界で行われた国政選挙計九百三十七回のうち、米ソが介入した選挙が全体の一一・三%に当たる百十七回に上ったとしている。[177] 選挙干渉がなかった地域は、オセアニアだけという。

調査は、「米ソだけが第三国に選挙干渉したわけではなく、中国は台湾の総統選に介入したし、ベネズエラのチャベス政権はラテンアメリカの好ましい候補に支援を行った。しかし、大戦後の選挙介入では米ソが圧倒的に多かった」としている。[178]

また、選挙介入には、資金援助や選挙運動の技術的支援、宣伝・扇動家の派遣、対立候補へのネガティブキャンペーンなど多くの手段があるが、これらの手段には、支持した候補の得票率を平均三%程度引き上げる効果があり、激戦では結果を覆すことも可能になるという。[179]

レビンのチームは「ＰＥＩＧ」（Partisan Electoral Interventions by the Great Powers＝大国による党派別選挙干渉）というプロジェクトを立ち上げ、国際的な学術交流を通じて研究を深め、大国による選挙干渉を排除したいとしている。

とはいえ、政治とは、「国家相互の間であれ、国家内部においてであれ、権力の分け前にあずかり、権力の配分関係に影響を及ぼそうとする努力である」（マックス・ヴェーバー）[180]とすれば、外国の選挙干渉は今後も続き、その理想実現は難しいだろう。

第3章　日本共産党とソ連の「内通」

1. 日本共産党、百年の興亡

▽逆風を克服

日本最古の政党・日本共産党は二〇二二年に創設百年を迎える。五五年体制の崩壊後、政党の離合集散が激しく、〇九年に政権を取った民主党（民進党）も分裂したし、四日間で消えた政党（太陽の党、一二年）もあった。選挙目当ての野合や分裂が続く中、「科学的社会主義」を党是とし、対米従属や大企業の支配に反対する日本共産党は、一貫性と結束力を持つ点では政党の鏡と言えるかもしれない。「戦前戦中、侵略戦争に反対した唯一の党」「獄中で弾圧されても戦った唯一の党」といった常套句も色褪せない。

日本共産党は現在、推定三十万人の党員を抱え、この十年間は国政選挙で平均八・四％の票を得ている。一九九〇年前後の東欧革命やソ連崩壊は痛烈な逆風となったが、それでも「社会主義的変革」の看板を下ろさず、党勢を立て直した。近年は「原発ゼロ」「庶民の味方」「安倍政権の暴走ストップ」「増税反対」などを掲げて、与党・自民党に対峙する。

志位和夫委員長は野党共闘や「国民連合政府」構想を唱え、野党連合のキャスティングボートを握ったこともある。三年間に及んだ民主党政権の混迷も、共産党への期待感を相対的に高めた。一九年七月時点で、共産党は衆院議員十二人、参院議員十三人を抱え、共産党が与党を構成する自治体も五十以上を数える[181]。

西側先進国で今、共産党が一定の議席を確保し、社会に影響力を持ち続けるのは日本だけだろう。米国共産党や英国共産党はほぼ消滅したし、七〇年代に一世を風靡したユーロコミュニズム政党はすたれ、西欧で共産党が影響力を持つ国は存在しない。欧州の共産党が壊滅したのに、日本共産党がなお勢力を維持していることは、中国、北朝鮮、ベトナム、ラオスとアジアでなお社会主義政権が存続することと併せ、国際共産主義運動史上、想定外の展開となった。

もっとも、英国の若手評論家、ユセフ・エルギンギーは、二〇一八年五月五日のカール・マルクス生誕二百周年に際して、英紙『インディペンデント』に寄稿し、資本主義が冷戦後のグローバル化によって行き着く所まで暴走し、重大な転換点に到達しているとし、「世界は遂にマルクスを受容するかもしれない」と書いた[182]。富の偏在に不満を持つ欧米の若者の間で「社会主義」への関心が高まっており、「マルクス主義の評価は社会主義国の失敗によって地に落ちたが、歴史は共産主義が不可避ではないことをまだ証明できていない」としている。マルクスの「歴史の法則」は依然、最終決着が付いていないかもしれない。

▽コミンテルンの威力

アジアで中国共産党や日本共産党、ベトナム共産党が誕生したのは、レーニンやトロツキーがロシア革命後の一九一九年にモスクワで設立したコミンテルン（国際共産党）の恩恵だった。コミンテルンはロシア革命を成功させたレーニンの呼び掛けでモスクワに十九組織の代表が集まって設立され、運営は唯一の政権政党であるボリシェビキ（多数派の意、後のソ連共産党）が主導した。「欧州の革命なしに、ロシアで権力を維持するのは困難」（レーニン）との立場から、西欧で革命運動を扇動した。

ボリシェビキの指導者、ジノビエフは一九一九年、コミンテルン機関誌『共産主義インターナショナル』の創刊号で、「内乱の炎は全ヨーロッパに燃え上がっている。ドイツにおける共産主義の勝利は不可避だ。英国でさえ、資本主義はもはや、一、二年以上生き延びられないだろう」と西欧での社会主義革命を予告した[183]。

第一次世界大戦後の混乱で、ドイツ帝政、ハンガリー・オーストリア帝政が崩壊し、欧州各地で革命的機運が到来したとの認識だった。しかし、西欧でのコミンテルンの革命工作は成功しなかった。最も力を入れた二一年のドイツでの武装闘争や蜂起計画は大衆の支持を得られず失敗し、他の欧州諸国でも、活動は不調に終わった[184]。

こうした欧州の情勢に対し、国際共産主義運動が結果的に成果を挙げるのが、レーニンやトロツキーが想定していなかったアジアだった。コミンテルンは二一年七月、北京大学の図書館司書だった毛沢東や北京大学文科長の陳独秀、日本に留学した董必武ら中国各地の共産主義者を糾合してコミンテルン中国支部を上海で結成し、中国共産党に発展させた。創設時の党員は五十七人、結成時に上海に集まった党員は毛沢東ら十三人とされる。コミンテルンはその後、中国に多数の顧問団を派遣し、共産党への資金援助も行った。

　中国共産党は結党当初、コミンテルンの指導力が強く、ソ連で学んだ中国人留学生が党の中心勢力で、ソ連のように大都市の労働者による武装蜂起を基本戦略に据えた。しかし、次第に農村に拠点を置く毛沢東が実権を握り、戦後の国共内戦を経て四九年に政権を掌握し、中国革命を成功させた。今日、育ての親のソ連共産党は消滅したのに、二桁の党員でスタートした中国共産党は党員九千万人を擁する世界最大級の政党に膨張した[185]。

　ベトナム共産党もコミンテルン活動家だったホー・チ・ミンがモスクワと連携し、三〇年に香港で創設した。その後、コミンテルンの指示でインドシナ共産党と改名。第二次大戦後のフランスからの独立と南北分断を経て北ベトナム主席となったホーは南部解放、ベトナム統一を掲げた。六九年に死去するが、後継指導部が七五年に南部を武力解放し、ベトナム全土を社会主義化した。ラオスの政権を掌握した人民革命党も、コミンテルンの流れを汲むインドシナ共産党から分離したものだ。

　コミンテルンは日本統治下の朝鮮でも共産党結成を画策し、二一年に現地の社会主義者らを集めて高麗共産党を結成した。しかし、内部対立や日本当局の抑圧で、数年で活動を停止した。現在の北朝鮮を支配する朝鮮労働党は、コミンテルン運動とは無関係だ。

コミンテルンがアジアで最も注目したのが、戦前の日本だった。天皇制の存在、貧しい労働者・農民、国民の知的水準の高さなどから、社会主義革命の条件が揃っていると判断した。コミンテルンは上海のフランス人租界に極東ビューローを設置してモスクワから工作員を派遣し、上海を拠点に対日工作を行った。

日本では、幸徳秋水ら社会主義者十二人が死刑になった一九一〇年の大逆事件で、社会主義運動は壊滅状態になっていた。コミンテルンの工作員は山川均、近藤栄蔵、堺利彦、大杉栄、荒畑寒村といった社会主義者に接触し、共産党創設を働きかけたが、準備が手間取り、創設は中国支部より一年遅れた。党創設に熱心だった近藤栄蔵は上海に渡って極東ビューローと接触し、準備資金六千五百円（現在の貨幣価値で二千万〜三千万円）を受領して帰国した記録がある。[186]

コミンテルンは各国の支部に豊富な資金援助を与えており、財政は潤沢だった。これは、コミンテルンがロマノフ王朝から没収した皇帝資産を利用したためとされる。ボリシェビキは一九年四月、当時の金額で数十万ルーブルの宝石類や現金五百二十万ルーブルを外国党への援助に割り当てたという。[187]

それでも、レーニンはまだ少なすぎるとして、一九年末コミンテルンの対外援助を数倍に増額した。ロシア革命後の内戦が始まり、経済危機で飢餓も出る惨状の中であっても、ボリシェビキにとって世界革命が焦眉の急だったことが分かる。こうして、政権を掌握した国の共産党が、「プロレタリア国際主義」の立場から、革命を目指す他国の共産党に財政援助するパターンが生まれた。

▽「愛される共産党」

日本共産党の設立は一九二二年七月で、東京で開かれた第一回党大会には、堺利彦、山川均、荒畑寒村、野坂参三、徳田球一、佐野学、鍋山貞親、赤松克麿、近藤栄蔵ら十八人が参加。モスクワにいたコミンテルン活動家の片山潜も側面支援し、コミンテルンから五万円が提供されたという。[188]日本共産党は十一月の第四回コミンテルン大会に代表を派遣し、コミンテルン日本支部と認められた。コミンテルンはその際、君主制廃止、すべての男女の普通選挙権など日本共産党綱領草案（二二年テーゼ）を提供した。

共産党は二三年の関東大震災後の一斉検挙で打撃を受けたが、二六年に荒畑寒村らの手で再建され、二七年の総選挙で推薦候補が当選したこともある。コミンテルンの公式指令はテーゼと呼ばれ、有名な「三二年テーゼ」は、ブルジョア民主主義革命を経て社会主義革命に至る二段階革命を提唱した。コミンテルンは日本支部に資金を断続的に与え、戦前の共産党活動はコミンテルンの資金で運営されたという。

立花隆は著書『日本共産党の研究（一）』の中で、「コミンテルンとの連絡がついている間は裕福だが、連絡が切れると、たちまち窮乏した。連絡がちゃんとついていた間はだいたい年間五万円から六万円貰っていた。現在の金にして二億円を越えた」と書いている。[189]

しかし、二五年の治安維持法制定後、官憲の弾圧は激しく、党員は亡命や地下活動を強いられた。結党時からの有力指導者の一人、野坂参三は三一年から戦後までソ連や中国に亡命した。三一年入党の宮本顕治は三三年、スパイ査問事件で同志を死に追いやった容疑で逮捕され、終戦まで獄中にいた。

大戦中、日本共産党は壊滅状態だったが、日本の降伏後、獄中にいた共産党幹部は一斉に釈放された。四五年十二月、徳田球一を書記長とし、合法政党として再建された。沖縄出身の徳田は結党時からの党員で、二〇年代にソ連を再三秘密訪問していた。野坂も四六年一月、中国・延安から帰国、徳田に次ぐナンバー2となり、「愛される共産党」を掲げてソフト路線を打ち出した。それがブームを呼んで党勢が拡大し、党員は三年で十五万人を超えた。

シベリア抑留者がソ連で洗脳され、帰還後集団で東京・代々木の共産党本部を訪れて入党する動きもあった。四九年一月の戦後三回目の総選挙で共産党は三百万票近い得票を集め、前回の四議席から三十五議席に躍進した。党躍進の背後でソ連の資金援助があったとする元党員の告発もある。[190]

しかし、コミンテルンの後継機関として四七年に設立されたソ連主導のコミンフォルムは五〇年一月、GHQ占領下でも平和的に革命が達成可能とする「平和革命論」を唱えた野坂理論を突然批判し、武力闘争路線への転換を要求した。中国共産党もコミンフォルムに同調し、日本共産党に武装闘争への転換を求めた。

結果的に、社会主義総本山からの批判が、日本共産党に甚大な打撃を与えることになる。

「野坂理論はマルクス・レーニン主義に反する」と批判した論文がコミンフォルム機関紙に発表されると、主流派の野坂や徳田は「所感」を発表してコミンフォルムに反論。これに対し、反主流派の宮本や志賀義雄らは批判の受け入れを表明し、「国際派」を標榜して「所感派」との対立が起きた。その後、GHQが「共産主義陣営による日本侵略に協力している」として、日本共産党中央委員二十四人を公職追放し、野坂、徳田ら九人の幹部に逮捕状を出したことから、共産党内部は混乱し、内部対立が進行した。所感派は中国に亡命し、「北京機関」を作って非合法闘争に転じた。

こうした経緯を経て、五一年十月の日本共産党綱領は、コミンフォルムの批判を踏まえ、「民主的変革を平和的手段によって達成すると考えるのは誤りだった」と自己批判し、中国革命方式の武装闘争路線を決定した。共産党員は国内各地で火炎瓶を使った暴力事件や警察署襲撃事件など破壊活動を繰り返した。武装闘争は国民の反発を買い、五二年十月の総選挙で共産党候補は全員落選した。この武装闘争がなかったら、共産党は躍進を続け、戦後政治史も変わっていたかもしれない。

共産党は日本の独立回復、朝鮮戦争休戦、強硬派・徳田の北京での死去などを経て、五五年の党大会で武装闘争の放棄を決めた。党を再統一し、宮本書記長、野坂第一書記体制を発足させた。国際派の宮本が武装闘争を収拾し、主導権を掌握。その後「宮本・野坂体制」が長期にわたることになる。[191]

▽ソ連崩壊、「もろ手で歓迎」

共産党は今日、五〇年から五五年までの分裂と混乱を「五〇年問題」と呼び、「大国の干渉と徳田・野坂分派による、武装闘争の軍事方針が原因だった」（不破哲三）と総括する。[192]「五〇年問題」は長年、党のトラウマとなり、宮本執行部が六〇年代に外国の干渉を排除し、自主独立路線を採用する誘因になった。

不破は二〇一七年の講演で、「スターリンの日本への干渉が始まり、それに占領軍の弾圧が加わって日本共産党はいわゆる『五〇年問題』と呼ばれる分裂と混乱の苦難な状態となった。五〇年代半ばに、この混乱から抜け出して、党の党勢を回復したとき、党は自分の方針は自分で決め、外国のどんな党の干渉も許さないという自主独立の原則を確立した」と説明している。[193]

日本共産党がソ連と距離を置く直接のきっかけは、六三年の原水爆禁止運動の分裂だった。いかなる国の核実験にも反対する日本社会党と、中国の核実験は防衛的と主張する共産党の方針が対立し、運動は分裂した。六四年の部分的核実験禁止条約批准に賛成投票した志賀ら共産党内親ソ派は除名された。ソ連は志賀グループを公然と支持し、日ソ両共産党の対立が表面化した。これに伴い、ソ連は日本での活動拠点を日本社会党に移すことになる。

日本共産党はその後中国に接近した時期もあるが、文化大革命期の中国が日本共産党を修正主義と批判したことから、論争が起き、共産党は自主独立路線を鮮明にした。ソ連軍のチェコスロ

宮本顕治

バキア侵攻（六八年）やアフガニスタン侵攻（七九年）、中国によるベトナム侵攻（七九年）、北朝鮮による大韓航空機爆破事件（八七年）で、日本共産党は中ソや北朝鮮を厳しく非難し、社会主義国と距離を置いた。

　七〇年に不破哲三が書記局長に就任し、日本共産党は宮本・不破体制となり、七〇年代以降は党勢を拡大した。宮本は九七年に議長を退陣し、不破議長・志位和夫委員長の体制となったが、これは事実上、半世紀近く続いた宮本路線の継承だった。その宮本は二〇〇七年に死去した。

　宮本が実権を掌握した後、共産党特有の内部対立は払拭され、党内は安定した。しかし、宮本指導部によって追放された党幹部は、志田重男、春日庄次郎、志賀義雄、神山茂夫、西沢隆二、袴田里見、野坂参三と死屍累々だ。

　宮本の自主独立路線は徹底しており、ソ連が崩壊した時、日本共産党は「社会主義の失敗ではなく、社会主義の道から離れ去った覇権主義と官僚主義・専制主義の破産であった」、「ソ連覇権主義という歴史的な巨悪の崩壊は、大局的な視野で見れば、世界の革命運動の健全な発展への新しい可能性を開く意義をもった」と論評し、あくまでソ連型社会主義の失敗と決め付けた。[194]「ソ連が最も恐れた自主独立の日本共産党」というスローガンも登場した。

宮本は九一年のソ連共産党の活動停止を受けて、『毎日新聞』で、「ソ連共産党の解体は、ひと言でいえば、双手をあげて歓迎する。限りない喜びだ。スッキリした。ソ連は三十年近く日本共産党の活動に対し干渉してきた」とコメントした。[195]『朝日新聞』では、「世界の共産主義運動の重荷がとれた、と晴れ晴れしている。社会主義は資本主義に敗北したという受け止め方は根本的に誤っている。ソ連や中国、北朝鮮などと違い、本当の社会主義は日本のような発達した資本主義で初めて行われる」と指摘した。[196]

日本共産党にとって、ソ連は産みの親であり、支援を受けた兄貴分の一方で、様々な干渉を受けた因縁の相手だった。その崩壊は党勢に逆風になった反面、過去を知り尽くすソ連の消滅は一定の解放感、安心感をもたらしたとみられる。

今日、日本共産党は唯一、政党助成金を受け取らない政党であり、他政党が国民の税金を「山分け」していると批判する。一九九五年の制度開始から二十三年間の政党助成金累計額は七千二百六十八億円に上るが、共産党は、これは〝強制献金〟であり、「政治の腐敗、政党の堕落をもたらしている」とし、自身は『しんぶん赤旗』の購読料など「国民から寄せられる浄財のみですべての活動資金をまかなっている」と強調する。[197]

だが、戦前戦後のソ連と「内通」し、秘密資金を受けていたことは、一世紀にわたる党史の汚点だろう。以下、旧ソ連公文書を基に、日本共産党のソ連資金疑惑の実態に迫ってみよう。

2. ソ連共産党の対外資金援助

▽ソ連共産党の最高機密

旧ソ連の保守派が決起し、三日天下に終わった八月クーデター事件が鎮圧されて三日後の一九九一年八月二十四日夜、ゴルバチョフ・ソ連共産党書記長は共産党幹部多数がクーデターに関与したとして、ソ連共産党の解散、自らの書記長辞任を発表した。

時事通信のモスクワ駐在記者だった筆者はその翌日、雑感記事の材料集めに市内を回ったが、モスクワは夏空が真っ青に澄みわたり、市民の表情には解放感と期待感が感じられた。「赤の広場」にいた市民は、「共産党は壮大なムダだった」、「われわれは二十世紀を台無しにした」、「わけのわからないグロテスクな機構を作り上げただけだった」などと口々に話していた。ロシアが共産主義に逆戻りすることはあり得ないと実感した。

クーデターを鎮圧して勝者となったロシア共和国のエリツィン大統領は同時に、共産党活動停止を命じる大統領令を布告。モスクワ中心部のスターラヤ広場にあるソ連共産党中央委本部を封鎖した。ロシアの治安部隊が党本部を管理下に置き、職員らを退去させた。共産党本部前では、治安部隊がバリケードを築き、多数の群衆が集結して共産党非難のシュプレヒコールを叫んでいた。党本部では、機密文書の隠蔽を図る党職員と、それを阻止する治安部隊の小競り合いも起きた。

ロシア革命以来、七十四年間一党支配を築き、長期にわたって独裁権力を握ったソ連共産党の断末魔の情景だが、クーデター失敗で勝者と敗者が鮮明になっており、大きな混乱はなかった。共産党解散の数日後、ニコライ・クルチナ共産党中央委総務部長ら総務部の幹部三人が自宅アパートの窓から次々に飛び降りて死亡する怪死事件があった。三件とも自殺として処理されたが、三人はソ連共産党の対外援助部門を担当しており、他殺説も出た。[198] 国際共産主義運動の総本山だったソ連が冷戦時代、世界の共産党や革命運動に膨大な援助を行っていたことは知られていたが、その規模や援助先は謎に包まれていた。共産党の最高機密を闇に葬るため、ある機関が責任者の口を封じた可能性も否定できない。

エリツィンは共産党活動の停止を命じた際、「ソ連共産党のすべての動産、不動産、外貨、ルーブル、金、銀行口座をロシア政府に移管する」とし、共産党資金の回収に当たる特別委員会を設置した。委員会は法律家や検事、警察幹部ら計八十人で構成され、極秘裏に活動した。その活動結果について、『イズベスチヤ』紙が九三年に調査報道の形で報じた。[199]

同紙によれば、特別委は九一年末までに、ソ連共産党の海外への不法資金援助を調査・回収するため、援助受容国とされたイタリア、フランス、米国、スペイン、英国、インド、ポルトガル、オーストリア、キプロス、フィンランド、ギリシャの計十一カ国に調査団を派遣した。当時のロシアは、経済混乱の中、本格的な市場経済移行を控え、外貨を必要としていた。エリツィン政権は共産党の不当な対外援助を回収し、少しでも国庫に収めたかったのだろう。調査先に日本は含まれていなかった。

『イズベスチヤ』紙によれば、調査団は各国の共産党本部や政府機関、公安部門などを訪れ、回収に協力を求めた。特別委の調査の結果、①ソ連対外経済銀行の七つの外貨口座が長年、ソ連共産党の対外援助に特別使用された、②西側の共産党の一部は、秘密資金を党傘下の企業経営に運用し、計三百—五百の企業がソ連秘密資金を基に設立された、③資金の受け渡しは、現地の国家保安委員会（KGB）駐在部が担当した——などの事例が判明したという。[200]

特別委は対外経済銀行の七口座に預金されていた現金二千万米ドルを回収した。また、七一—九〇年にソ連共産党が外国共産党支援のため、ソ連政府に負った負債が総額三億二千五百万ドルに上ることも判明した。この額がほぼ、二十年分の支援総額に匹敵する可能性がある。[201]

しかし、援助資金の追跡・回収作業は成功しなかった。各国の共産党や左翼組織は、ロシア政府の調査団を受け入れて協議に応じたものの、総じて援助受け入れの事実を否定し、情報提供を拒んだという。各国共産党にとって、ソ連から秘密資金を導入していたことが判明すると、選挙対策上打撃になる。

ポルトガル共産党だけは援助を受けた可能性を認める一方、「ロシア政府には援助資金を回収する権限はない。ポルトガルの裁判所の承認が必要になる」と回答したという。同紙は「ソ連共産党秘密資金の回収作業は、当初は楽観的だったが、悲観的結末に終わった」としている。

秘密援助の回収は不調に終わったが、資金の行方はソ連崩壊後に解禁された旧ソ連共産党公文書によって一定の追跡が可能だ。ソ連共産党の公文書は、党解散後の九一年八月三十日付でロシア政府公文書委員会に移管され、九二年春から現代資料保存センターなどで部分的な開示が始まった。筆者はソ連共産党の秘密援助に関する文書約百点を入手した。

▽コミンフォルムの別働隊

ソ連が革命輸出機関として設立したコミンテルンは、「一国社会主義」を掲げたスターリン時代にソ連の権威を高める組織に変質し、大戦中の一九四三年に解散した。活動停止を求めた米英など連合国政府の要請を受けたもので、スターリンが大戦勝利を優先し、同盟国に配慮した戦術的撤退だった。しかし、大戦後の四七年、冷戦進行とともに、ソ連はコミンテルンの後継機関となる革命輸出組織、コミンフォルム（共産党・労働者党情報局）を設立した。

四七年といえば、米政府がソ連封じ込めのトルーマン・ドクトリンを発表し、欧州復興のためのマーシャル・プランを発動した年で、ソ連圏の情報収集・秘密工作を実行する中央情報局（CIA）もこの年に創設されている。

四〇年代後半、大戦を勝利に導いたスターリンが神格化され、東欧諸国が次々に社会主義化する中で、フランス、ギリシャなど西欧諸国の国政選挙では共産党が躍進し、欧州で社会主義に対する民衆の期待感が高まった。ソ連はこの機に乗じてコミンフォルムを結成し、西側諸国で革命機運を高めることで、内政攪乱を狙った。

コミンテルンが共産党の国際統一戦線を目指したのに対し、コミンフォルムは各国共産党の情報交換やソ連の指導の下での共産党間の活動調整が主目的とされた。コミンフォルムの本部は当初、ユーゴスラビアの首都ベオグラードに置かれたが、独自路線を取るユーゴ大統領のチトーとスターリンの対立が深まり、本部は四八年ルーマニアの首都ブカレストに移された。ソ連はコミンフォルムを通じて加盟政党の統制を強め、各国の路線に干渉した。日本共産党に武装闘争への転換を要求したのもその一環だった。しかし、コミンフォルムは、フルシチョフによるスターリン批判を受けて五六年に解散する。

このコミンフォルムの下部組織として、資本主義国の共産党・労働者党に財政援助を行う目的で設立されたのが、「ルーマニア労組評議会付属左翼労働組織支援国際労組基金」と称する秘密基金で、五〇年にブカレストに設置された。

これは、ソ連・東欧など社会主義政権を運営する共産党が、革命を目指す各国共産党に資金援助する機関で、世界の左翼運動への秘密援助が制度化されたことを意味する。四九年十月に革命を成功させた中国共産党も趣旨に賛同して参加した。

ソ連共産党中央委が採択した基金設立に関する「極秘」の決議は、基金の目的と内容を以下のように伝えている。

――「左翼労働組織支援国際労組基金」の設立について（一九五〇年七月十九日付、文書番号 п76/122）[202]

一、海外の左翼政党、進歩的労組、大衆組織に物質的支援を与えるため、ルーマニア労組評議会の付属機関として、「左翼労働組織支援国際労組基金」を創設する。
一、基金の初年度の規模は二百万米ドルとし、ソ連共産党が百万ドル（五〇％）、中国共産党が二十万ドル（一〇％）を拠出し、ドイツ社会主義統一党、ポーランド統一労働者党、チェコスロバキア共産党、ルーマニア労働党（後の共産党）、ハンガリー労働者党の五党がそれぞれ十六万ドル（八％）ずつを負担する。
一、援助の実行は、基金運営委員会が全会一致で決定する。委員会のメンバーは各党間で毎年互選される。
一、五〇年の運営委は、ソ連、ハンガリー、ポーランド三党代表で構成する。
一、基金設立に関する各党との交渉は、ボリス・ポノマリョフ同志（ソ連共産党対外政策委第一副委員長）が指導する。

▽社会主義国に寄生

秘密基金の本部がブカレストに設置されたことは、コミンフォルム本部のブカレスト設置と連動しており、基金はコミンフォルムの資金援助機関だった。ルーマニアへの設置はあくまで便宜上の措置で、実質的な運営主体はソ連共産党だった。

発足時の基金責任者のポノマリョフはコミンテルン執行委員会の元幹部で、ソ連共産党のイデオローグ、スースロフ政治局員の腹心といわれた。党対外政策委第一副委員長を経て、五五年から党国際部長を長年務め、国際共産主義運動の司令塔を担った。八六年に引退したが、引退後も党本部にオフィスを構え、反ゴルバチョフのクーデター事件を支持した。

秘密基金は社会主義国の政権政党が、各国の非政権政党を支援する形で発足したが、当初は中国共産党がソ連に次ぐ第二の拠出国だったことが注目される。中国革命を成功させたばかりの中国共産党は、「共産主義一枚岩」や「向ソ一辺倒」のスローガンを唱え、「世界同時革命」の理想に燃えていた。

秘密基金について、横手慎二・慶應義塾大学名誉教授はソ連共産党国際部に関する研究論文の中で、「『ルーマニア労働組合』というのは、その創設の経緯から見てまったくの偽装であった。実際には、ソ連の発案で毎年集められた資金は、基本的にソ連が半額の資金を出し、残りを中国共産党及び東欧の共産党から供出させており、その配分には、ソ連の意向が強く反映するようになっていた」と指摘し、援助先を差配したのは、事実上ソ連共産党国際部だったと分析した[203]。

秘密決議には、ソ連共産党対外政策委員会のグリゴリヤン委員長がスターリンに宛てた秘密基金設立に関する報告も添付されている。

――スターリン同志へ　(一九五〇年八月十六日付、文書番号 15-Г-2051)[204]

「左翼労働組織支援国際労組基金」の設立に際して、ポノマリョフ同志が最近、ハンガリー、ポーランド、チェコスロバキア三国を歴訪し、意見調整を行った。三国首脳は会談で、基金創設を全面的に支持したが、ハンガリーのラコシ同志は「ハンガリー労働者党は既にこの数年、いくつかの共産党に資金援助を行っており、五〇年にはフランス共産党に十五万ドルを供与した」と伝えた。

ポーランドのビエルト同志は「ポーランド統一労働者党はフランス共産党に組織的支援を行っており、五〇年に約十万ドルを供与した」と伝えた。

チェコのゴットバルト同志は、①チェコ共産党は既にフランス共産党に十万ドルの援助を与えた、②現在チェコにはフランス共産党の活動家五十人や英国共産党の活動家五〜七人が滞在している、③チェコは西欧とモスクワの通過点に位置し、多くの国際会議も開かれることから、基金に毎年十六万ドルは拠出するが、それ以上の援助拠出は不可能だ——と伝えた。

国際労組基金の創設と、中国共産党の参加に関する提案は、ユージン同志（駐中国大使）を通じて毛沢東同志に送られた。

この文書からは、フランス共産党など西欧の共産党が、革命が成功したばかりの東欧諸国に寄生し、援助を強要していた構図が浮かんでくる。国際共産主義運動に関心がない東欧各党は、秘密基金への拠出に乗り気でなく、むしろいい迷惑だったことが行間から読み取れる。実際の会談では、強い表現で苦情を述べていたとみられ、文書は「ゴットバルト同志の対応は消極的だった」としている。東欧諸国のモスクワへの不信感は、「社会主義一枚岩」時代から沈殿していた。

▽仏伊共産党が双璧

筆者はロシアの公文書館で、五〇年、五一年、五五年、五八年、五九年、六一年、六二年、六三年、七三年、九〇年の十年分について、「左翼労働組織支援国際労組基金」が各国の共産党・左翼組織に供与した援助額のリスト（ロシア語）を入手した。援助が実行されたのは五〇年から九〇年の四十年に及んでおり、すべての年のリストは入手できなかったが、資金援助の実態がほぼ解明された。

リストには「特別ファイル」「極秘」の刻印が押されており、初期のリストは手書きで書かれている。ソ連共産党の内部文書には、「部内用」「秘密」「極秘」「特別ファイル」の四段階の機密指定があり、「特別ファイル」は最高機密を意味する。

初年度の五〇年は、ソ連共産党中央委決議に沿って、ソ連・東欧と中国の七カ国が計二百万ドルの資金を拠出し、援助額は①フランス共産党（六十万ドル）②イタリア共産党（四十万ドル）③フィンランド共産党（三十七万ドル）④英国共産党、オーストリア共産党（各十万ドル）――の順で、計十二の共産党に提供された。[205] 援助額は毎年、受領する各国共産党・左翼組織が基金運営委員会に希望額を提出し、ポノマリョフが実権を握る委員会（後にソ連党国際部）がそれを基に決定していた。

翌五一年には、基金の規模が二百万ドルから三百二十三万ドルに拡大され、十四カ国の党に提供された。フランス共産党が百二十万ドルと最も多く、以下、フィンランド共産党（八十七万ドル）、イタリア共産党（五十万ドル）、イタリア社会党（二十万ドル）と続き、ここで五位に日本共産党が登場し、十万ドルの援助が記載されている。[206]

中国共産党はこの年、前年の三倍以上の六十二万五千ドルを供出した。初年度の提供先は欧州の政党ばかりだったが、この年は日本共産党に加えて、インド共産党、トルコ共産党などアジア・中東の共産党への援助が始まった。

リストには「五一年分の基金が枯渇したため、フランス共産党への六十万ドル、日本共産党への十万ドル、インド共産党への十万ドルなどは、ソ連共産党の資金から渡された」と記載されている。日本共産党には年間予算とは別枠で、ソ連が直接供与したようだ。

五五年には、基金の規模は六百二十四万ドルと初年度の三倍以上に膨れ上がった。[207] 五三年のスターリンの死、その後の非スターリン化や東西の雪解けとは関係なく、ソ連が舞台裏で国際共産主義運動を操り、西側諸国の内政攪乱を図っていたことが分かる。五五年はソ連共産党が二百九十万ドル、中国共産党が百十万ドル、東欧五党が二十万―二十五万ドルをそれぞれ拠出した。受領した国は、イタリア共産党（二百六十四万ドル）をトップに、日本共産党（六位、二十五万ドル）を含む二十五党に資金援助された。

五八年の支援総額は六百九十六万ドルで、三十四の党・組織が受領した。イタリア共産党が三百七十五万ドルと全体の半分以上を占めた。[208] ソ連が当時のイタリア共産党の躍進に注目し、イタリアでの革命工作を重視していたことが分かる。日本共産党への支援額は五万ドルだった。リストはこの年の基金残高を十六万ドルとしており、拠出金をほぼ使い切った形だ。

五九年の支援額は計八百七十五万ドルとさらに増え、やはりイタリア共産党への支援が四百二十五万ドルでトップ。[209] 四十三の党・組織に提供され、日本共産党は五万ドルで十九位だった。五九年はアイゼンハワーとフルシチョフの米ソ首脳会談が行われ、米ソの雪解けを印象付けたが、基金から米国共産党に二十五万ドルが提供されている。イタリア共産党への大口援助は、政治混迷の続いた当時のイタリアで、ソ連が共産党の躍進と社会主義革命に期待を寄せていたことを意味する。

六一年の支出額は千四十四万ドルと一千万ドルの大台を超え、七十一の党・組織に提供された。[210] イタリア共産党（四百万ドル）、フランス共産党（百五十万ドル）が双璧で、日本共産党は十五位、十万ドルと記載されている。日本共産党は五五年に所感派と国際派が統合して再スタートを切り、宮本書記長が実権を握るが、統一後も秘密資金からの援助は続いた。

六二年の支援総額は千二百万ドルとさらに増加し、受領額はイタリア共産党（五百二十万ドル）、フランス共産党（百五十万ドル）、フィンランド共産党（六十万ドル）というトップ3に変更はない。[211] 日本共産党への資金援助は十五万ドルで、十五位にランクされた。世界六十六の党・組織が受領しており、キューバ革命（五九年）、キューバ危機（六二年）を受けてか、コロンビア共産党（五万ドル）、エルサルバドル共産党（二万五千ドル）など、中南米の共産党が登場した。

六三年は総額千五百三十万ドルが八十三の党・組織に提供された。[212] イタリア共産党が五百万ドルと圧倒的に多く、日本共産党には十五万ドルが提供され、全体の十九位だった。しかし、自主独立路線に転換したことから、ソ連の支援はこの年が最後で、翌年からのリストには記載がない。

六三年のリストの三位はインドネシア共産党（ＰＫＩ）で、百万ドルを受け取った。ＰＫＩはオランダ領時代の二〇年に結成され、アジアの共産党では中国や日本よりも古い。大戦後に再建され、スカルノ政権下では選挙で躍進し、連立与党入りを果たした。ソ連もインドネシアでの革命を期待し、秘密援助を拡大したとみられるが、後のスハルト政権下で徹底弾圧を受け、非合法化されて壊滅した。

▽「クレムリンの長女」がトップに

ブレジネフ政権に移行した六五年も、イタリア共産党（五百六十万ドル）、フランス共産党（二百万ドル）など七十二の党・組織に提供された。[213] 日本共産党への援助が中止された一方で、原水禁運動でソ連を支持し、共産党を除名された神山茂夫に五千ドルを提供と記されている。「神山分派」と呼ばれた神山グループは六四年、同じく党を追放された志賀義雄の「日本のこえ」と合流し、六五年参院選に出馬したが、落選した。

なお、ソ連はこの時期に対日活動拠点を日本共産党から日本社会党に移すが、社会党への支援は友好商社を介した貿易操作によるもので、秘密基金のリストには登場しない。

七三年の支援総額は千六百六十八万ドルで、当時の為替レートでは五十億円に近い。イタリア共産党（五百二十万ドル）、フランス共産党（二百二十五万ドル）、米国共産党（百五十万ドル）と続く。この時点では正体不明だったフィリピン共産党に五万ドル、親ソ派の志賀グループにも五万ドルが提供された。[214] この年には、チリ、ベネズエラ、ブラジルなど中南米の二十近い左翼政党にも提供されている。

こうして、スターリン時代から世界の共産党・左翼組織への秘密資金援助が延々と続いたのは、国際共産主義運動の総本山を自負したモスクワの面子に加え、資本主義諸国の攪乱を狙った外交的思惑がうかがえる。援助の対象や額は、その時々の国際情勢に応じて微妙に変化したことも分かる。

四十年間の全リストは入手できなかったが、文書を管轄するロシア政府公文書委員会の当局者は、秘密基金を通した資金援助総額は四十年で計五億米ドル以上に上り、大口の受容組織は累計で、①フランス共産党、②イタリア共産党、③米国共産党――の順だと指摘していた。[215]

イタリア共産党は七三年には五百二十万ドルと全体の四三％の資金を受けるなど突出していた。しかし、ユーロコミュニズムを掲げた貴族階級出身のベルリンゲル書記長は、七三年にマルクス・レーニン主義やプロレタリア独裁を放棄し、穏健路線に転換。七五年にソ連からの資金援助を拒否した。イタリア共産党は、七〇年代後半以降は個人を除いてリストから消えている。

代わって七〇年代後半から、最大の援助受容組織となったのが、「クレムリンの長女」といわれたフランス共産党だった。フランス共産党がソ連の「プラハの春」弾圧やアフガニスタン侵攻で、一貫してソ連を支持したのは、資金援助も影響していよう。

秘密基金は本来、ブカレストに設置された運営委員会による合議制を原則としたが、五六年のコミンフォルム解散を経て、次第にソ連共産党の単独決定に移っていた。発足当初、ソ連に次ぐ大口資金供給国だった中国が、中ソ対立の激化で六〇年代初めまでに基金を脱退したこともソ連の主導権を高めた。

たとえば、六三年一月のソ連共産党中央委決議は、党国際部が提出した各党への援助額リスト案をそのまま承認している。[216]この決議はさらに、「資金の引き渡しはKGBに依頼する。セミチャストヌイ同志（KGB議長）に対し、援助供与に際しては、ルーマニア労組付属の国際労組基金からの援助であることを伝達するよう要請する」と明記している。これは、KGBが現金の引き渡しを担当していたことを確認する文書だ。

ソビエト体制下では、共産党が戦略や路線を決定し、KGBは党の指揮下でその命令を遂行する戦術部門だった。

▽米国は共産主義前夜？

ソ連の対外支援問題を調査した『イズベスチヤ』紙記者のアンドレイ・イーレシュは、九三年に出版した著書『KGB秘密文書は語る』で、秘密基金にも言及した。[217]同書によれば、各国共産党が資金援助を要請する理由はそれぞれ異なっていた。中米・エルサルバドルのサルバドル共産党は「軍の兵力増大にともなう装備・食糧・ゲリラ部隊用医薬品調達費増大で支出がふえた」、イスラエル共産党は「専従職員に給与を支払う」ため、ナミビア左翼勢力は「この数年、わが党はソ連共産党の支援のおかげで行動することができた」などと伝えてきたという。

第一次石油ショックに伴う原油価格高騰で、七〇年代は原油輸出による多額の外貨がソ連の国庫に入っていた。とはいえ、ソ連時代を通じて物不足や生活の不便に苦しんだソ連庶民にとって、世界各国の革命支援は意味のない国策だったといえよう。

各党からの要請文書には、挨拶の言葉とともに、必要額と受け取りを希望する外貨の種類が書かれていた。党国際部の担当者が手紙や要望書に基づいて、どこにいくら出すか予算案を作成した。同書は「スターラヤ広場（党本部）には日本からもしきりに支援の依頼が届いた」とし、共産党分派グループの志賀義雄、神山茂夫の名を挙げている。[218]

資金の受け渡しはKGB要員が担当し、現金が直接運ばれた。同書がロシア最高検察庁捜査班の話として伝えたところでは、対外経済銀行に共産党国際部長名義の特別預金口座があり、そこにソ連関係機関や東欧諸国から資金が振り込まれる。銀行の担当者は外貨の現金をクルマで党中央委に運び、名義人である党国際部長に手渡す。

国際部はKGBの対外情報部門である第一総局に通報し、第一総局の担当者が国際部で提供先の指示書とともにカネを引き取る。KGBで国別、組織別のカネの仕分けや手紙の作成が行われる。KGBでは、「作業の手ちがいは許されなかった。党に対する責任は、職務上の責任より怖かった。だから失敗はなかった」という。[219]

同書によると、海外送金は、外交官パスポートを持つＫＧＢ工作員が外交行嚢のトランクに詰めて運んだ。金額が多い時は数人で携行することもあったという。開封・課税されない外交郵便で送られることもあり、「フルーツ」と書いた段ボール箱に二百万ドルを詰めて西側に発送されたこともあった。現金は現地のＫＧＢ工作員が直接届けるが、駐在国の監視もあり、特に非合法組織への引き渡しは複雑なプロセスを経た。

合法組織が受け取る場合は比較的簡単で、党・組織の代表がソ連大使館に来たり、ＫＧＢ工作員が政党・組織の本部を直接訪れて手渡した。受領者は必ず領収書に署名したという。

イーレシュはロシア検察庁捜査班の話として、各政党の援助要請や受領ぶりをこう伝えた。

「アメリカ共産党のガス・ホール書記長はひっきりなしに巨額のドルを請求した。大統領予備選の前になると、彼は米国ではもうすぐ共産主義が勝利します、もう百万ドルばかりお送りくださいという調子の楽観主義に満ちた手紙をソ連共産党指導部に送りつけた。彼は七一年から九〇年までに四千万ドル以上のカネを受けたが、当初受取証は警戒して暗号で書いていた。フランス共産党は積極的にソ連のカネを企業に投資した。彼らは文書に証拠を残さず、受取証に関しては、自分の正体を見せないよう十分注意していた。イタリア共産党はざっくばらんで、資金の要請をソ連党中央委に直接送り、受取証にも本名を書き、金額を明示していた」[220]。

ソ連共産党国際部副部長も務めたイワン・コワレンコは回想録『対日工作の回想』で、ソ連共産党の兄弟諸党への資金援助について、①政党間の直接支援、②社会主義インターナショナルなど関連国際機構の利用、③ドイツのエーベル基金など基金の利用、④国家の諸機関を通じたテコ入れ——の四つのルートがあったとしており、労組基金以外にも対外援助形態があった模様だ[221]。

▽世界七十三の政党に提供

国際共産主義運動拡大を目的としてスターリン時代の五〇年に創設された秘密援助基金は、フルシチョフ、ブレジネフ時代からアンドロポフ、チェルネンコ時代を経て、新思考外交を掲げたゴルバチョフ時代まで延々と続いた。七〇、八〇年代に入ると、外国各党はソ連からのプレゼントとして当然のように受け取り、ソ連も惰性で基金を運営していたかにみえる。

そのことは、ファーリン党国際部長が一九八九年に党中央委に送った報告書からもうかがえる。

共産党国際部の問題について（一九八九年十二月五日、文書番号未記入）[222]

左翼労働組織支援国際労組基金は、ソ連共産党と他の社会主義諸国共産党の拠出金によって長年にわたり運営されてきた。しかし、七〇年代末からポーランドとルーマニアが、八七年からハンガリーがそれぞれ外貨支出の困難を理由に参加を中止した。八八、八九年には、ドイツ社会主義統一党、チェコスロバキア共産党、ブルガリア共産党が理由の説明もないまま、割り当ての拠出額を基金に振り込まなかった。このため、基金はソ連共産党だけの拠出で維持されることになった。これら三党の八七年の割り当て額は計二百三十万ドルで、全体の一三％だった。

ソ連共産党の八九年の基金への拠出金は千三百五十万外貨ルーブル（約二千二百四万米ドル）だった。八九年には、基金から世界七十三の共産党、労働党、革命・民主勢力に計二千百二十万ドルが供与された。

基金から長期にわたって定期的に一定の資金を得てきた各党は、この国際的団結の形態を高く評価し、他のいかなる援助形態に変更することも望んでいない。これらの党・組織の大半は既に、来年の援助受け入れの要請を提出しており、一部の党は増額を求めている。このため、ソ連共産党は同基金への拠出を続け、九〇年も今年と同水準の約二千二百万ドルを振り込むのが妥当と考える。

ソ連共産党国際部長　ワレンチン・ファーリン

ファーリンは駐西独大使、『イズベスチヤ』紙編集長などを経て、八八年から共産党国際部長を務めた。クーデター未遂事件を裁く九二年の裁判では証人として出廷したが、秘密基金の存在は公表しなかった。この文書には、「極秘」「特別ファイル」の刻印が押され、共産党にとって最

も秘匿したい分野だったことが分かる。党中央委はこの提案を受け、九〇年に「左翼労働組織支援国際労組基金」に二千二百万ドルを拠出することを決定し、ゲラシチェンコ・ソ連国立中央銀行総裁に対し、「特別用途」のため、二千二百万ドルをファーリン同志に移管するよう指示した。[223]

▽ゴルバチョフも承認

ソ連憲法は「共産党の指導的役割」を認めていたとはいえ、ソ連共産党はあくまで一社会団体の位置付けだった。そのソ連共産党が、膨大な国有財産の使用を紙切れ一枚で指示できたことに、ソビエト体制の本質がみてとれる。

中央委が二千二百万ドルの基金への支出を命じた三カ月後の九〇年三月、ゴルバチョフ書記長は共産党の指導的役割を認めた憲法第六条の削除を提案し、中央委で承認された。これを受けて、人民代議員大会で改憲が成立し、ソ連は複数政党制に移行。ゴルバチョフは同時に大統領制導入に関する改憲を大会で実施し、自ら大会の間接選挙で初代大統領に選出された。

こうしてソ連共産党の一党独裁が終了した九〇年にも、スターリン時代の遺物である秘密資金援助が実行されていたことは、時代錯誤もはなはだしい。

支出を指示した党中央委決議（八九年十二月十一日付）には、党書記ら十人が手書きで賛成の署名をしているが、その中には、ペレストロイカの生みの親といわれた改革派のアレクサンドル・ヤコブレフ党政治局員兼書記の「ザ（賛成）」と書かれた署名もあった。共産党の横暴を阻止する立場にあったヤコブレフが、この段階でも西側や第三世界の内政攪乱につながる秘密基金を支持していたことは、その政治姿勢が問われる。

党書記長だったゴルバチョフの署名はないが、基金の存在は当然知っており、九〇年分の支出に異議を唱えなかったとみられる。晩年のゴルバチョフが、ソ連経済立て直しのため西側諸国に金融支援を求めながら、その裏で各国の革命資金提供を容認していたことは、やはり政治姿勢が問われよう。

エリツィンが九一年のクーデター鎮圧後、直ちに共産党の秘密基金の調査・回収を命じたのは、党政治局員候補を務めるなど、一時期党中枢にいて基金の存在を承知していたためとみられる。

秘密資金運用の最後の年となった九〇年の国際労組基金の送り先は、①ポルトガル共産党（百万ドル）②ギリシャ共産党（九十万ドル）③イスラエル共産党（八十万ドル）④チリ共産党（七十万ドル）――の順で、以下、インド、レバノン、ベネズエラ、アルゼンチンなどアジア、中南米の共産党が続く。[224] フランス、イタリアなどかつて大口受領国だった先進国の共産党はリストに載っていない。国際労組基金自体が形骸化し、第三世界の諸政党は安易な資金源とみなしていたようだ。
八九、九〇年といえば、東欧諸国の脱社会主義が実現し、ソ連でも国民の社会主義への不満が充満していた。中央委が九〇年分の資金拠出を決めた八九年十二月の段階で、ベルリンの壁は崩れ、チェコスロバキアではビロード革命が起こり、ポーランド、ハンガリーも自由主義体制に移行した。当初、秘密基金の本部が置かれたルーマニアでも、民衆の蜂起でチャウシェスク大統領夫妻が処刑された。

ソ連国内では、ペレストロイカの破綻で経済危機が進行。物不足による行列が深刻化し、国民の反発が高まり、反体制デモが頻発していた。この期に及んで、国際共産主義運動を支援する姿は、ロシア特有のアネクドート（小話）の世界だが、資金援助は九〇年が最後の年となり、ソ連共産党解散、ソ連邦崩壊が起きた九一年、秘密基金は自然消滅した。[225]

3. 日本共産党に流入したソ連資金

▽日本共産党に二十五万ドル

ソ連共産党による世界各国の共産党に対する秘密支援の実態を概観してきたが、ここで改めて日本共産党との関係を追ってみよう。秘密基金に関する「特別ファイル」は、日本共産党にも資金が渡っていたことを明記している。

全ての記録は確認できなかったが、判明しただけでも、五一年に十万ドル、五五年に二十五万ドル、五八年に五万ドル、五九年に五万ドル、六一年に十万ドル、六二年に十五万ドル、六三年に十五万ドル――と、少なくとも七年で計八十五万ドルが供与されたことになる。この期間の八十五万ドルは、現在の貨幣価値では三十億円以上に匹敵すると思われる。

この数字は、筆者がモスクワで入手した十年分の援助先リストに記載されている援助額であり、入手できなかった五二年、五三年、五四年、五六年、五七年、六〇年についても、資金援助が行われた可能性がある。初年度の五〇年のリストには、日本共産党は含まれていない。

秘密基金から世界各党への援助は、その都度ソ連党中央委で個別に決定されており、たとえば、六二年の日本共産党への十五万ドルの援助を承認する文書もあった。

ソ連共産党中央委国際部議定書（一九六一年十二月十一日、文書番号 P7/60）[226]

一、一九六二年に日本共産党に対し、十五万米ドルの資金援助を提供することを適切な決定と認める。

一、セミチャストヌイ同志（KGB議長）は日本共産党への上記援助資金の引き渡しに責任を持つものとする。引き渡しに際して、「左翼労働組織支援国際労組基金」からの援助であることを周知させるよう通達する。

イーレシュ記者が伝えた引き渡しプロセスに従えば、六二年に十五万ドルが、外交官を装った

ＫＧＢ工作員によって外交行嚢などで運ばれ、在京ソ連大使館に届いたと思われる。日本共産党は合法政党なので、党代表者が大使館を訪れるか、ＫＧＢの担当者が代々木の共産党本部を訪れ、日本円に両替した十五万ドル分を渡したとみられる。

筆者は九三年四月、秘密基金に関する文書を入手し、時事通信モスクワ電で、「旧ソ連、日本共産党にも資金　年五万―二十五万ドル、秘密リスト判明」という記事を配信した[227]。また追加のリストを入手した後、「日本共産党に八十五万ドル提供。五一―六三年、ソ連秘密基金の全容判明」という記事を続報として報道した[228]。

これに対し、志位和夫党書記局長は四月十三日、「ソ連共産党秘密資金にかかわる時事通信の報道について」と題する以下のような談話を出し、資金受領を全面否定した[229]。

一、「リスト」によれば、五五年に日本共産党に二十五万ドルが拠出されたことになっているが、仮にそういう資金の流れがあったとしても、それは党として要請したり、受け取ったりしたものでは全くない。五〇年から五五年までの期間、党中央は解体し、党は分裂していた。分裂した一翼が亡命先で「北京機関」なるものをつくり、ソ連、中国はこれを公認して、援助を与えていたが、第七回党大会で統一を回復した日本共産党は、これを正規の「機関」とは認めてこなかった。

一、「リスト」は五九年に五万ドル、六一、六二年に各十五万ドルが拠出されたとしているが、その対象となったのは、それぞれ党に隠れてソ連とひそかに特別の関係を持ち、内通者の役割を果たしていた野坂参三や袴田里見（いずれもわが党から除名）らであり、それがわが党への干渉、破壊の意図と結びついたものである。六三年分の「リスト」に、志賀義雄、神山茂夫という明白な内通者への各二千五百ドルの援助が明記されているのも、それを裏書きするものである。

▽党本部建設に使用か

組織防衛本能の強い日本共産党は、ソ連崩壊後に噴出したソ連資金疑惑に対して、不破委員長や志位書記局長ら幹部を動員して声明や会見、論文などで否定、反論し、それらは党機関紙『赤旗』に掲載された。また、党として独自に調査団をモスクワに派遣し、公文書館で日本共産党関係の資料を入手して持ち帰った。

その結果、野坂がスターリン粛清の吹き荒れた三〇年代後半、同志の山本懸蔵をコミンテルンに密告した書簡も見つかり、百歳を過ぎた野坂は最も重い処分である除名となった。

不破はソ連公文書の調査結果を半年にわたって『赤旗』に連載し、それを『日本共産党にたいする干渉と内通の記録』という上下二冊で出版した。[230] ＣＩＡの資金援助疑惑を調査しなかった自民党、ソ連資金疑惑で調査が中途半端だった日本社会党に比べれば、公党としての責任を示した点で評価できる。

ソ連資金疑惑に対する日本共産党の論評は、秘密資金の流れがあったことは暗に認めながらも、それを受け取っていたのはソ連と内通していた野坂、袴田らソ連追随グループであり、党中央は一切関与していないとの立場を貫いた。

確かに、ソ連資金受領の窓口となっていたのが、野坂と袴田の二人だったことは間違いない。フリージャーナリストの加藤昭はモスクワの公文書館で発見した日本共産党側の資金要請メモや領収書四通を入手し、その詳細を『週刊文春』で報じた。[231] 日本文または英文の手書きで記された四通の文書には、「野坂参三」、「袴田里見」の署名がある。[232]

---

① 野坂資金要請メモ

親愛な同志　一九六二年の御援助として、一五〇〇〇〇—二〇〇〇〇〇ドルを供与されることをお願いします。これは党の一般活動、来年の参議院選挙、党学校建設、党本部建設に使用するためです。同志的挨拶をもって　野坂参三

一九六一年　XI　一

---

② 袴田領収書

ジヴォトフスキー同志から二五〇〇〇〇〇〇円を渡してもらいました。残りは別な時に受け取りたいと思います。

14／VII１９６２　袴田里見

③　袴田領収書
ジヴォトフスキー同志から、９９６、０１２円を受け取りました。
14／Ⅶ１９６２　袴田里見

④　野坂領収書
２８、７８５、０００　Received S. Nosaka
1962 VIII 16

領収書の写真を見ると、走り書きで、急いで書いたことが見てとれる。秘密資金リストによれば、六二年には日本共産党に十五万ドルが支払われており、野坂が依頼した「一五〇〇〇〇―二〇〇〇〇〇ドル」に従えば、下限の提供となった。当時の米ドル相場では、十五万ドルは約五千四百万円。野坂と袴田が六二年に個別に三回に分けて受領した総額は計約五千四百七十八万円で、要請額とほぼ合致している。野坂が資金要請して、一年のうちに日本円で提供された。

先に紹介した、日本共産党への六二年分、十五万ドルの提供を指示した党中央委議定書（六一年十二月十一日付）は、野坂の資金提供要請（六一年十一月一日付）を承認したものだ。

袴田の領収書が同じ日付で二通あることについて、『週刊文春』はコワレンコに取材し、「袴田はその日二千六百万円相当のカネを受けとることになっていたが、手違いで二千五百万円しか用意できなかった。それで、メモ②に〝残りは別の時に……〟と記したのだが、袴田はジヴォトフスキーに対して露骨に不満を言い募り、激しく非難したため、急遽KGBの特別ファンドから百万円相当の米ドルを引き出してその場をしのいだのがコトの真相だ」との発言を引き出している。

コワレンコはジヴォトフスキーについて、「表むきの肩書きは参事官だが、本当はKGB第一総局日本課所属の諜報員で資金の引き渡しなど、援助の窓口として一九六四年まで駐日大使館に勤務した」「日共からの要請をKGB本部に暗号電報で送ったり、カネを様々なルートで日本側に渡したりしていた」としている。[233]

日本共産党はこの時期、東京・代々木の共産党本部新築計画を進めていた。六一年七月の第八回党大会は、地上七階、地下二階、総工費四億円の党本部新築計画を決定し、大会直後から全党員に募金を呼び掛けていた。野坂が使用目的として「党本部建設」を挙げた時は、募金運動の真っ最中だった。野坂メモに出てくる「党学校」とは、六二年に開設された中央党学校とみられる。

日本共産党はこの報道に対し、「党としてソ連に資金を要請した事実はないし、党本部の建設を含め、党の財政にソ連資金が流入した事実はない」、「野坂と袴田がそれぞれ、党に隠れてソ連と密かに特別の関係を持ち、内通者の役割を果たしてきたことは、党のこれまでの調査で既に明らかになっている」と反論した。[234]

▽「闇の司祭」が支援認める

日本共産党は一貫して、ソ連秘密資金が共産党本部に入った事実はなく、野坂、袴田らが着服したと主張しているが、それを裏付ける具体的証拠は示していない。野坂、袴田が資金受け入れの窓口だったのは間違いないにしても、党内序列ナンバー2とナンバー3が、「選挙運動資金」「党本部建設資金」を着服するのも不自然だ。着服したとしたら、ソ連公文書が公開されるまでなぜそのことに気付かなかったのか。

日本共産党は五五年に統一を回復した後、宮本、野坂コンビによる指導体制となり、①宮本書記局長、②野坂議長、③袴田書記―という序列が長年続いた。袴田は七七年に「転落者」として除名されるが、戦前から宮本の腹心であり、その活動を宮本が知らなかったとは思えない。二人がソ連資金を自らの目的に使用した証拠はなく、党内特有の相互監視体制がそれを許さなかっただろう。

また、秘密基金の援助リストは、「ジンバブエ・アフリカ民族同盟のロデジャ同志」、「ポルトガルのデルガド将軍」などと党名と個人名を区別しており、党に対する支援は「イタリア共産党」「日本共産党」などと明記している。「所感派」と「国際派」の分裂時代はともかく、五六年以降については秘密資金が日本共産党本部に流れた疑いは払拭できない。

戦後の日ソ関係を統括したコワレンコは、日本共産党への支援の実態を知り得る立場にある。

イワン・コワレンコ

コワレンコは回想録で日本共産党への資金援助をこう書いた。[235]

「日本共産党への援助は、今日までに分かっているところでは、一九四五年から一九六四年まで毎年約五〇万米ドルであった。（中略）野坂がソ連共産党中央委員会へ書いてきたところによると、これらの資金の用途は『中央委員会の新しい建物、『アカハタ』その他の日本共産党出版物を発行するための印刷所、最高党学校の建設費、当面の党の経費』であった。援助資金の一部は、党公文書館の名目で、党幹部の自宅（名目的所有権は党）の建設費に充てられた。

もっとよく調査しなければならないが、国交回復までは、連合国対日理事会付のソビエト軍代表部のルートを通じて援助金のかなりの部分が日本共産党に渡されていたという非文献データがある。（中略）日ソ関係が正常化され、相互に大使館が置かれてからは、日本共産党のためのソ連共産党の資金は在日ＫＧＢ代表部を通じて渡されていた。

もちろん、われわれは、一つの党が他の兄弟党を助けていることを犯罪的な行為だとは考えない。ただわれわれソ連の共産党員を憤慨させるのは、この事実を認めようとしない厚かましさである。もちろん、宮本—不破は、日本共産党の創立がかなりの程度ソ連共産党の資金援助に頼っていたことを認めることはできまい。認めれば、『自主』も『独立』もなくなってしまう。援助金は野坂と袴田が着服したなどという作り話にだまされる者もいまい」

コワレンコの回想録は、自己弁護や一定の脚色があるとみられ、「秘密をすべて白日の下にさらけ出すことはしない」と断っている。それでも、資金援助を全面否定する日本共産党への怒りは隠せない。「毎年約五〇万ドル」というくだりは、秘密基金リストの記載額よりも多く、間違っている可能性が強い。援助期間を「一九四五年から一九六四年まで」とし、国際労組基金が発足する以前から日本共産党への援助が行われていたことを指摘している。「連合国対日理事会付のソビエト軍代表部のルート」とは、丸の内の三菱ビルに置かれていたソ連代表部からの提供だろう。このルートは、後に紹介するGHQの監視記録にも出てくる。

これに対し、不破はソ連秘密資金問題に関する『赤旗』の連載で、「コワレンコは日本共産党に対するソ連覇権主義の干渉工作の組織者であり、内通者たちとも長期にわたって特別の関係をもち、しかもその陰謀のためにはどんな虚構をも平気でふりまいてきた札付きの人物」であると非難し、「証言能力など全くない」と退けている。[236]

六〇年代後半以降の日ソ両共産党の関係は次第に冷却化し、日本共産党はチェコ事件やソ連軍アフガン侵攻などでソ連を厳しく非難した。『イズベスチヤ』のイーレシュ記者も「大体がモスクワと日本共産党の関係はかなりぎこちないものだった。日本の同志たちの不必要にラジカルな政策は政治局員たちには不快だったし、『北方領土問題』における日共の立場はソ連に真っ向から対立していた。ソ連共産党は日共を、婉曲にいっても、信用していなかったから、党全体に対してというよりは、モスクワの指導者が忠誠を固く確認している個々の左翼運動代表者に対して資金援助をすることにしていた」と書いた[237]。

この場合の「個々の左翼運動代表者」とは、原水禁運動でソ連を支持し、日本共産党を除名された分派グループの志賀義雄や神山茂夫らで、労組基金のリストには、「日本共産党の志賀同志」などと別枠で宛先が書かれている。ビノグラードフ駐日ソ連大使が六四年三月に党中央委に送った報告は、「志賀と大使館で会談した。志賀は彼が非常に苦しい物質的状況にあることを強調し、昨年末までに彼に提供されたような援助を与えるようソ連共産党中央委に伝えてほしいと頼んだ」と伝えた[238]。

六三年の志賀への支援額は二千五百ドルだったが、イーレシュの調査では、七一年以降は五万ドルに増えた。七三年に志賀は健康状態悪化を理由に治療費を要求し、五万ドルを獲得した。しかし、志賀らへの散発的な援助は七四年を最後に打ち切られた[239]。党を除名された志賀や神山への資金援助は、かつての親ソ的活動に対する「年金」の意味合いがあったようだ。

▽袴田里見の暗躍

野坂と袴田がソ連側と頻繁に会い、資金受領の窓口になっていたのは、二人とも戦前の一時期、モスクワで活動し、ソ連への親近感が強く、パイプがあったためとみられる。党が自主独立路線を打ち出す前の六〇年代前半、ソ連公文書に再三登場するのが党内序列三位の袴田里見であり、ソ連工作員とみられる人物と都内でしばしば密談している。たとえば、『イズベスチヤ』紙東京特派員のペトロフは六二年三月、以下のような極秘の公電を党中央委に送った。

日本共産党幹部会員袴田里見同志との会談記録（一九六二年三月二日、文書番号 M/B145）[240]

六二年三月一日夜、袴田同志が夫人とともに来訪し、三時間話し合った。内密な話題もあり、何度も「ここだけの話」と断りを入れながら、袴田は日本共産党と友党間の関係に関する問題を取り上げた。

袴田は、自分をはじめ日本の同志全員がソ連と中国の共産党間の対立に動揺していると述べた。私（ペトロフ）は「平和共存、軍縮、個人崇拝批判についてのソ連の立場は全く正しく、理由のあるものだ」と説明した。これに対し、袴田は「その通りであるが、中国の同志も自国で革命に成功したのだから、独自の豊富な革命闘争の経験を有しており、それを生かそうとしている」と述べた。袴田は、中ソ・イデオロギー論争は両国共産党の指導部間の喧嘩が形になって現れたもので、「何とか早急に両者で折り合いを付けてくれないものかと思っている」と語った。

東京に建設する日本共産党本部の建物の設計のため、ソ連の技術者を派遣する件で、袴田は「ソ連人技術者を招請する話は党中央委で出たが、正式要請まではいかなかった。ソ連人技術者の援助は必要ないかもしれない」と述べた。

ナウカ書店の社屋建設への支援問題で、袴田は「ソ連の融資が千九百万円でなく、千二百万円であることは承知しているが、これは五千万円という必要額に対して少ないうえに、野坂と宮本も賛成したこの要請に対し、モスクワがまたしても日本共産党中央委幹部会の正式決定の形で確認することを要求してきたことは理解できない」と不満を述べた。

それに対し、私は「袴田同志が党内で大きな役割を占めていることは皆よく承知しているが、なにぶん金額の張る話なので、形式を整える意味でも、そのような要請には日本共産党議長ないし書記長の署名が必要である」と答えた。

さらに私は、「この問題に野坂と宮本が賛成していて、野坂がモスクワを訪問した時に改めて持ち出しているのに、どうして正式決定を出すことができないのか」と質問した。「野坂は実にずるい男であって……」というのが袴田の答えである。袴田は「この種の問題は、広く知られるのはまずいので、幹部会の審議に上げることは不適当だ」と何度も強調した。

袴田同志はまた、日本共産党の病院に医療機器を提供する問題を早く決定してほしいと要請した。さらに、「以前と違い、最近は選挙運動資金の到着が非常に遅れるようになった」と不満を漏らした。会話の最後に袴田は、私を自宅に招きたい、二日ばかり一緒に箱根に旅行しないかと誘った。

イズベスチヤ紙東京特派員　D・ペトロフ

ロシアの公文書館には、袴田とペトロフ記者やフェドレンコ駐日大使との会話記録がいくつか残されている。ペトロフは、特派員という肩書は隠れ蓑で、実態はソ連共産党国際部のスタッフとみられる。

古参幹部の袴田里見は一九〇四年に青森県で生まれた。中学中退後、工場労働者として働きながら労働運動に傾倒し、二〇年代にモスクワの東方勤労者共産大学（クートベ）で学び、ソ連共産党にも入党。三五年に治安維持法違反で検挙され、終戦まで十年間獄中生活にあったが、転向を拒否した。戦後の党再建に参加し、五〇年のコミンフォルムによる日共批判では宮本とともに「国際派」に属した。官憲の拷問に耐えた闘士とされ、党内では、資金調達などダーティーワークを担当し、〝汚れ役〟を自認していた。党副委員長を務めていたが、七七年、宮本路線を批判し、戦前のスパイ査問事件で宮本を攻撃したため、「転落者」として除名された。暴露本『昨日の同志宮本顕治へ』（新潮社）が話題になった。

袴田里見

党代表として何度もソ連を訪れ、ソ連と因縁が深かった。実弟の袴田陸奥男はソ連に亡命した日本共産党員で、ハバロフスクでシベリア抑留者の洗脳教育を担当し、「シベリア天皇」と呼ばれた。

▽ナウカ書店融資の疑惑

ペトロフの報告には、日ソ両共産党関係の闇の部分が少なくない。

第一に、ナウカ書店の社屋建設への融資問題をめぐるやりとりは疑惑を呼ぶ部分だ。ナウカ書店は東京・神田にあるロシア語図書の専門店で、当時は日本共産党系列だった（二〇〇六年に倒産した後、現在はナウカ・ジャパンとして再開）。ソ連は同党の要請に基づき、一九六〇―六二年にナウカ書店へ総額十四万ルーブル（約四千五百万円）の無利子による特別融資を行っていたことが、別のソ連公文書で判明する。

シェブリャーギン党国際部副部長の報告（一九六二年二月十九日、文書番号 06912）[241]

日本共産党の袴田同志は書簡で、ナウカ書店の社屋建設について、地価が高いため、これだけの借款では新店舗と事務所の建物を建設するには不十分だとして、新たに十二年返済で無利子による五千万円の追加融資を求めてきた。

ボリソフ外国貿易省次官の党中央委宛て報告（一九六二年八月七日、文書番号 23114）[242]

日本共産党中央委書記の袴田同志が党中央委を代表して、ナウカ書店の販売店舗、倉庫、事務所の用地買収と建設のための融資を要請してきた。全ソ図書輸出入公団「国際図書」は六〇年秋、ナウカ書店に対し、三万三千七百五十外貨ルーブル等のクレジットを供与した。

ナウカ書店は日本におけるソ連書籍および定期刊行物の輸入の八〇―九〇％を占め、ソ連書籍の販売に熱心で、東京、大阪、京都、名古屋、札幌に店舗を構えているが、恒常的な財政難に陥っている。日本のブルジョア書店はソ連書籍の販売に難色を示し、ソ連書籍販売は良い成果が得られていない。ナウカへのわれわれの援助なくして、ソ連書籍取引の著しい拡大は望めない。外国貿易省はナウカへの九万千六百外貨ルーブルの追加融資を求めた日本共産党中央委の要請を支持する。

ソ連共産党中央委決議　（一九六二年八月十日、文書番号 CT-35/Гс）[243]

六二―六三年にナウカ書店に対し、倉庫付きソ連書籍販売店の建設のため、九万千六百外貨ルーブルを無利子融資するとの外国貿易省の提案を承認する。全ソ図書輸出入公団「国際図書」がナウカ書店と六五―七五年の融資返済を見込んだ契約に調印するよう指示する。

こうして、ナウカ書店の社屋建設に対して、日本円で総額約四千五百万円の追加無利子融資が機関決定された。

ペトロフの公電では、袴田は「野坂と宮本も賛成した要請」と述べており、ここで宮本の名が出てくる。日本共産党は一連のソ連資金疑惑で、野坂、袴田らソ連内通者の責任とし、「宮本議長は一切知らなかった」と主張したが、党実務を統括する書記長の宮本が、党を介した大型融資を知らなかったとは考えにくい。

ナウカ書店への融資には後日談があり、実はナウカがソ連の融資を全額使ったわけではなかった。六五年八月、日本の左翼系出版社、合同出版の代表として訪ソした「ドイ・スケノブ」なる人物が全ソ図書輸出入公団「国際図書」を訪ね、同公団のストゴフ副総裁と行った会談記録がある。東京都庁職員だったドイは、合同出版の宮原敏夫会長の委任状を持ってモスクワに飛び、レーニン全集とソ連邦共産党史の刊行で交渉にあたった。[244] ドイは五〇年日本共産党に入党、六二年に党を除名された。

八月四日の会談で、国際図書によるナウカへの融資が話題に及ぶと、ドイは「融資はナウカ社に送られ、店舗が建設されたが、建設に使われたのはナウカが受け取った資金の半分だけで、残りの半分はナウカが自分の目的に使った。ナウカは手持ちの古い倉庫を高く売ったため、新店舗建設はナウカにとって安上がりで済んだ」と語った。

八月十日の二度目の会談で、ストゴフ副総裁が「あなたは前回の会談でナウカが融資を自分の目的に使ったと述べたが、その目的が何か明らかにしてほしい」と尋ねると、ドイは「どんな目的かは知らないが、融資の半分が党の金庫に入ったことは知っている」と答えた。

事実なら、ナウカ書店へのソ連の融資額約四千五百万円の半分が日本共産党の懐に入っていたことになる。この文書が報じられた際、日本共産党は、「調査の結果、融資の提供はナウカと国際図書の企業間取引であり、党への資金援助などとする根拠はない」と反論した[245]。ドイ自身がこの時点で党を除名されており、会談でもソ連側にナウカとの取引縮小を求めるくだりがあり、発言は必ずしも信用できない。

▽医療機器、輪転機も要請

袴田・ペトロフ会談報告の第二の疑惑部分は、最後に唐突に出てくる、「以前と違い、最近は選挙運動資金の到着が非常に遅れるようになった」というくだりだ。日本共産党が直接ソ連から選挙資金を受けていたことを意味する。

袴田は六三年にもソ連から資金を受け取っている。『週刊文春』はKGB日本支部が六三年、袴田に資金を渡していたことを示す文書を入手し、報道した[246]。

KGBから党中央委国際部へ　(一九六三年五月十八日付)

東京に駐在するKGBの代表者はKGB日本部の指令に従い、五月に日本共産党中央委幹部会メンバーである袴田と会い、彼に日本円にして千七百九十二万八二八〇円を手渡した。

袴田はこれに対し、KGBの代表者に感謝の言葉を述べるとともに、日本共産党の窮状を訴え、二カ月後に今回と同額の追加資金援助を与えるよう要請した。

KGB議長　B・セミチャストヌイ

ソ連共産党国際部の機密文書には、六二年に日本共産党に十五万ドル（五千四百七十八万円）が提供されたと記されており、この支払いもその一部とみられる。袴田が受領を担当し、「追加資金」を要求している。

第三に、袴田・ペトロフ会談報告に出てくる「東京に建設する日本共産党本部の建物の設計のため、ソ連の技術者を派遣する件」は結局実現しなかった。袴田が別の会談でペトロフに対し、「ソ連側が拒否してきた」と述べ、「モスクワでは、技師の後にカネも要求してくると思ったかもしれない」と不満を表明していた[247]。

第四に、袴田・ペトロフ会談の「日本共産党の病院に医療機器を提供する問題」は、それ以前に決着しており、ソ連公文書にこんな記載がある。

ソ連共産党中央委書記局第一九二回会議議事録（一九六一年八月七日、文書番号未記入）[248]

一、日本共産党中央委員会の病院のために脳波計一台、顕微鏡用細片切断器一台、電気泳動器一台、血管縫合器一台の供給に関する日本共産党中央委の要請を承認する。

一、ソ連保健省に対し、これらの医療機器を六一年末までに日本に送付するよう通達する。

一一、総額五千ルーブル（約百六十万円）はソ連共産党の党財源から支出する。

この時期、日本共産党は機関紙『赤旗』用の輪転機もソ連に要請したが、形式が異なるため、実現しなかった。六一年七月、ソ連共産党中央委は、在京ソ連大使に宛てて、「『赤旗』印刷所に輪転機を提供するよう要請された件で、ソ連専門家が調査した結果、ソ連・東欧で製造されている機種は日本側要請と形式が一致しないことが判明した。この旨、宮本、袴田両同志に伝えてほしい」と通達した。[249] ここでは「宮本同志」が登場し、宮本が党書記局長として輪転機要請の当事者だったことが示唆されている。

▽「赤旗」記者に便宜供与

筆者が入手したソ連公文書で、もう一つ宮本が登場する報告がある。それは、一九六八年、日本でのベトナム支援キャンペーンで集まった物資をソ連船で北ベトナムに輸送した時のことだ。日本共産党はソ連に対し、物資を輸送するためソ連貨物船の使用を求め、これをソ連側が承認した。[250]

ソ連共産党中央委書記局から駐日ソ連大使へ（一九六八年五月十七日、文書番号 51-206 Г）[251]

一、ソ連共産党中央委は、宮本同志の要請に応じ、日本のベトナム支援運動で集まった資金で購入された物資を日本からソ連船でハイフォンに輸送することを承認し、ソ連海運省に委任した。

一、ソ連側がベトナム支援日本委員会から、輸送する物資のリストと重量に関する連絡を受け次第、輸送船を日本に派遣すると日本共産党指導部に伝達すること。

ソ連共産党中央委は別の通達で、大蔵省に対し、輸送経費を開発途上国援助基金から拠出するよう命じた。六八年はベトナム戦争が激化し、日本でも反戦運動が高まった時期で、日本政府は北ベトナムへの船舶航行を制限していた。日ソ両共産党の関係は路線論争で冷却していたが、反米では結束し、共闘に動いた模様だ。

ところで、自主独立路線を強めた日本共産党は六四年以降、ソ連資金援助を断ち切ったとはいえ、完全にソ連と手が切れたわけではなかった。たとえば、次のソ連共産党中央委の文書は、日本共産党の対ソ依存が七〇年代末まで残っていたことを示している。

――『赤旗』モスクワ特派員ミズノ同志の認証の件（一九七八年十月二十日、文書番号未記入）[252]

一、日本共産党機関紙『赤旗』特派員ヒライ同志の帰国に伴い、ミズノ・キヨシ同志をモスクワ特派員として認可するよう求めた日本共産党指導部の要請を承認する。
一、ソ連共産党中央委とソ連赤十字社はミズノ同志に対し、毎月の生活費三百五十ルーブル、子供一人につき月額五十ルーブル、一次支度金三百五十ルーブルを支給するほか、支局の秘書兼通訳費百五十ルーブル、一時的なホテル宿泊代、ロシア語個人授業受講費を負担する。
一、ソ連共産党中央委総務部は、ミズノ同志と家族の東京からモスクワまでの交通費を外貨で支払う。
一、ミズノ同志の郵便・電報・電話料金の支払いは『プラウダ』紙編集部が行う。
一、ミズノ同志と家族の医療、保養サービスはロシア共和国保健省付属第四総局に委任する。

筆者の手元にある文書では、六八年、七二年の特派員交代時にも、ソ連共産党はほぼ同じ内容の便宜供与を決定しており、常態化していたようだ。『赤旗』モスクワ支局の運営は、特派員と家族の航空機運賃負担を含めて、ソ連側の丸抱えだったことが分かる。

党の絡むソ連公文書の公開や報道に対して、ことごとく反論した日本共産党も、少なくとも『赤旗』特派員への便宜供与には何もコメントしなかった。反論のできない決定的証拠ということだろう。ソ連共産党崩壊後は便宜供与もなくなり、約半世紀の歴史を有した『赤旗』モスクワ支局は二〇〇六年、「諸情勢を総合的に判断した」（党広報部）結果、閉鎖された。[253]

日本共産党工作を担当したコワレンコは『週刊文春』で、「宮本をリーダーとした日本共産党は、ソ連離れをはかり、北京一辺倒になりつつあったことは事実です。しかし、私はそれは、子供が駄々をこねるようなものと解釈し、要請のまま援助をつづけてきました。彼らは口で攻撃をしながら、ウラではカネを要求しつづけてきたのです」と話した。[254]「ソ連が最も恐れた自主独立の日本共産党」というスローガンは、荷が重過ぎたようだ。

4. 野坂参三の謎の百年

▽GHQが監視を強化

日本共産党のソ連資金導入では、野坂参三と袴田里見がパイプ役だったが、「日本の共産主義運動史上、最もなぞに包まれた男」（立花隆）[255]と評される野坂については、米国とロシアの公文書館に大量の文書が保管されている。ここでは、野坂を軸に、日本共産党の闇の部分を探ってみた。

米国立公文書館のＧＨＱコーナーで驚くのは、日本共産党に関する膨大な文書の山だ。党機関紙『赤旗』や共産党出版物の英文翻訳から、全国の党組織図や党員リスト、共産党の内部情報、監視記録に至るまで、英文や和文の大量の文書が箱に収納されている。東西冷戦が進行する中、米国が日本の「赤化」「中立化」を恐れ、共産党を徹底マークしたことが分かる。

特に、一九四九年一月総選挙での共産党の躍進は衝撃だったようで、この前後の共産党関係の資料は他の年代より多い。四九年といえば、西欧の総選挙でも共産党が躍進し、日本共産党も野坂の「平和革命論」がブームを呼んでいた。

「日本における共産主義の脅威」と題するＧＨＱ参謀第二部（Ｇ２）作成の二ページの機密文書は、「日本共産党が総選挙で約三百万票を得票。得票率も一〇％に上り、衆院の三十五議席を獲得した。党員数は十五万人で、共産党系労組に加盟する労働者は約三百万人に上る」とし、「最大級の力を発揮した」と躍進ぶりを警戒している。[256]

しかし、翌五〇年にはコミ

米公文書館に残る野坂参三の写真

ンフォルムの指示に沿って暴力革命路線、火炎瓶闘争に転換し、党は五年間分裂した。その後の共産党の総選挙獲得議席は、〇（五二年）、一（五三年）、二（五五年）、一（五八年）、三（六〇年）、五（六三年）と長期にわたって低迷した。田中内閣での七二年総選挙で三十八議席と過去最高議席を獲得したが、暴力路線以降、党勢の立て直しに時間がかかった。共産党にとって、コミンフォルムが指示した暴力路線を受け入れたことは戦略的失敗だった。

ＧＨＱの共産党監視作戦で中心的役割を果たしたのは、Ｇ２に所属する第４４１防諜部隊（ＣＩＣ）だった。ＣＩＣは警官や公安関係者など多数の日本人エージェントを擁し、当時は特にシベリア抑留からの帰還者を調査していたが、共産党本部にもスパイを送り込んでいた。五二年の日本独立で、ＧＨＱが撤収した後、Ｇ２やＣＩＣは、中央情報局（ＣＩＡ）に吸収されて任務を継続しており、大量の内部報告が保管されている。

たとえば、ＣＩＣが五七年十一月に作成した内部報告「エージェント・リポート」は、共産党の内部通報者からの次のような情報を伝えている。

「ＳＣ－０００４」からの通報（文書番号 SR380-320-1010）[257]

一九五七年十一月一日、野坂参三第一書記と宮本顕治中央委員はプライベートな会談を行い、党議長と党書記局長の選出問題を話し合った。両者は、新しい中央委員会に選出をゆだねるのは予測不能で危険だという認識で一致。中央委の開催前、事前に議長と書記局長の人選を済ませることで合意した。両者は、新執行部人事を十二月中旬にソ連に報告することを約束しているため、選抜委員会の作業を急ぐことで一致した。宮本は野坂が議長になるべきだと勧め、野坂は宮本が議長ポストを占めるよう提案した。しかし、両者は互いに儀礼的に行動するのは実践的ではないとし、志賀義雄中央委員がソ連訪問から戻った後、中央委幹部会を開いて人事を決めることで一致した。

野坂は席上、もし自分が議長になるなら、宮本の承認を得た上で、西沢隆二か春日正一を書記局長に起用したいとの希望を述べた。宮本は、自分が議長になるなら、野坂が反対しないとの条件で、書記局長には紺野与次郎か袴田里見を起用したいと表明した。両者はソ連のジューコフ元帥の粛清についても話し合った。

▽中国から二千二百万円

共産党は翌五八年七月の党大会で「野坂議長、宮本書記局長」という人事を決め、野坂・宮本体制は野坂が名誉議長に退く八二年までほぼ四半世紀続いた。それに先立ち、両者の間でこのような会話が交わされていたことは興味深い。五七年時点では両者の力関係は均衡していたようで、人事をめぐって牽制し合う様子がうかがえる。この時点では、袴田は宮本の盟友だったことが分かる。「ソ連に報告することを約束」したことは、ソ連を特別視していることを意味する。それにしても、共産党本部奥の院の微妙な会話まで米側が察知していたことは、米国のスパイが共産党中枢に潜入していたことを意味し、ＣＩＡの浸透ぶりに驚かされる。
米当局は、日本共産党の財務状況、とりわけ外国からの資金援助に目を光らせていた。ＣＩＡが六四年三月二十日付で作成した全文九十四ページの共産党に関する報告書は「外国からの援助」の項でこう伝えている。

「日本共産党一九五五―六三」（一九六四年三月二十日、文書番号 1119/64）[258]

日本共産党の財政に関する情報は錯綜している。中ソからの支援は年間ゼロのこともあれば、四十万ドルに上ることもある。安保闘争のあった六〇年のような重要な年には通常より多く受領した。六一年の党の総収入は百三十五万ドルと推定される。五七年には中国から二十万ドルが提供され、融資の可能性もある。資金は香港を経由し、さまざまな偽装工作を施して届いた。中国が「進歩的日本企業」から商品を仕入れるというビジネスを名目に、この団体に中国側から資金が渡る仕組みが作られており、リベートが党の金庫番である袴田に渡される。

外国からの資金援助が年間三十万―四十万ドルとすれば、総予算の約四分の一を外国から調達していることになる。外国援助の半分は中国からで、ソ連の資金援助は総予算の一〇―一五％程度とみられる。党はしばしば財政危機に直面するが、十分自給自足できる。ソ連が財政援助で懲罰的に対応すれば、中国寄りに向かうので、ソ連はそれを避けたいだろう。

「情報が錯綜」とことわっており、正確ではなさそうだが、CIAは中国共産党からの香港ルートによる資金援助を警戒していた。さすがのCIAも、コミンフォルムの国際労組基金方式が機能していることは把握していなかった。

日本共産党に潜入したCICのエージェントは五七年二月、こんな情報も伝えた。

「IV602」の通報（一九五七年二月五日、文書番号 SEC-3110）[259]

日本共産党の野坂第一書記と春日正一統制委員会委員長の会話を耳にした。内容の中心部分は次の通り。

野坂 中国共産党から日本円で二千二百万円を二月二十七日付で香港の繊維会社の名義に送金する手はずが整ったとの通知を受けた。日本共産党大会の開催経費に使用するのが目的だ。だれかを派遣するよう求めてきている。この資金は党財務部を通さないようにしたい。

春日 銀行からオオタニを派遣できる。そうすれば、誰にも知られなくて済む。

この報告は、日系二世とみられるベン・スエチカCIC特別スタッフがエージェントの情報を基に作成した。伝聞に基づく間接情報ながら、中国共産党から偽装して日本共産党に資金援助が行われていた疑惑を指摘している。先のCIA報告では、「五七年には中国から二十万ドル（約七千二百万円）が提供された」としているが、「二千二百万円」はその一部だろう。

情報が事実なら、この資金は、コミンフォルムを通じた国際労組基金の援助の一環とみられる。ソ連が運営を指揮した同基金には中国も出資しており、日本共産党向け支払いの一部を中国共産党に担当させた可能性がある。

野坂は五七年の宮本との会話で、「自分が議長になるなら、西沢か春日を書記局長に」と発言しており、春日を腹心とみなしているようだ。野坂は「党大会の開催経費に使用する」としながら、「この資金は党財務部を通さないようにしたい」と不審な発言をしている。オオタニという銀行マンに受領させた後、党の予算に入れなかった可能性もある。その場合、「秘密資金は野坂、袴田の内通者が受領した」とする日本共産党の主張を裏付ける状況証拠となるが、詳細は不明だ。日本共産党の資金疑惑には、解明されていない謎が残されている。

▽延安で米軍に協力

米ソの公文書からは、野坂が一時期、米ソ両国とそれぞれ「内通」していた疑いが残る。特に終戦前後の野坂の行動は奇怪で、米中ソを手玉に取るような動きを見せた。日本共産党は野坂の存在を抹消しようとするが、「野坂という人物は、戦後東北アジア史を考える手がかり」（和田春樹・東大名誉教授）[260]となり得る。野坂は終戦前後の変転する東アジアで狂言回しのような役回りをみせるが、彼の足跡は米ソ冷戦、中国内戦、朝鮮戦争と、悲劇とも重なっている。

一八九二年山口県生まれの野坂は慶應義塾大学卒業後、労働運動に参加し、一九二二年の日本共産党創設に加わった。二八年、共産党員が大量摘発された三・一五事件で検挙されたが、「目の病気」を理由に釈放され、三一年、妻の野坂龍とともにソ連に密入国した。モスクワの外国人向け政治学校、東方勤労者共産大学で訓練を受け、コミンテルンの活動家となった。米国にも二度入国し、西海岸で米国共産党の活動に協力する。この間、コミンテルンの同志だった山本懸蔵について「日本官憲のスパイの疑いがある」と根拠のない密告書簡をコミンテルンのディミトロフ書記長に送り、山本はスターリン粛清さ中の三九年に処刑された。[261]

終戦後、十四年の亡命生活を経て四六年に凱旋帰国し、「愛される共産党」という柔軟路線を指揮したが、五〇年にコミンフォルムから批判を受けると地下に潜り、北京に移動した。五五年に帰国して共産党再統一に加わり、党議長として五六年から参院議員（東京都選挙区）を四期務めた。八二年に引退するまで、宮本に次ぐナンバー2として党の顔だった。

野坂が米国の公文書に登場するのは、大戦中の四四年ごろからだ。野坂は延安で中国共産党の捕虜になった日本人に再教育を行い、「日本人民反戦同盟」を組織した。延安時代、毛沢東、周恩来、康生、江青ら中国の革命指導者と交流があったことは、大森実とのインタビューなどで公表している。[262]この間、対日戦争を戦う米国は中国共産党との提携関係を築くため、延安に国務省やCIAの前身である戦略事務局（OSS）の代表団を派遣し、野坂とも接触した。
この時の接触記録が国立公文書館に残っており、OSSの文書は、野坂の人柄や知性を高く評価している。

情報レポート　（一九四四年七月七日、文書番号 W-756）[263]

野坂の日本国民向けアピールは、共産主義を標榜せず、ファシスト軍事政権打倒のための人民戦線樹立を狙っている。彼の構想は、人民戦線を組織したユーゴスラビアのチトー将軍に似ている。野坂の組織を支援、奨励することで、日本の戦後体制で重要な役割を担わせることも可能だ。

情報レポート　（一九四五年三月三日、文書番号 XL-7670）[264]

野坂はすぐれた思想家であり、指導力を持つ。正規の高等教育を受け、国際経験も豊富だ。彼と過ごした米国の工作員は「柔軟な思考とユーモアのセンスを持つ。思慮に富み、建設的」と評価した。

情報レポート　（一九四六年二月六日、文書番号 D4-252）[265]

野坂は上海の地下ネットワークを通じて入手した日本の国内情報や日本のラジオ放送の分

析を米情報機関に進んで提供した。

野坂がＯＳＳに対して、ラジオ放送局の設置や情報員の日本派遣に進んで協力すると申し出たことも記されている[266]。延安を訪れた米陸軍オブザーバー使節団の一員、コージ・アリヨシ軍曹は四五年一月、野坂の短い評伝を作成し、戦後日本の民主連合政府で野坂が果たすべき重要な役割を力説した[267]。米側は一時、野坂を「日本のチトー」として敗戦後の日本改造で指導的役割を果たすことを期待していた。戦時下の米国は、日本軍国主義を打倒するため、共産主義者まで利用したことが分かる。

▽秘密のモスクワ入り

野坂は終戦後、延安から米軍の特別機で北京郊外に到着し、内モンゴル経由で平壌に着き、四六年一月に釜山から福岡に上陸したと公表しているが、前年の十、十一月に側近三人とモスクワを訪れたことは厳重に秘匿した。筆者は野坂の秘密訪ソに関する約二百ページのソ連共産党機密文書を入手した。それを基に、野坂の秘密訪ソを再構成してみよう。

日本の敗戦と混乱をスターリン指導部が革命闘争の好機とみなしたことは間違いない。ソ連にとって、日本進出の足がかりは日本共産党しかなかったが、共産党の主要リーダーは投獄され、党中央も存在しなかった。そこでソ連が注目したのが、コミンテルンの著名な活動家の野坂だった。

野坂をモスクワに招請し、戦後の日本の社会主義化を準備するよう提案したのは、ブルガリア人でコミンテルン書記長を務めたディミトロフと、ソ連共産党で対外関係を一貫して担当したポノマリョフだった。二人はソ連軍対日参戦の翌日、四五年八月十日付でスターリンら最高指導部に報告書を送り、野坂の略歴や活動、思想を紹介し、「毛沢東ら中国共産党指導部は野坂と反戦同盟に高い評価を与えている」「野坂のグループは日本における新体制樹立にあたり、利用価値がある」と述べ、野坂の招請を提案した。[268] スターリン指導部は直ちに賛成した。

野坂は四五年九月、森健、山田一郎、梅田照文の側近三人とともに、ソ連軍情報将校のソスコフ少佐に付き添われ、中国のカルガン（河北省張家口）に到着。長春経由で十月初めにモスクワ入りした。野坂は到着後、人目につかない場所に送られ、外出も禁止されて、当時モスクワにいた妻や側近三人にも会えなかった。秘密会談でソ連側を代表したのは、ソ連軍参謀本部情報総局（GRU）のクズネツォフ大将で、ポノマリョフも同席した。会談は十月から十一月にかけて、クズネツォフの執務室で通訳を介して断続的に行われ、交渉の進行はモロトフ外相が管轄。モロトフから直接指示が出された。交渉内容はマレンコフ、ベリヤというスターリンに最も近い側近に報告され、スターリンも内容を掌握していたと思われる。

会談の主要テーマは日本共産党の新路線、日本民主化、日ソ両共産党関係、野坂自身の日本帰還問題などで、野坂が自らの見解を表明し、ソ連側に助言と支援を仰ぐ形で進行した。野坂は敗戦後の日本で共産党がとるべき政治戦略をソ連共産党に提示したが、その内容は共産主義者とは思えないほど柔軟で、社民路線に近い内容だった。

たとえば、天皇制について野坂は、「天皇は政治、軍事的役割のみならず、神的な威信を備えた宗教的機能を果たしている」、「日本大衆の天皇崇拝はまだ消えていない。日本共産党が天皇制打倒のスローガンを掲げるなら、国民から遊離し、大衆の支持は得られないだろう」などと話した。クズネツォフも「天皇制の問題に関する野坂の見解は賛同し得る」と天皇制存続に同調した。[269]

実は、四六年開廷の極東国際軍事裁判（東京裁判）で最大の焦点となった天皇訴追問題では、中国やオーストラリアは天皇訴追を要求したが、ソ連は昭和天皇訴追に賛成しなかった。スターリンがモロトフに対し、「ソ連は天皇に戦争責任を負わせるという意見に賛成しない。軍国主義勢力を裁くべきだ」と通達した文書がクレムリンの公文書館に保存されているという。[270]この点で米ソの見解が一致し、天皇不起訴が同年十月に決まったが、野坂の見解がソ連の政策決定に一定の影響を与えた可能性もある。

一九九二年にこの時の天皇制発言がＮＨＫによって報道されると、野坂は「天皇にたいする当時の私の配慮は、祖国を遠く、かつ永く離れて孤立した環境にあった事をも反映して、今日の時点からみれば、妥協的に過ぎた嫌いがあります」と自己批判した。[271]

野坂は農地改革問題でも、「土地没収にあたっては、国家と小作農、地主がそれぞれ部分的に犠牲を負い、地主に補償すべきだ」とし、土地の集団化を否定。[272]独占資本解体問題では、「当面は独占資本統制にとどめ、産業国有化の時期ではない」と指摘した。[273]これでは、土地改革や財閥解体を断行したGHQの方がより革命的だ。当面の政治戦略では、「日本共産党は新興の政党と結集し、民主統一戦線を目指すべきだ」と早期革命を否定した。[274]

▽野坂がKGBに情報提供

クズネツォフは野坂の見解について、「天皇制や民主統一戦線構築、民主化プログラムに関する立場は正しい」と基本路線を評価した。野坂個人については「成熟した政治家で、国際問題にも通じている」とする一方、「長く日本を離れて活動しているため、一部の問題には精通していない。農業問題や土地問題の状況を知らないし、組織問題にも強くない」と疑問符を付けた。

野坂は政策面では柔軟だが、狡猾な側面も見せており、日本共産党の再建問題では、「徳田と志賀は長年投獄され、反ファシスト闘争の経験がない。政治問題で左翼冒険主義の立場を貫き、民主勢力を正しく指導できない」と批判し、暗に、共産主義運動の指導は、長年国際共産主義運動に携わった自分以外にいないことを誇示した。

モスクワ会談で野坂が最も重視したのは、ソ連と協力体制を確立し、ソ連側から物質的支援を受けることだった。野坂はクズネツォフに対し、①五万ドルの資金援助、②五十―六十人分の民間服、③モスクワとの通信網確立、④妻の合法的出国、⑤日ソ協会の設立、⑥ソ連の対日宣伝放送強化――など十五項目を要請した。五万ドルの資金援助については「金塊や貴金属の形で、延安の八路軍（後の中国人民解放軍）代表部から受け取りたい」と詳細な受け渡し方法にも言及した。[275]

クズネツォフは「五万ドルの資金援助およびその他の要請を満たすことは可能」と答え、モロトフ外相に支払いを勧告した。

資金援助では、ソ連党中央委国際情報部のコワリョフ部員らと会談した際にも、野坂は「日本共産党への援助として、一万ドルを米ドルか金塊の形でいただければありがたい。援助は日本における反ファシスト闘争のための大衆組織への支援だ」と要請している。[276] 安易にソ連に資金援助を求める体質が、対ソ従属を決定付けてしまう。国際労組基金の資金援助で、野坂が窓口になったのはこの時からの慣習かもしれない。

野坂との会談終了後、ディミトロフはモロトフ宛て書簡で、野坂および日本共産党へのソ連の対応について、①野坂らの帰還に積極的に協力する、②日本語のマルクス・レーニン主義文献を日本に送付する、③日本共産党の再建、活動や出版・宣伝活動に必要な物質的援助を与える、④野坂との関係は内務人民委員部（NKVD＝KGBの前身）ないし軍参謀本部情報総局（GRU）の信頼のおける工作員を通じてのみ維持し、ソ連共産党中央委を通しては行わない——など八項目を提案し、モロトフの了承を得た。[277]

この中で論議を呼ぶのは、「野坂との関係はNKVDないしGRUの工作員を通じてのみ維持する」というくだりだ。文書を入手した不破はこの点について、「野坂の扱いは、最初から、日本に送り込むソ連の内通者として、あるいはソ連側の地下的な工作者としてのそれだったと読んで、まちがいないでしょう」としている。[278]

また、元KGB大佐で、学者に転じたロシア東洋学研究所のアレクセイ・キリチェンコ研究員は、「野坂はソ連情報機関にとって、日本で最も信頼できる情報源の一人だった。KGBの公文書館には、日本の国内情勢や共産主義運動、労働運動に関する野坂の詳細な報告が保存されている。情報提供に対して、野坂はソ連側から評価されただけでなく、かなりの物質的報酬も受けとっていた。野坂とソ連の地下関係は、スターリンが死ぬ五三年まで続いた」と指摘した[279]。

野坂スパイ説は、GRUの情報将校とみられるスリーピン大佐が四九年十月に作成した野坂の個人ファイル（全七ページ）の中にも示されている。日本共産党の指導者になった野坂の経歴、戦後の活動をまとめ、党中央委に提出されたこのファイルは、「野坂は、ソ連共産党中央委に対し、日本共産党の基本綱領や戦術問題で頻繁に助言を求めている。野坂はまた、東京にいるわれわれの要員の一人と関係を維持し、彼を通じて日本の内政、経済状況や占領軍の政策、日本共産党を含む各政党の活動についてわれわれに情報提供している。野坂はしばしば、ソ連の権威を強化するため、ソ連の対日政策への勧告や要望を提出した」と伝えた[280]。

「われわれの要員」とは、GRUの工作員を意味し、「野坂との関係はNKVDないしGRUの工作員を通じてのみ維持する」とした四五年の方針が生きている。野坂が情報機関エージェントとして活動していたとすれば、日本共産党の内部情報はソ連に筒抜けだったことになる。

◀野坂が日本語で書いてソ連共産党に提出した戦後日本の民主化綱領。

Программа создания фронта в Японии.

ЦПА ОМИИ ЦК ВКП(б) 96

№ 4886 5.XI-45

ПОДЛЕЖИТ ВОЗВРАТУ

民主的戰線を組織するために共産党が提出すべき共同綱領は、次の如きものである。

イ、満洲事変以来日本の行つた戰争が軍部と大財閥の他國侵略の不正な戰争であると云ふ事実の承認と聲明。

ロ、軍部の共犯者たる現政府の即時辞職、反軍部的民主的諸政党による联合政府の組織。

ハ、ポツダム宣言の嚴格な実行。

ニ、戰争犯罪者の徹底的摘發と嚴罰、彼等の財産の没收。一切の反民主々義團体の解散。反動軍人、反動團体の指導者、戰争と軍部の積極的支持者を政治的、経済的、社會的重要な地位より駆逐、殊に、彼等の勢力を政府の機関より一掃、彼等が再び斯かる地位に就くことを禁止。

▽書簡で対米協力約束

ソ連との秘密会議を終えた野坂らは一九四五年十二月初め、モスクワから空路ソ連機で奉天（現在の瀋陽）に送られ、奉天から十二月十三日に平壌に着き、半月間滞在した。

この間、後にソ連極東軍総司令官になるマリノフスキー将軍が日本、中国、朝鮮の共産主義者を集め、ソ連軍が進駐した中国東北部で会議を開き、野坂も参加した——とG2の防諜組織、CICの機密報告が伝えている。[281]

「コミンフォルムと朝鮮労働党」と題した四八年の報告は、「エージェントによる内部情報」を基に作成された。この会議には二百五十人が出席し、二週間続いたという。報告は、ソ連は四七年十一月にも、ハルビンで日本、中国、朝鮮の共産党幹部による連絡会議を開いたとしている。

二つの会議の開催は確認されていないが、一連の動きが事実なら、大戦後、力の空白となった東アジアでソ連が一時、統一戦線的な革命運動を仕掛けようとしたことになる。

報告によれば、ソ連はアジアの社会主義革命を進めるため、四七年に誕生したコミンフォルムのアジア版「東方コミンフォルム」をハルビンに設立することを提案し、中国共産党に戦術的指揮を求めた。しかし、最近の研究によれば、スターリンの「中ソ分業案」に対して、中国側は負担が大きいとして、消極的だったという。[282]

一方、モスクワから奉天経由で平壌に到着した野坂は、朝鮮半島南部駐留米軍のホッジ司令官に「オカノ・ススム」というコミンテルン時代からのペンネームで英文の書簡を送り、「対米協力」を誓い、安全帰国を取り計らうよう求めた。この書簡が米公文書館に保管されている。

親愛なるJ・R・ホッジ将軍　（一九四五年十二月二十七日、文書番号 TFOBI 88）[283]

拙い英文で失礼する。私は日本の政治亡命者で、北支で「日本人民解放連盟」を組織し、日本軍国主義反対と民主化のために闘ってきた。元日本共産党中央委員で、「日本工農学校」も編成した。延安を訪れた外国人記者団は私の活動について報じている。四四年七月、延安に米軍オブザーバー拠点が設置された後、私は日本帝国への米国の心理戦に協力し、日本軍や日本の国内情勢に関する情報や資料を提供した。米軍拠点の全メンバーはたぶん私のことを知っており、とりわけ昨年、延安に駐在したジョン・エマーソン米大使館二等書記官とは緊密に連携した。同時に私は、日本への心理戦を担当した米軍スタッフにも協力した。その証拠として、エマーソン氏の名刺や自分の略歴を添付する。

私と、「日本人民解放連盟」のメンバーである森、梅田、山田の三名は今年九月初め、米当局によって米国機で他の乗客とともにカルガンに到着し、そこからモンゴル（内モンゴル自治区）を経由して十二月十三日平壌に到着した。平壌で得た情報では、朝鮮半島南部を日本人が通行するのは、反日活動が激化しているため極めて危険で、朝鮮と日本間には海上輸送が機能していないという。このため、われわれが平壌から安全に帰国するには、平壌から三八度線を通過し、釜山を経て日本に到着するまで、米当局の安全への特別な配慮や交通機関の提供なしには不可能な情勢だ。三八度線の一定の地区までは朝鮮の友人の支援で到達できる。それ以降の行程への協力を検討いただけるなら、深く感謝する。

帰国したら、われわれは全力で日本軍国主義の消滅と民主主義の設立、太平洋の恒久平和のためあらゆる努力を行う。これまでやってきたように、日本で共通の利益に向け、米当局に協力するため全力を尽くす覚悟だ。中国には、「日本人民解放連盟」のメンバーが約一千人おり、彼らも朝鮮半島経由で帰国しようとしている。彼らも軍国主義反対、民主化のために戦う闘士であり、彼らの帰国にも支援を賜りたい（しかしわれわれ四人の帰国は急を要しており、彼らの問題は別途対処してほしい）。

私はあなたの回答を、平壌の朝鮮共産党組織委員会の金日成書記のところで待っている。回答は、ソウルの南朝鮮共産党指導者、朴憲永に送ってほしい。彼がそれを、金日成を通して私に送ってくれる。

好意的回答を待ちながら

ススム・オカノ

▽金日成に一宿一飯

この書簡には、第二次大戦終結直後、激変する東アジア現代史の重要な断面がいくつも網羅されている。韓国、朝鮮民主主義人民共和国が誕生するのは四八年だが、ソ連軍が三八度線以北を占領した終戦直後の時点で、朝鮮半島分断は始まっていた。

日本の植民地支配から解放された朝鮮半島では、地下活動をしていた共産主義者が結集し、ソ連の指導で四五年十月、朝鮮労働党の前身、朝鮮共産党が平壌で発足した。北部は金日成、南部は朴憲永が指導していた。

野坂は平壌で、朝鮮北部進駐のソ連軍第二五軍のチスチャコフ司令官に迎えられ、金日成と会った。書簡には、野坂が金日成の下に身を寄せていると書かれている。

抗日パルチザンだった本名・金成柱こと金日成は、四〇年ごろソ連極東に亡命し、ソ連軍大尉となり、ハバロフスクで極東ソ連軍の朝鮮人部隊を指揮。長男の金正日は四一年にハバロフスクで生まれた。大戦後、極東ソ連軍幹部によって北朝鮮の指導者に抜擢され、スターリンもこれを追認した。四五年九月にウラジオストクからソ連軍の艦船で北朝鮮に戻り、同年十月十四日、平壌で開催されたソ連軍歓迎大会で「英雄・金日成将軍」として群衆に紹介された。

野坂がホッジ司令官に書簡を送った二日前に党責任書記として、最高指導者に就任している。野坂が平壌で金日成の庇護下に置かれたことは、進駐ソ連側の配慮だろう。野坂は後に「(平壌では)日本家屋に住んでいました。玄関を入り、障子を開けたら、トックリのセーターを着た青年が出てきた」「(金日成とは)深くは話さなかった」とジャーナリストの大森実に語っている。[284]

野坂が米側への書簡伝達を頼んだ朴憲永は金日成より十二歳年長で、抗日独立運動やモスクワ留学を経て地下活動に従事し、戦後朝鮮共産党を設立した指導者の一人だ。[285] 四八年から北朝鮮で活動し、南北の党が合体した朝鮮労働党のナンバー2になり、金日成首相の下で副首相兼外相を務めた。朝鮮戦争末期の五三年、「米帝国主義のスパイ」として金日成によって粛清されるが、終戦直後は二人の関係は良好だったようだ。

野坂の書簡には、米国の南朝鮮駐留軍が太平洋軍司令部に送ったコメントも添付され、野坂書簡が朴憲永を通じて米軍司令部に届けられたこと、野坂がこの時、金日成の庇護下にあることを明記している。コメントは、野坂がこれまで米当局に協力してきた実績を指摘し、「彼らが南朝鮮に入ったら、接触に全力を尽くす」とし、日本移送にも協力すると伝えた。

終戦直後の大混乱の中、米国にも協力を誓い、便宜供与を求める書簡の文面はまさに、日本官憲、ソ連、中国、米国の「四重スパイ」との噂も出た野坂の八方美人ぶりを示すものだ。書簡は直前のソ連秘密訪問を秘匿し、「モンゴルを経由して……」と偽っている。

野坂が後に語っているところでは、十二月三十一日、金日成らに見送られて平壌を出発し、ジープで南下した。三八度線のところで一泊し、翌日無人地帯を越えて南側へ入った。一行は米側に身柄を確保され、ソウルへ護送されてMP（憲兵）の宿舎へ入れられた。十日近くとどめ置かれたが、北から戻った朴憲永が米軍と折衝して帰国を助けてくれた。釜山を出港し、福岡へ上陸したのは四六年一月十二日だった。[286]

野坂は一月十三日に東京駅に到着し、約一千人の群集が凱旋将軍のように出迎えた。日本を離れ、大戦を挟んで十四年ぶりの帰還となった。東京到着の舞台裏で、米情報機関が動いていたことも分かった。

十五日付のＣＩＣ秘密文書は、「良き情報源を保護する利益のため、警視庁に対して、野坂の到着について警告し、秩序を維持するよう要請した。野坂の東京駅到着を担当するため二人の要員と一人の通訳を配置した」と伝えた。[287] 一部の米情報機関員らは、「民主主義の日本を建設するために野坂が必要、と考えていた」（春名）という。[288] ＧＨＱは、ＶＩＰの帰国による混乱を憂慮して、不測の事態に備えていたようだ。

▽野坂とソ連の内通監視

日本共産党は野坂帰国の四十日前の一九四五年十二月、十九年ぶりの第四回党大会を開き、党を再建し、徳田球一が書記長に就任していた。徳田と野坂は直ちに会談し、今後の路線や活動方針で合意し、野坂が党ナンバー2になることを決めた。徳田は「十分間で意見が一致した」と述べていたが、共産党を除名された評論家の水島毅は著書で、「元幹部の話」として二人の会談で以下のやりとりがあったと書いている。[289]

「徳田さん、いい土産物をもって帰りましたよ。ソ連から毎月莫大な軍資金をうけとる話をとりつけてきました」

「わかった。それは二人だけの話にしておこう。ほかの者には誰にも言うな」

野坂参三帰国歓迎国民大会

二人の話は天皇制の問題などではなく、ソ連からの軍資金の話でもち切りだった。宮本ら脇役には一切知らせず、徳球と野坂はガッチリ握手した。

水島はさらに、「ソ連代表部の窓口は丸の内の三菱21号館のなかにあり、責任者はクズマ・ジェレブイヤンコ中将であった。当時、世界各国の共産党は、ソ連を社会主義の祖国とよび、ソ連から革命資金をうけとるのを当然のことと考えていた。野坂の帰国でソ連共産党との連絡のついた日本共産党は、戦後の党再建に必要とした活動資金の半分以上をソ連からの援助にたよった」と書いている[290]。

四六年一月二十六日には日比谷公園で荒畑寒村、山川均の提唱による「野坂参三歓迎国民大会」が開かれた。

「いよいよ野坂氏がマイクの前に立つ。大会のクライマックスだ。白皙の野坂氏の頬は紅潮し、生来の低声は時に歓呼の波に打ち消される。三台のトラックで演壇を取り巻いた映画社のカメラが野坂氏を一斉射撃する。その中でもの静かに諄々として祖国建設の道、民主主義日本の確立、そのための『民主戦線』の結成を説く野坂氏の演説は三万の大衆に多大の感銘を与えた」と翌日の『朝日新聞』は一面トップで大きく報道した。[291]野坂には、当時のメディアも欺かれた。

野坂は同年二月、政治局員兼書記局員となり、徳田に次ぐナンバー2の地位を確実にした。四月には「愛される共産党」を掲げ、戦後初の総選挙で東京一区から当選した。

一方、野坂を「日本のチトー」として注目していた米当局は、野坂の内偵を通じてソ連当局者との密会を察知し、次第に警戒を強めた。国立公文書館に保管されているCICの野坂監視報告から——。

情報レポート　(一九四六年九月二十六日、文書番号 A-211)[292]

野坂と袴田は週に一度、ソ連代表部のアディルハエフ参事官に情報提供している。通常は、サモイロフらタス通信の記者二人を通して伝えているが、野坂は参事官と直接会っている。袴田はサモイロフと接触するだけだ。タス通信のチームは、マッカーサー司令官の名誉失墜と占領政策の中傷工作を行っている。

情報レポート（一九四七年八月十九日、文書番号 D-5-1412）[293]

野坂の友人が会話の中で、丸の内の三菱ビルでソ連人と会っているのかと尋ねると、野坂は激怒し、「一度も行ったことはない。共産党はソ連の指図を受けない」と叫んだという。

情報レポート（一九四八年十月二十日、文書番号 D-5-2931）[294]

野坂の個人事務所は、東京のソ連代表部のそばにあり、コミンフォルムの極東連絡事務所になっている可能性がある。

情報レポート（一九四八年十月二十一日、文書番号 D3-2122）[295]

長野県知事周辺でささやかれている未確認の噂によれば、野坂は最近北海道での共産党の選挙運動で二百五十万円を使った。資金の出所は、①極東委員会ソ連代表のキスレンコ将軍、②ソ連領からの密輸、③ソ連通商代表団——の可能性がある。

これらの断片情報は、野坂や袴田が焼け跡の東京で、ソ連側と秘密接触を重ねていたことを示

◀米公文書館が所蔵する徳田球一(左)と野坂参三の監視写真。GHQ本部（現・第一生命本社）前にて

SECRET

A-701
NOSAKA, SANZO

JAPAN COMMUNIST PARTY FACTION LEADERS

TOKUDA, KYUICHI
SEC. GEN. OF THE J. C. P.

NOSAKA, SANZO
GEN. COMMITTEE MEMBER,
SUPREME COUNCIL

NOTE: THIS PHOTO TAKEN IN FRONT OF THE DAI ICHI BUILDING, TOKYO, SCAP HEADQUARTERS

SECRET

57

すものだ。
米国立公文書館には、野坂の監視記録や活動記録、公の場での発言など大量の文書が保管されている。GHQは野坂としばしば面会して記録を残しており、帰国直後の四六年二月の会見記録が興味深い。[296]
それによると、野坂はGHQの米軍中将らとの会見で、「日本共産党の老幹部は左翼小児病だ。その戦略は効果的ではない」「国民の意思が天皇制の将来を決める。天皇が退位するなら、息子の明仁は受け入れ可能だ」などと述べ、徳田らを酷評して柔軟路線を強調した。ソ連との関係では、「コミンテルンが解散した後、ソ連からは資金もアドバイスも受けておらず、ソ連指導部と接触もない。解散前から関係は希薄だった」と強調した。
四七年四月の会見記録によれば、G2がソ連との接触の事実をただしたのに対し、野坂は「四三年までソ連と一定の接触があったが、今は資金も政治的助言も一切受けていない」と全面否定した。[297]
野坂は日本国憲法草案の作成を指揮したGHQのリベラル派、チャールズ・ケーディス民政局次長らとも交流があった。ケーディスは後に日本の研究者に対し、「野坂参三さんとは、よく話をしました。彼は私のオフィスにやってきて、党の方針を話してくれましたし、私も彼らがどのような考えや政策を持っているかを知ってたいへんためになりました」「私たちは当時、共産主義を恐れていませんでした」などと語っている。[298]
しかし、GHQの「逆コース」で、ケーディスは四八年に帰国。GHQも内偵を通じ、野坂に欺かれていることを察知し、距離を置くようになった。五〇年のコミンフォルムによる野坂路線批判後、GHQは野坂ら共産党幹部を公職追放にし、両者の関係は完全に終わった。

一方、終戦直後は野坂の穏健路線を支持し、天皇訴追に反対するなど柔軟だったソ連の対日政策は、米ソ冷戦の激化やGHQの「逆コース」を受けて、次第に強硬になっていった。四九年十二月、ハバロフスクで関東軍の生物化学兵器開発やソ連侵攻計画を裁く軍事法廷の審理が『イズベスチヤ』紙で報じられた。下斗米伸夫・法政大教授は「昭和天皇の責任追及という側面を持つこの裁判報道は、ソ連の東アジア戦略の見直しの始まりでもあった」と分析している[299]。

ソ連は五〇年一月、前年十月の中国革命成功や、金日成がスターリンに伝えた北朝鮮の南進計画なども背景に、コミンフォルム機関誌を通じて野坂の平和革命路線を批判、武装革命を要求した。日本共産党と野坂の命運は変調を来すことになる。

▽昭和史最大の謎の人物

同志密告やソ連との内通により、一九九二年に百歳で党除名処分となった野坂の生涯は、謎と疑問に満ちている。「愛される共産党」を標榜して延安から帰国し、ブームを呼んだが、穏健路線がコミンフォルムに批判されると、一転して武力蜂起を呼び掛けた。山本懸蔵、徳田球一、伊藤律らの追い落としを図った陰謀家でもある。ソ連、米国、中国に擦り寄りながら、本心は分からない。野坂自身の内面的な弱さや狡猾さ、二重人格性も背後にありそうだ。

野坂は戦前、日本官憲のエージェントだったという噂もあった。一九二八年の三・一五事件で逮捕された後、獄中の他の同志を尻目に三一年に眼病を理由に保釈され、保釈中に夫人とともにソ連に脱出したが、立花隆は「そもそも眼病での保釈にしろ保釈中の国外脱出にしろ、当時の客観的状況としては普通ではあり得ないことだ。（中略）野坂にはすでに当局とコネクションがあった可能性がある」と分析した。[300]

立花はさらに、「野坂と米情報機関の関係について、うわさはいろいろあったが、資料公開でその事実が裏付けられた。米情報機関が野坂を『アワーマン』（われわれの手先）と呼んでいたという噂を裏付ける。野坂二重スパイ説も出ており、野坂はやはり昭和史最大の謎の人物だ」と論評している。[301] 野坂については、三重、四重スパイ説まであるが、日本共産党広報部は「野坂をソ連内通者として除名したが、米国のスパイ説を裏付ける具体的事実は見出していない」としている。[302]

不破は九三年出版の著書で、ソ連の「策略の最大のものは、戦後ただちに野坂にヒモをつけて、五〇年問題での介入の最大のテコとしたように、日本共産党の指導部のなかに、ふたたびモスクワのヒモのついた人物を配置して、ソ連共産党指導部が希望する線を日本共産党がすすむように、内部から働かせることでした」と書いた。[303]

袴田里見も党除名後の七八年に出した著書で、「野坂ほど怪しげな男はいない。野坂は常に、日本共産党の進むべき道を誤らせてきた不吉な怪物でしかなかった」と糾弾した。[304]

日ソ共産党史に詳しいキリチェンコは、野坂をソ連情報機関のエージェントとしながら、「私自身は野坂を経験豊かで現実感覚に富んだ真のコミュニストとみなしており、党創設者の一人として当時の日共再建に尽力した人物である、その野坂を党が除名処分にしたことはモラルに反し、日共自体の存立基盤を否定することを意味する。歴史の臭い部分を抹殺し、書き直すことはかつてわれわれが犯した過ちだ」と批判した[305]。

一方、歴史家の和田春樹は、野坂が山本懸蔵を密告したとされる書簡について、「野坂書簡は『山本への告発状』というものではなく、『ぎりぎりの山本弁護ともとれないことはない[306]』」と指摘。野坂をソ連スパイ組織のエージェントとする見方についても、「党中央委員会間の公然たる連絡ではなしに、秘密裡に連絡をとるという意味である[307]」とスパイ説を退けた。ソ連による野坂への資金援助に関しても、「日本共産党の必要のために送られた資金」とするソ連側文書を紹介するなど[308]、野坂の活動について柔軟な解釈を加えている。

いずれにせよ、これほど謎や不審な行動の多い野坂を長年最高幹部とあがめ、ソ連機密文書が解禁されるまでは一切問題視しなかった日本共産党の対応も、もう一つの謎だろう。

▽社会主義の「宴のあと」

冷戦終結、ソ連崩壊から三十年近くが経ち、かつて一世を風靡した共産主義運動は、欧州ではすっかり廃れてしまった。社会主義の本家・ロシアのプーチン大統領はソ連邦崩壊二十五周年に当たる二〇一六年一月、与党系の集会でソ連やレーニンに関する質問に答え、「私はかつてソ連共産党員であり、共産党の暴力装置だったKGBで二十年近く働いた。献身的党員ではなかったが、共産主義や社会主義思想がいつも好きだった」としながら、「だが、平等、友愛、幸福を謳い、聖書にも似た共産主義思想の実践は失敗した。ソ連はその理想とは無縁の存在だった」と酷評した。[309]

プーチンはこの中で、レーニン、スターリン時代の粛清や聖職者迫害を非難し、「大量粛清を行い、皇帝を家族や側近もろとも処刑した。十年間で一万人以上の聖職者を殺した」「結局のところ、ソ連は変化や技術革新を受容できず、経済を崩壊させた」と総括した。

KGB出身のプーチンは、ソ連に思い入れがあるとみられがちだが、実際には近年、ロシアの版図を広げたエカテリーナ女帝など歴代皇帝を賞賛しながら、返す刀でクリミアをウクライナ領に変更した旧ソ連指導者を「憲法違反」と糾弾する。強烈なソ連批判は、国民のソ連時代への郷愁を断ち切る狙いもあろう。

もっとも、現在のロシアでソ連時代を懐かしむのは、社会保障を享受した一部の高齢者や社会的弱者だけで、ソ連は失敗国家という認識が支配的だ。ソ連共産党保守派の流れを汲むロシア共産党は、スターリンを賞賛するが、弱者や高齢者を支持基盤とし、社民政党に近い。八九年の東欧革命、九一年のソ連崩壊で、欧州から社会主義国は一掃された。

七〇年代に旋風を巻き起こした西欧の共産党も、分裂や消滅、党名変更を繰り返した。ソ連からの秘密資金受領を率直に認め、謝罪した政党もある。

英国共産党は九一年、ソ連から二十年以上にわたり資金援助を受けていたことを党機関誌で認め、謝罪した[310]。同党の場合、五六年のハンガリー動乱でスポンサーだった富裕党員が去ったため資金繰りが苦しくなり、ソ連共産党の支援申し出を受け入れたという。六〇年代の援助額は、年間十万ポンドに達した。その後、六八年のチェコ事件で党内に自粛ムードが広がり、減額希望を伝え、七九年が最後だったという。英国共産党は今日、党員数一千人に満たない社会団体になった。

ソ連と一線を画す「ユーロコミュニズム」を掲げ、七〇年代に躍進したイタリア共産党も党名変更時に党系列紙で、ソ連などから資金を受け取っていたことを当時の責任者とのインタビューの形で認めた[311]。衰退するフランス共産党関係者もメディアでソ連からの資金援助を認め、謝罪している。

このほか、ソ連資金の大口受領党だった米国共産党、フィンランド共産党は解散し、スウェーデン共産党、スペイン共産党、サンマリノ共産党などは泡沫政党となった。西側先進国で、党員三十万人を擁し、選挙で一〇％近い得票を獲得する共産党が活動するのは日本だけだ。

不破は二〇〇二年の党創立八十周年記念演説で、「ソ連覇権主義にたいする態度」が日欧の共産党の明暗を分けたと分析した[312]。不破はこの中で、「ソ連共産党が崩壊した後、そこからでてきた秘密文書の中にはヨーロッパの諸党が長い間、ソ連から秘密資金の巨額の援助を受けてきたこと（中略）が、明らかに記録されていました。しかし、フランスの党も、イタリアの党も、過去と真剣に立ち向かいこれを誤りとしてただす誠実な態度はとりませんでした。そのことが、それぞれの国の政局の中で、（中略）九〇年代以後の政治的後退の大きな原因の一つとなったことは、疑いないと思います」と指摘した。

不破はさらに、仏伊両共産党の凋落に触れ、六〇年総選挙での日本共産党の得票率が二・九%で、そのころ仏伊共産党はそれぞれ二〇%以上を獲得していたとし、「四十年たったいま、この状況はすっかり変わりました。資本主義国で最大の共産党だったイタリアの共産党は社会民主主義政党への変身を試みて共産党の運動から去りました。（中略）フランス共産党は得票率三%から四%という少数政党に後退しました。これにたいして日本共産党は一進一退はあるが、問題の九〇年代にも選挙で一連の躍進を記録しました。現在、わが党は四十万人を超える党員、二百万近い読者、四十の国会議席と約四千四百の地方議員、こういう党勢を持ち、現在発達した資本主義国で最大の党勢力を持つ党に発展しています」と豪語した。二十年近く前の演説だが、今日も党の基本路線や党勢は変わっていない。

不破の講演は、安易な党名変更や路線修正が墓穴を掘ることを指摘したものだが、「過去と真剣に立ち向かいこれを誤りとしてただす誠実な態度」を取らなかったのはむしろ日本共産党ではなかったか。欧州の各共産党がソ連資金援助を受けた事実を認めたのに対し、日本共産党は「野坂、袴田ら内通者の仕業で、党中央は一切関知していない」との立場を貫いた。野坂らの内通を示すソ連公文書は真実で、資金援助の文書は事実に反するという論理も説得力がない。

都合の良い歴史観を貫き、批判を排除する上意下達の組織防衛力だけでは、二十一世紀は生き延びられないだろう。

第4章　社会党の向ソ一辺倒

1. 社会党の終焉

▽奇怪な自社連立政権

終戦直後の東久邇宮稔彦王首相から安倍晋三首相まで、戦後三十三人が首相を務めたが、このうち日本社会党の首相は片山哲と村山富市の二人がいる。社会党は奇しくも、党の誕生時と終焉時に首相を輩出したことになる。

社会党最後の首相となる村山は一九九四年六月、「自社さきがけ連立政権」の首班に担がれた。羽田孜内閣の総辞職を受けた首班指名投票で、自民は社会党委員長の村山を担ぎ出して勝利し、自社連立政権が誕生した。政策的に水と油だった自社両党の連立で、戦後政治の基本構造だった五五年体制は終焉を迎えた。社会党首班内閣は、片山内閣以来四十六年ぶり。村山政権誕生へ水面下で動いたのは、自民党長老と社会党左派という奇妙な組み合わせだった。政権復帰を切望した自民党主導の野合という批判は免れなかった。

村山は就任直後の国会演説で、「自衛隊は憲法の認めるものと認識する」、「日の丸が国旗、君が代が国歌であるという認識は国民に定着しており、私も尊重したい」、「日本が引き続き安全を確保していくためには、日米安保条約が必要だ」、「冷戦構造が崩壊した今日、非武装中立はその政策的役割を終えた」などと従来の社会党の基本政策を抜本的に改めた。[313]

長年、非武装中立と安保反対を唱え、自衛隊を違憲とし、日の丸に反対してきた社会党にとって、「コペルニクス的転換[314]」となった。村山は「国民の意識を尊重した。政権を担当する者として割り切るべきだ」と説明した。[315]

社会保障問題を得意とした国対族で、憲法や安保・防衛には関与しなかった村山ならではの変身といわれた。もっとも、社会党は八〇年代後半から、路線の「現実化」を図り、細川連立内閣に参加した時点で、既に保守勢力との政策の違いが少なくなっていた。ソ連・東欧社会主義圏の崩壊や冷戦終結を受け、政党の総保守化が進んでいたのだ。

戦後政治で極めて異例の形態となった村山内閣は、清貧な村山の人柄や、再度の野党転落を避けたい自民党の協力姿勢で比較的安定した。水俣病の未認定患者救済、被爆者援護法など過去の政権が積み残した問題に積極的に取り組んだ。年金支給開始年齢を引き上げる年金改革法、小選挙区の区割り法、消費税引き上げ法の成立など、痛みを伴う懸案の処理が進んだのは、自社連立の効果でもあった。

反面、阪神・淡路大震災への対応や、オウム真理教による一連の事件で危機管理能力が問題視された。九五年七月の参院選で社会党が惨敗した後、村山は次第に政権担当意欲を失い、九六年一月に辞任。自民の橋本龍太郎に交代した。

▽凋落続く社会党

保守対革新という戦後政治を支配した対立概念を崩壊させた自社連立政権は、社会党にとって、ある種の自殺行為だった。社会主義陣営の敗北という世界的な政治潮流も、社会党の存在意義を失わせた。

村山辞任直後の党大会で、社会党は党名を社会民主党（社民党）と変更し、「民主リベラル新党」を標榜した。しかし、総選挙を前に分裂が再燃し、約半数の議員が鳩山由紀夫、菅直人の率いる民主党に合流した。社民党は護憲派の土井たか子を党首に擁立して総選挙を闘ったものの惨敗した。もはや、立ち直る力は残されていなかった。

九〇年代以降の社会党・社民党の総選挙での議席（選挙後の無所属公認を除く）は、九〇年二月（百三十六議席）、九三年七月（七十議席）、九六年十月（十五議席）、二〇〇〇年六月（十九議席）、〇三年十一月（六議席）、〇五年九月（七議席）と低迷を続け、一二年以降の三回の総選挙ではいずれも二議席と泡沫政党に転落してしまった。六四年以来党本部として半世紀近く使用し、「三宅坂」と呼ばれた社会文化会館は一三年に取り壊され、永田町から遠い民間ビルの一フロアに移った。こうして、五五年体制の下、自民党の対立軸として光芒を放った日本社会党は歴史的使命を終えた。
村山は回顧録で、首相を辞め「党に戻ってみたら……、党内がね、僕が思っていたような状況とはだいぶ違っていたな」「とにかく僕が日米安保条約を認め自衛隊を合憲と言ったことに対する党内の反発があった。そういう党内の空気を知って『ああ、これはやっぱり僕に対する評価は案外厳しいな。僕が長く党を担っていくのはちょっと無理かな』と思い始めた」と述べた。[316]
村山はさらに、「そもそも政権への執念がないわ。社会党は政権を握ることの妙味というのかなあ、権力を持っているという立場をいかに活用し党の政策を反映し実現させてゆくかというようなことを考えないんだな」と政党活動自体を批判した。[317]
社会党は同時に、過去の清算や総括をしないまま、衰退してしまった。「庶民の味方」を売りに、反自民で国民の期待を集め、自民党が多くの失策を犯しながら、一度として単独政権を樹立できなかったのはなぜか。なぜ重要な問題で路線対立、派閥抗争を繰り返したのか。社会主義を目標に掲げた政党として、社会主義が世界的に敗北したことをどう総括するのか。米ソ冷戦下で、共産圏に接近した「国民外交」に意味があったのか——。こうした疑問への反省や総括はなされなかった。
中でも、社会党は六〇年代以降、ソ連との関係を深めるに伴い、ソ連から貿易操作の形で政治資金を導入していた疑惑が、ソ連邦崩壊後に公表された公文書で暴露された。社会党は全面否定したが、「パンドラの箱」である旧ソ連公文書は、社会党の資金援助要請の事実をリアルに記載している。それが示すのは、慢性的な資金不足に悩んだ社会党が、ソ連からの資金受け入れを恒常的かつ秘密裏に図っていた構図だ。社会党の「『非武装中立』論は東西対立構造の中ではソ連の戦略的利益に奉仕するものだった」（『読売新聞』社説[318]）といわれても仕方がない。

前章で示したソ連の日本共産党工作と同様に、ソ連の社会党工作を知ることで、ソ連が冷戦時代に日本で展開した秘密政治活動の一端が理解できよう。

▽五〇年代に中国が秘密援助

社会党は創設以来、野党外交を重視し、ソ連、中国、北朝鮮など共産圏諸国との交流を深めた。三国に定期的に代表団を派遣し、共同声明を発表したが、国家を牛耳る一党独裁政党と、民主国家の野党の関係はしょせん双務的とはなり得なかった。大抵は、政権党が強い立場に立ち、社会党が迎合を強いられた。

社会党の中ソへの接近は、やがて激しい中ソ対立に遭遇し、難しい対応を強いられた。六〇年代までは中国と反米で連携したが、七〇年代の米中接近で頓挫した。日本人拉致問題を知らずに北朝鮮との友好を深めた。社会党外交は現実感覚に乏しく、成果も少なかった。

社会党外交がまず重視したのは中国だった。一九四九年の中華人民共和国誕生後、国交のない中国と緊密な関係を築き、「社会党にとって日中と安保は車の両輪」（山口房雄元社会党国際局長[319]）とされるように、日中友好と反米は社会党外交の基軸だった。五九年三月、第二次訪中団を率いて中国を訪れた浅沼稲次郎委員長は、「米帝国主義は日中両国人民の共同の敵」と発言し、波紋を呼んだ。この発言に日本政府や米大使館が反発したが、その後の社会党代表団の訪中でも共同声明にこのフレーズが盛り込まれた。

中国は五〇年代の対日工作で、友好商社を利用して社会党に利権を与えていたといわれる。社会党に詳しい原彬久元東京国際大学教授は「浅沼『日中共同の敵』発言に前後して日本に『友好商社』を設け、これを通じて中国産の漆、食料品等のいわゆる『配慮物資』を流したこと、そしてこの友好商社の一部利益を佐々木派など社会党の派閥・個人に還流していったことは、周知の事実である」と指摘した。[320]

友好商社方式とは、商社の取引を優遇し、利益の一部を政治資金として党や派閥に還流させるやり方で、ソ連からの政治資金導入でもこの方式が採用された。中国はさらに、対日政治工作で、社会党を含む日本の各種団体や個人に直接送金していたことも分かった。

日本外務省が九八年に公開した極秘の外交文書「中共関係雑件」によれば、五二年五月から四年間に、約二億九千五百万円が中国から外国銀行経由で、日本共産党や社会党系の親中派諸団体・個人に送金されていた。警視庁が裏付け捜査で突き止めたという。[321]

資金の宛先には、元総評事務局長の岩井章、安井郁・元原水爆禁止日本協議会（原水協）理事長、柘植秀臣・元法政大学教授らが含まれ、共産党・社会党系の団体や政治家、大学教授が多い。日中友好協会にも千八百四十五万円が振り込まれ、各団体や個人にその後分配された可能性があるという。

この文書について、中国専門家の中嶋嶺雄・元国際教養大学長は、社会党や共産党が主導した

「戦後の日中友好運動や平和運動、労働運動が、中国共産党の資金援助を受け、背後に国際共産主義運動が連動していたことをかなり明白に示す興味深い外交文書」と指摘した。[322] 社会主義革命を成功させたばかりの新生中国は、国際共産主義運動の理想に忠実で、友党支援に積極的だったことが分かる。

▽中国からソ連へ乗り換え

だが、社会党の親中外交は中国の激動に翻弄され、成果を挙げることはできなかった。六〇年代に中ソ対立が拡大し、「共産圏一枚岩」神話が崩壊すると、社会主義国を善とする社会党の従来の単純な外交は通用しなくなった。六六年から十年にわたった中国文化大革命による混乱も人的交流を阻害した。中ソのイデオロギー論争が激化するに伴い、社会党内の親中派と親ソ派の対立が拡大した。

中ソ対立が六九年に国境での限定的な武力衝突に発展したことで、中国は次第にソ連を主敵とみなし、七二年のニクソン大統領訪中を経て、米中関係は劇的に改善した。中国にとって、米国は敵から準同盟国のような存在となり、「米帝国主義は日中両国人民の共同の敵」という社会党と中国共産党の共同声明は論理破綻した。

七二年の日中国交回復でも、社会党はほとんど役割を果たせなかった。事前に周恩来首相らと何度も会談し、田中首相訪中のお膳立てをしたのは、公明党の竹入義勝委員長で、中国は社会党とのパイプを利用しなかった。

日中国交樹立後は、自民党が「日中友好」「パンダ外交」を独占し、社会党と中国の関係は次第に冷ややかになった。鄧小平は改革開放の成功に向け、自民党や財界への浸透を強化し、社会党や労組を軽視した。社会党はその後も代表団を北京へ派遣したが、見るべき成果はなかった。このように、戦後、日中友好路線で先行した社会党外交は、中国自身の劇的な変化により、次第に自己矛盾を起こした。

こうした中で社会党は、対共産圏外交で中国よりソ連を重視するようになった。六〇年代から八〇年代にかけて、社会党は日本共産党と入れ替わるように、旧ソ連共産党と特別な関係を築き、米ソ対立、中ソ対立の中でソ連を選択し、ソ連に傾斜する外交を進めた。分水嶺となったのは、六四年の成田知巳書記長らの第三次訪ソ団からで、「あらゆる分野の交流強化」でソ連側と合意した。それ以降、貿易操作を介した社会党への資金援助が始まった。

六四年は東京五輪の年で、米国の自民党への資金援助が終了した年とされている。米国の自民党支援終了と前後して、ソ連による社会党支援が始まった。社会党とソ連の秘密の関係は、ソ連崩壊直後に解禁となった旧ソ連公文書でその一端を探ることができる。

筆者はロシア政府公文書委員会現代資料保存センターで、ソ連崩壊後に機密指定を解除されたソ連共産党中央委や国際部の対日関係文書約五百点のコピーを入手したが、そのうち日本社会党に絡む文書が二百点以上ある。[323] これらの機密文書から、ソ連と社会党の闇の関係を時系列で追ってみよう。

2. なぜソ連に傾斜したか――一九六〇年代

▽「社会主義への道」を採択

前章で触れたように、ソ連は戦後の対日工作で日本共産党との関係を優先したが、六〇年代に共産党が自主独立路線を進めると、社会党など他の左翼勢力への働き掛けに着手した。冷戦下、ソ連の対日戦略の究極目標は「日米離間」にあり、日米関係緊密化を阻止しようとした。その点で、反安保闘争で社会党が反政府運動の中核となったことに、ソ連も注目した。ソ連と社会党の関係が始まった初期の関係では、たとえば以下の文書がある。

ソ連共産党中央委議定書第155号（一九六〇年六月二八日、文書番号未記入）[324]

ソ連労組が日本の三池炭鉱でストライキを決行中の炭鉱労働者に資金援助を行うことを承認する。援助額は一万ドルとし、ソ連炭鉱労組中央委の名で送付する。一万ドルはソ連共産党の資金から支出するよう大蔵省に通達する。

ソ連共産党中央委議定書第62号（一九六三年三月十一日、文書番号未記入）[325]

日本の松川事件と白鳥事件への援助供与について

1、松川、白鳥両事件の被告支援団体に二千米ドルの資金援助を行うとの全ソ労組中央評議会の提案を承認する。

1、大蔵省に対し、一九六三年の全ソ労組中央評議会予算に上記の金額を補足的に割り当てるよう通達する。

三井炭鉱の労働争議、松川、白鳥両事件は、いずれも戦後の日本を揺るがせた社会事件だ。三井三池争議は六〇年の安保反対闘争と連動して泥沼化し、社会党も労組を全面支援した。国労の労組員らが四九年に東北本線の列車を転覆させたとして逮捕された松川事件は、六三年に被告全員の無罪が確定した。札幌市で五二年、白鳥警部射殺の容疑で日本共産党員が逮捕された白鳥事件は、六三年に主犯の有罪が決まった。思想的背景のあるこれらの事件で、ソ連は炭鉱労働者や弁護団の側に立ち、資金援助を実行した。この時は、社、共の分け隔てなく、草の根運動を支援していた。

これより先、フルシチョフ体制のソ連は、一九五六年の日ソ共同宣言で日本と国交を回復。平和条約締結後の歯舞、色丹二島の引き渡しを約束し、一時対日融和姿勢を見せた。しかし、六〇年の日米安保条約改定に反発し、外国軍隊の撤退を要求して二島引き渡しを反故にする対日覚書を通告した。それと並行して反米の立場から日本の野党や労組を支援する工作を強めたようだ。ソ連は安保改定を自国への挑戦と受け止め、情報工作員や親ソ派の元抑留者らを使って安保闘争拡大工作を図ったといわれる。

ソ連が社会党との関係を強化する直接のきっかけは、革新陣営の牙城だった原水協（原水爆禁止日本協議会）の分裂だった。キューバ危機を経て米ソが六三年、大気圏核実験の禁止で歩み寄った部分的核実験禁止条約に対し、社会党・総評は「いかなる国の核実験にも反対」のスローガンに沿って支持。一方の共産党は中国共産党に配慮し、「社会主義国の核兵器は侵略防止のためのもので容認すべき」と主張した。

これで社共両党の対立が広がり、原水協は六四年、社会党系と共産党系の二組織に分裂した。[326]その後、自主路線を選択した共産党は核兵器全面禁止へと主張を転換したが、一方の社会党は反米、親ソ・親中傾向を強め、ソ連や中国の核戦力には柔軟になる。こうしてソ連は、対日政治工作の拠点を共産党から社会党に乗り換えた。

社会党は五五年に左右社会党が統合した後、当初は自主外交や米中ソ等距離路線を掲げ、現実的な外交路線を選択したものの、五七年の極左・労働者農民党の参画、六〇年の西尾ら右派の離脱、現実派の浅沼委員長暗殺、六二年の右派・江田三郎書記長解任を経て、左傾化を強めていった。労農派マルクス主義集団である左派・社会主義協会が執行部の主導権を握り、外交政策も非武装・中立、反米・反安保、共産圏への接近を重視した。

六四年は社会党が党綱領に当たる「日本における社会主義への道」を採択した年だった。「道」は「ソ連、中国、東欧など社会主義諸国は、世界の平和と社会進歩の運動の大きな砦となっているだけでなく、社会主義の政治的経済体制を建設している点で、われわれにとって極めて貴重な教訓を提供している」と指摘。国内情勢では、「日本資本主義の基本的矛盾は最高度に達しており、社会主義革命の前夜にある」と規定した。[327]

社会主義協会が主導権を握って策定した「道」は、社会党の左旋回を象徴し、社会党が大衆政党から革命政党に変質したことを印象付けた。日本が東京五輪を経ていよいよ高度成長期に入る中、六四年に二度の党大会を経て採択された「道」は、現実に逆行する時代錯誤の文書ながら、社会党はこれを「綱領的文書」として八六年まで温存した。[328]

▽闇の司祭・コワレンコ

ソ連と社会党の交流は、六一年に訪日したソ連のミコヤン副首相が、河上丈太郎委員長に対し、「日本共産党が中国共産党に接近したので、ソ連共産党は社会党との関係を深めたい」と正式に申し入れたことで本格化する。[329] これを受けて、六四年七月、成田知巳書記長を団長とする社会党第三次訪ソ団は、モスクワでフルシチョフ、ミコヤンらと会談し、「反核、平和を中心とする反米闘争などの国際活動」や「貿易、文化交流などあらゆる分野での全面的な協力」を明記した共同声明を発表した。[330] この時の「貿易面の全面協力」が、後の貿易操作によるソ連の秘密資金援助に道を開くことになる。

社会党は翌六五年に結党二十周年を迎え、その記念行事に参加するため、世界初の女性宇宙飛行士、ワレンチナ・テレシコワがソ連から来日した。この時の協議に沿って、六五年に「日ソ親善協会」、六六年にソ連との文化交流などに当たる「対外文化協会」、六七年に「日ソ友好貿易協会」がそれぞれ社会党主導で設立された。

後に委員長になる成田は五〇年代は江田三郎派に近かったが、この時期に党内左派・社会主義協会との関係を強めた。その成田が党書記長時代の六六年十月、ソ連共産党国際部のコワレンコ日本課長に送った書簡の露文訳が公文書館に保管されていた。

ソ連共産党中央委員会　I・コワレンコ殿　一九六六年十月二日　(文書番号 41113)[331]

貴国における社会主義建設のテンポの速さに心から敬意を表する。

中小企業活動家代表団が八月三十日に帰国した後、日本社会党は代表団の報告に基づき、今後の具体的措置について検討した。その結果、近く中央執行委で日ソ経済関係に関する諸問題を検討し、この分野での党の路線を策定する党機関を設立する方針を決定した。むろんわれわれは、反帝国主義と平和、独占反対の原理に立脚し、社会党を支持する中小企業や商社の広範な成果と真の日ソ友好経済関係樹立に向け、行動を起こす所存だ。中執委で具体的な計画を打ち出した後、直ちに貴下に連絡するので、この件への前向きな対応をお願いしたい。

われわれはまた、来年度の日ソ貿易取引についてこれらの企業と交渉を行っている。日本社会党はソ連の対外貿易機関に対し、貴国との貿易に強い希望を持ち、社会党の政治路線を支援する日本企業を推薦している。したがって、これらの企業が来年大阪で開かれるソ連貿易通商博に参加できるよう貴下の特別な配慮を望みたい。

日本社会党書記長　成田知巳

野党第一党の書記長が、ソ連共産党の一課長に宛てて書簡を送るのはやや異例だが、このイワン・コワレンコこそ戦後のソ連の対日政策を一手に統率し、「闇の司祭」といわれた人物だった。前章にも登場するコワレンコは、もともとは内務将校で、終戦後シベリアに抑留された日本軍捕虜の政治教育を担当した。党国際部に移ってからは毎年のように来日し、自民党から共産党まで幅広いパイプを築いた。

コワレンコの属した共産党国際部は、コミンテルン（国際共産党）以来の「革命の輸出」の伝統を引き継いで各国の共産党や革新勢力を指導し、外務省や外国貿易省など対外関係機関に指示を出すなど、一党独裁時代のソ連外交の司令塔だった。

社会党工作を開始した当時のソ連は、一九六四年に発足したブレジネフ体制初期で、前任のフルシチョフ政権のややリベラルな外交政策を修正し、保守色やイデオロギー色を強めていた。党の外交戦略は、「灰色の枢機卿」といわれたイデオローグのスースロフ政治局員、外国友党との関係を担当するポノマリョフ書記らが指導した。社会党の取り込みも、スースロフ―ポノマリョフ―コワレンコと繋がる人脈によって決定されたとみられる。[332]

成田書簡が指摘するように、社会党の傘下に日ソ貿易委員会が設立された。六七年の勝間田執行部の発足後、独立機関として「日ソ友好貿易協会」に再編され、中小のソ連専門商社が参画した。社会党の有力議員が協会の会長や事務局長などの要職を占め、運営を担った。社会党は友好商社による日ソ貿易を党の指導下で推進しようとしたことが分かる。

日ソ友好貿易協会は七四年、「日ソ貿易協会」に改組された。原彬久はこの友好商社方式について、「ソ連が日本の中小商社に格安で物資を流して利潤をあげさせ、その利潤の一部を社会党に還流するいわゆる『貿易操作』である」と指摘した。[333] 五〇年代の日中貿易でみられた「友好商社方式」が、日ソ貿易に適用され始めた。

▽日ソ貿易協会に優遇措置

社会党の要請を受けて、ソ連側も日ソ貿易協会を重視し、便宜供与や優遇措置を打ち出していく。その決定プロセスは、旧ソ連公文書に明示されている。

日本の中小企業との貿易に関するソ連共産党中央委宛て報告

（一九六六年十一月十九日、文書番号 25-C-1351）[334]

一九六五年から六六年にかけて、日本国内では中国のプロパガンダの影響で、ソ連の貿易団体があたかも、日本の大手商社とのみ貿易を行い、中小商社にしかるべき配慮を行っていないとソ連を非難する論調が出た。この非難に根拠はなく、現在日ソ貿易に占める中小商社の比率は四二％に上っている。外国貿易省は商業条件が悪化しない限り、日本の中小商社を通じた貿易を行っていく方針である。

現在の状況では、日本共産党、社会党、総評と関係の深い中小商社との関係を強化、発展させることが妥当と考える。社会党指導部、または場合によっては日本共産党指導部と相談した上で、日本の中小商社の代表をソ連に招待することも可能だ。

ソ連外国貿易相　N・パトリチェフ

日本の中小商社との貿易に関するソ連共産党中央委議定書

（一九六六年十一月二十四日、文書番号 25-C-1328）[335]

一、外国貿易省に対し、その企業が日本社会党と総評を支持しているかどうかに注意を払いながら、日本の中小商社や協同組合との貿易を拡大するよう通達する。

一、外務省、外国貿易省、党国際部に対し、日本の中小商社代表団のソ連招待を検討するよう指示する。

一、外務省、外国貿易省に対し、中小商社と日本社会党、共産党、総評の関係を組織的に調査し、党中央委に報告するよう命じる。

一、ソ連政府ラジオ・テレビ委員会とノーボスチ通信に対し、ソ連の対外貿易政策と中小友好商社との肯定的関係について日本向けに報道するよう求める。

ソ連共産党中央委宛て報告（一九六七年九月十四日、文書番号 25-C-1362）[336]

日本社会党、総評系商社との貿易拡大に関する党中央委決定を履行するため、外国貿易省では社会党、総評を支援する日本の中小商社との実務関係拡大に向けた組織的作業を行っている。

全ソ貿易公団に対して、日本海沿岸貿易を中心に、社会党、総評と関係のある企業に特別の関心を払うよう通達した。在日ソ連大使館、通商代表部によれば、ソ連のパートナーとすべきこれらの中小商社は十三社ある。

ソ連外国貿易相　N・パトリチェフ

社会党は友好商社グループを組織し、民間企業の商取引に関与することで、ソ連からの資金導入を狙った。自民党のように財界の支援を得ることができなかった社会党は、結党以来、党財政の恒常的な赤字に苦しんでいた。社会党は財政窮状をソ連に訴え、なりふり構わず資金援助を要請していたことが、ソ連公文書によって明らかになる。この時点では、ソ連は日本共産党系商社にも配慮していたが、すぐに社会党系優先に傾いていった。

公開されたソ連公文書でみる限り、六七年九月の原茂財務委員長と杉山正三国際局書記のソ連訪問が社会党の貿易関与の第一号である。二人の訪ソに先立ち、山本幸一書記長は六七年十月、ソ連共産党中央委に書簡を送り、原と杉山が「両党間に横たわる諸問題を討議し、今後の両党の友好関係発展について意見交換したい」と伝え、協力を求めた[337]。

社会党左派の衆院議員で、党の財務を担当していた原らとソ連側の協議の内容は、ウリヤノフスキー党国際部副部長が党中央委に送った会談報告で明らかになる。

原社会党財務委員長との会談メモ（一九六七年十月二十五日、文書番号 25-C-1599）[338]

六七年八月の党大会で選出された日本社会党の新執行部（勝間田清一執行部）は、ソ連共産党中央委に対し、社会党への財政援助を要請している。この問題で意見交換を行うため、社会党の原財務委員長と杉山国際局書記がモスクワを訪問した。

◀社会党系中小商社の優遇について記したウリヤノフスキーソ連国際部副部長の書簡の一つ

113

С П Р А В К А

о выполнении постановления ЦК КПСС СТ № I6/2I-гс от 24 ноября I966 года

Как видно из прилагаемой записки МВТ СССР от I4 апреля с.г. (№ I2I73), постановление ЦК КПСС по вопросу о торговле с мелкими и средними фирмами Японии успешно выполняется.

Что же касается вопроса о приглашении в Советский Союз делегации представителей мелких и средних торговых фирм, то как дополнительно сообщило МВТ СССР (т.Азов В.Н.) торгпредство СССР в Японии предприняло шаги в этом направлении, однако пока ни одно объединение мелких и средних торговых фирм не выразило согласие на такую поездку. В августе-сентябре I966 г. в СССР приезжала делегация мелких и средних предпринимателей, связанных с Соцпартией Японии.

Полагали бы возможным вопрос о приглашении в Советский Союз делегации представителей мелких и средних торговых и промышленных компаний Японии с контроля снять.

Зам.зав.Международным отделом ЦК КПСС (Р.Ульяновский)

" 7 " мая I967 года

Б.Н. Пономареву доложено. Он согласен с таким решением вопроса

7/V-67. /В.Шапошников/

5-с/2

2дк К пост. ст-16/21гс

彼らは「ここだけの話だが」と断った上で、「社会党の財政は危機に瀕している。党の抱える負債は八億円に上り、一日当たりの利子だけでも二十七万円で、党予算の年間赤字は四千万円だ。財政状況は、中国派の活動家らが行っている対中貿易が縮小したことも手伝って、一層悪化している」と指摘した。

彼らは社会党執行部が設立する党傘下の新会社と貿易を行う形で、ソ連が社会党に対し、財政援助を行う構想を提起した。この会社の設立資金が三千万円であるとし、そのためにソ連の団体が今年中に二十万立方メートルの木材を日本の商社であるホクユー木材、東洋貿易、堀商店に通常の商業ベースで売却するよう要請した。三社は貿易で得た利益の一部を社会党に寄付するという。

社会党系新会社は通常の商業条件でソ連の貿易団体と取引を行うもので、物質的な特別待遇は要求していない。社会党中執委は、ソ連外国貿易省が輸出入契約を調印するに当たり、この会社を優先して取り扱うよう要望している。新執行部が選出されたことで、社会党内の情勢が好転したこと、また社会党が日本の民主勢力の運動と日ソ関係強化に果たしている役割の重要性を考慮すれば、通常の商業ベースで貿易行為を行うに当たり協力することは可能と考える。

ソ連共産党国際部副部長　ウリヤノフスキー

▽新聞用紙もソ連頼み

ソ連共産党中央委書記局は国際部の勧告を受けて、六日後に社会党の要請を承認。併せて外国貿易省に対し、日本の三商社に通常取引で木材二十万立方メートルを売却する方向で調整するよう指示した。そのことは、「最高機密」と刻印された書記局の議定書に記されている。[339]

六七年時点では、社会党は「通常の商業ベース」で要請しており、価格面の優遇措置を求めていない。ソ連側も通常の商条件での貿易なら構わないとの認識を示した。しかし、これがやがて特別扱いとなり、利益が社会党に還流していくことは後述する。

会談の中で、原委員長らは「中国派の活動家らが行っている対中貿易の縮小が党財政を悪化させた」と述べており、日中友好貿易も社会党の有力財源だったことが分かる。

この時期、日ソ友好貿易協会が社会党に選挙資金を提供していたことを示す文書も残っている。在日ソ連大使館のデニソフ一等書記官が六八年十月四日付でモスクワに送った公電によれば、日ソ友好貿易協会の佐藤拓弥事務局長はソ連大使館で同書記官と会い、「六八年七月の参院選挙で、日ソ友好貿易協会は社会党の本部と支部に二百万円を献金した」と伝えた。[340] 貿易操作による利益が社会党に献金され始めた。

さらに社会党はソ連に対し、各種の便宜供与も求め始めた。新聞用紙の安値供給をソ連共産党に申し入れたことを示す文書も残されている。次に示すのは、ソ連共産党国際部のウリヤノフスキー副部長が六六年八月、中央委に送った文書である。

日本社会党への新聞用紙売却について　（一九六六年八月二十四日付、文書番号42121）[341]

日本社会党の成田書記長は最近、ソ連党中央委に対し、社会党指導部が党内の複雑な情勢と日本における親中分子の活動活発化に対処し、六七年から部数十万部の週刊紙を発行する決定を下したと伝えてきた。この週刊新聞では、ソ連に関する客観情報や日ソ関係の記事を組織的に掲載し、実証的な形で中国指導部の分裂策動や反ソ的本質を暴露することを目論んでいる。

社会党は新聞発行の設備を保有しているが、新聞用紙千六百トンを国際価格の三〇％引きで川上貿易経由で購入することを希望している。ソ連の輸出機関は六五年にもやはり千六百トンの新聞用紙を同じ条件で社会党に売却し、決済は完了した。ノーボスチ通信社や在日ソ連大使館は、「ソ連にとって有益な活動になり得る」として、この措置を支持した。

党国際部および情報部は、日本社会党との交流拡大の必要性に関するソ連共産党政治局の指令に従い、新刊新聞のプロパガンダ的意義を考慮し、上記の要請を支持することが適切と考える。

ソ連共産党国際部副部長　ウリヤノフスキー

党中央委は九月二日、新聞用紙の特別売却を承認し、外国貿易省に対応を指示した[342]。社会党の新刊新聞とは、『社会新報国際版』とみられるが、文書に添付されているセドエフ党情報部員署名の報告は、「前回六五年に社会党に対し、新聞用紙千六百トンを国際価格の三〇％引きで売却した結果、六五―六六年に社会党および社会党系労組の新聞が以前にも増してソ連関係の記事を広く掲載するようになった」と伝えている。社会党はいわば、用紙の安値調達を条件に、親ソ的論調の掲載を約束していたわけで、公党機関紙としての独立性が疑われてしまう。

中央委の文書は、成田が「親中分子の活動活発化に対処」すると報告しており、事実なら、中ソ対立拡大の中で、社会党執行部はソ連寄りの立場を誇示して便宜供与を求めたことになる。

▽漁民釈放からシロクマまで

六〇年代に表面化した中ソ対立は、対共産圏外交を看板に掲げる社会党外交に大打撃だった。社会党外交委員会（和田博雄委員長）は六三年八月、中ソ対立について「統一見解」を出し、①マルクス・レーニン主義の立場から、中ソいずれが正しいか判断できない、②ソ連の平和共存政策を支持し、部分的核実験禁止条約を擁護する、③中国の置かれている国際的立場も好意的に理解する――と表明した[343]。共産圏諸国に好意的であり続け、自らの立場は中立に位置づけるという苦肉の策だった。

しかし、党内では親中派と親ソ派の抗争も水面下で広がった。親ソの社会主義協会派がソ連を擁護すれば、親中の佐々木更三派などは中国を支持した。主流派と佐々木派が六四年六月、わずか一日違いで、ソ連訪問団と中国訪問団をそれぞれ派遣する動きもあった。[344]

ソ連は社会党内親ソ派に各種の便宜を図ったが、中国の毛沢東主席も社会党代表団に対し、「ソ連社会帝国主義」を痛烈に批判し、日本の北方領土返還運動を支持した。この時期の社会党の対中ソ外交は支離滅裂ながら、六七年に中国で文化大革命が始まり、中国の対外交流が縮小すると、社会党は親ソ派・勝間田執行部の下で、ソ連傾斜を強めた。

六〇年代後半からの社会党とソ連の特別な関係は、以下のソ連公文書にも表れている。

日本社会党の要請について（一九六八年二月二十六日、文書番号未記入）[345]

ソ連共産党中央委は日本社会党指導部の要請に基づき、静岡県に建設されるプチャーチン記念館の建設支援として、五百万円を支払うよう海運省に命じる。

◀日本の商社に対し、千六百トンの新聞用紙を三〇％値引きして売却するよう命じる、ソ連中央委員会書記局の指令

Ка

Пролетарии всех стран, соединяйтесь! 78

Коммунистическая Партия Советского Союза. ЦЕНТРАЛЬНЫЙ КОМИТЕТ

СОВЕРШЕННО СЕКРЕТНО

Подлежит возврату в ЦК КПСС (Общий отдел, II сектор) через 7 дней со дня получения.

№ Ст-11/7гс

Выписка из протокола № 11 § 7гс заседания Секретариата ЦК
от 2.IX.1966г.

О продаже фирме "Каваками Боэки" для СПЯ 1600 тонн газетной бумаги

Разрешить Министерству внешней торговли СССР продать фирме "Каваками Боэки" для Социалистической партии Японии за счет экспортных фондов на свободную валюту 1600 тонн экспортной стандартной газетной бумаги со скидкой до 30% от уровня мировых цен и обеспечить ее доставку в Японию.

СЕКРЕТАРЬ ЦК

Послано: т.т.Громыко, Патоличеву, Буркову, Гарбузову, Шевлягину, Пономареву.

7тм

日本社会党中執の要請について（一九六六年四月二十六日、文書番号未記入）[346]

ソ連共産党中央委は日本社会党指導部の要請を受け入れ、ロシア共和国政府が二頭のシロクマを北海道帯広市の動物園に寄贈することを認める。外務省と在日ソ連大使館に対し、日本の新聞、テレビを通じ、無償供与であることを宣伝するよう指示する。

日本社会党の要請について（一九七四年十月九日、文書番号未記入）[347]

ソ連共産党中央委は石橋社会党書記長の要請を受け入れ、ソ連で拘束中の日本人漁民四十人を解放することを決め、KGBに対し、対応措置を取るよう命じる。クスコフ党国際部副部長は「早期送還は選挙を前に、北海道における社会党の権威を高める」と勧告している。

以上の三文書は、日露の文化交流や拿捕漁民釈放など、前向きな内容であり、ソ連が日本でのイメージ向上を図っていたことが分かる。社会党は拿捕漁民の釈放をしばしばソ連に働きかけていたが、「選挙を前に北海道における社会党の権威を高める」というくだりは、七五年四月の北海道知事選を念頭に置いているようだ。保革激突となった知事選でソ連資金が社会党に流れた疑惑も後に明らかになる。

3．貿易操作で資金援助——一九七〇年代

▽情報とカネの交換

一九七〇年代に入ると、社会党の外交は一段とソ連に傾斜し、資金疑惑に関する旧ソ連公文書も増加する。七〇年代初期、東アジアの国際情勢は、米中接近や日中国交正常化、中ソ対立の拡大、ベトナム戦争激化と米軍の撤退などで大きく揺れ動き、アジアで次第に「米中日対ソ連」という新冷戦の対立構造が浮上する。社会党はこの流れに逆らうかのようにソ連接近を強めた。ソ連がチェコスロバキアの自由化運動「プラハの春」を戦車で鎮圧した六八年のチェコ事件は、ソ連型社会主義への失望を高めたが、社会党左派の理論的指導者、向坂逸郎や岩井章総評事務局長らはソ連の行動を公然と擁護した。

六九年十二月の総選挙で議席を失った社会党は、一年かけて党再建論争を展開し、七〇年十一月の党大会で、「反独占国民戦線政府」樹立の立場から、社共中軸路線を唱える成田委員長—石橋書記長という新執行部を誕生させた。社会党、公明党、民社党のいわゆる「社公民路線」による政権樹立を主張した江田三郎ら右派は敗れ、党内親ソ派・左派グループの影響力が増大した。社会党の急激なソ連傾斜は、七〇年の党大会で弾みが付いた。

この頃の社会党のソ連傾斜を示すソ連共産党文書が公文書館に保管されていた。党内親ソ派とされる館林千里国際部長と杉山正三国際局書記がそれぞれ、ソ連大使館書記官と行った対話記録がそれだ。館林と杉山はこの中で、社会党の路線論争や内部情報をソ連側に通報している。

館林社会党国際部長との会話メモ　(一九七一年四月二十日、文書番号 29561)[348]

館林は社会党や他の民主勢力の活動に触れた中で、「四月の統一地方選の第一段階の結果は、社共の選挙協力が大成功だったことを証明した。社会党執行部は、日本共産党との協力を有益だと考えている。共産党との共闘を通じて、党建設と国民運動での共産党の経験を学び、その経験を党勢拡大に生かすことができるからだ」と述べた。

館林は、共産党との統一行動により、東京と大阪の知事選で革新候補が勝利したことを高く評価した。さらに、夏の参院選での両党の選挙協力に関する宮本日共委員長の提案を社会党は支持していると語った。

館林は社公民路線について、「社公民を推進するという江田三郎の意図の根底にあるのは、反共主義と労資協調主義である。しかし、江田のこの計画は第三十四回社会党大会で決定的な打撃を受けた。労働運動を再編しようとした一部労組による右翼改良主義の試みも破綻した。その結果、野党再編を支持する運動は衰退しつつある」と強調した。

在日ソ連大使館一等書記官　S・アニシモフ

杉山社会党国際局書記との会談メモ（一九七一年二月十六日、文書番号29222）[349]

杉山の話では、日本の与党勢力は野党を社会民主主義と反共主義の原則で再編しようとしており、マスコミを通じて大々的に工作している。杉山は「自民党には、一党支配が長期化する中で、英国労働党型の野党結成を望む動きがあるようだ。それによって、共産党の影響力を阻止する狙いがある」と述べた。

杉山は「社会党は党の弱体化と分裂を狙った野党再編には反対であり、労働運動を統合することにも反対する」と述べた。また、「今後、夏の参院選や沖縄返還協定の国会承認、衆院解散も予想され、野党再編に向けた画策が強まる」と予測した。

在日ソ連大使館三等書記官　N・シレンコ

社会党は七〇年代初め、社共路線か社公民路線かの選択で党内が揺れたが、館林、杉山ともに社共統一路線を支持する左派に属した。館林が批判した江田は、社公民路線による政権獲得を主張したものの、七〇年の委員長選で成田に敗れ、次第に孤立する。七七年の党大会では、公明、民社両党党首と「新しい日本を作る会」を設立したため、社会主義協会の吊るし上げを受け、党を除名された。同年、市民運動家の菅直人らと社会市民連合（社民連の前身）を結成し、参院選出馬を目指すが、病魔に襲われ、選挙前に死去した。

社会党国際局の幹部がソ連に内部情報を提供していたことは、自民党幹部が政局情報を米大使らに報告していた経緯を想起させる。「カネと情報の交換」はソ連と社会党の間でもみられたようだ。ソ連も当時の対日戦略で、社共統一路線を支持し、社公民路線を警戒していた。

▽社共共闘路線に邁進

この頃、成田委員長はブレジネフ書記長に書簡を送り、社共統一路線を表明している。以下はロシア語訳からの要旨。

親愛なるブレジネフ同志（一九七一年三月二十三日、文書番号未記入）[350]

貴国における社会主義建設の著しい進展に心から敬意を表する。

日本では現在、統一地方選挙が行われているが、東京、北海道、神奈川、大阪、福岡などの都道府県で、保守反動勢力と民主勢力の間で戦われている知事選挙が特に重要になる。今回の選挙の特徴は、前述の都道府県で、社共両党を中心とする民主勢力の統一選挙協定が成立したことにあり、これは、日本における反軍国主義、反ファシズム、大衆生活擁護の闘いの発展の大きな一段階を画すものである。

日本社会党は護憲、反安保の方針に立ち、この闘いを全力で推進する決意を固めている。

——日本社会党委員長　成田知巳

この書簡によりソ連側は、館林と杉山が示唆した社会党の社共共闘路線を確信し、社共共闘を支援する決意を強めたとみられる。七一年統一地方選では、美濃部亮吉東京都知事が圧勝、黒田了一大阪府知事も勝利し、革新自治体の台頭が社会党の社共統一路線に拍車をかけた。

もっとも、社会党右派の論客で、社会党調査部長を務めた上住充弘は、成田・石橋執行部が七〇年代初頭に進めた社共統一路線について、「ソ連から推進を求められていた」「ソ連共産党国際部日本課長のコワレンコの入れ知恵だった」とし、社会党側はこれに沿って、日本共産党に原水禁運動の統一協議を申し入れたほか、参院選の選挙協力に調印したと書いている。[351] 事実なら、社会党の重要な政策決定はソ連の意向だったことになる。

七一年といえば、沖縄の本土復帰が決まり、日本経済が飛躍を続け、中ソ対立が激化していた時期。その中で「向ソ一辺倒」に走った社会党の外交路線は、一般社会と乖離していた。しかし、アジアで孤立していたソ連は、社会党のソ連傾斜を好感し、各種の便宜を供与していく。

当時の社会党の対ソ外交について、上住は九三年の著作で、「党内各派のソ連共産党に対する態度は一様ではなかった。右派はソ連に対して自主的な態度を維持し、党の親ソ路線を積極的に支持したわけではなかった。中間派は中国や北朝鮮との交流に重点を置き、佐々木派などはソ連とは敵対関係にあった」とし、党の大勢ではなかったと書いている。

しかし、上住によれば、社会主義協会を中心に、三月会、平和戦略研究会、党建設協議会など左派が積極的にソ連志向を推進し、それを党の政策として正当化することに全力を注いだという。上住は、「(左派の)精力的な活動に他派が飲み込まれたというのが、妥当な見方であろう。右派も中間派も、党の統一と団結を名目に、極左に対して譲歩に次ぐ譲歩を重ねていった」としている。[352]

そうした急激なソ連傾斜は、七二年三月に社会党の招きで来日したコワレンコらソ連共産党活動家代表団と石橋政嗣書記長らの会談にも現れた。訪問終了時の共同コミュニケによると、双方は会談で、「共通の敵である米帝国主義とその他の反動勢力にたいする共同闘争は歴史的必然であり、現状における緊急課題」との認識で一致し、「日ソ親善友好の運動を一層発展させることが重要」と強調。「世界の革命運動の全戦列の統一」を誓い合った。[353]

ソ連が崩壊し、東西冷戦が終結した今となっては、「米帝国主義との共同闘争」も「歴史的必然」ではなく、単に社会党のソ連への迎合にすぎなかったわけで、共同コミュニケも無残な残骸となった。上住は「共同声明の作成などの両国の利害にかかわる問題に関しては、決して平等な関係ではなかった。社会党はソ連の提案をすんなり受け入れるのが常であった」と告白している。

▽「尊敬するブレジネフ書記長」

社会党の親ソ路線を決定付けたのが、成田・石橋体制で「米帝国主義との共同闘争」を打ち出した七二年だが、それを象徴するように、成田委員長は同年末、ソ連邦結成五十周年を祝うメッセージをブレジネフ党書記長に送った。公文書館には日本語版とロシア語訳が保管されている。「尊敬するブレジネフ書記長」で始まる日本語版メッセージは、ソ連邦が解体し、グローバル化が進む中では、歴史の尺度に耐えられない文面となっている

尊敬するブレジネフ書記長（一九七二年十二月二十一日、文書番号 22923）。[354]

私は、歴史的なソヴィエト社会主義共和国連邦結成五十周年を記念するに当たり、日本社会党中央執行委を代表して、ソ連共産党中央委およびソ連人民の皆様に対し、心からの祝意と連帯のあいさつを贈るものであります。

一九一七年の大十月社会主義革命の成功に引き続いて、二二年十二月のソ連邦の成立は、ひとりソ連のみならず、世界の歴史の歩みを大きく転換させたと述べても過言ではありません。……日本社会党は、偉大なるウラディーミル・レーニンの遺訓の下に、ソ連共産党中央委員会の指導によって過去五十年間、ソ連が国際政治の中で、社会主義、平和、民族解放を目指す闘いの中で、一貫して指導的役割を果たし、世界諸国民の平和と繁栄に大きく貢献してきた事実を高く評価するものであります。

私は、この歴史的な年を記念するに当たり、日本社会党とソ連共産党との強固な友好協力関係を一層強め、日ソ両国人民の友好善隣関係をますます発展させることを念願いたします。

—日本社会党委員長　成田知巳

元KGB（国家保安委員会）のスパイで、日本で社会党工作も担当し、米国に亡命したスタニスラフ・レフチェンコは九三年、「成田―石橋時代以後は、社会党の外交政策と、ソ連の外交政策がまさにウリ二つといっていいくらい似ていました。（共産党）国際部の工作の結果、日本社会党クラスの政党の中で、ソ連の外交政策のブルー・プリント（青写真）をそのまま党の方針にしていたのは、世界中でも、日本社会党だけだった」と皮肉っていた。[355]

確かに当時の社会党外交は「向ソ一辺倒」という雰囲気だった。ソ連公文書に残る社会党幹部とソ連大使館員の会談記録を読むと、社会党側がソ連の軍拡や北方領土問題を提起することは全くない。ソ連側が議題を提起しても、社会党側はすぐに同調し、その後「内輪の話」に持ち込んで貿易操作や資金提供などの頼みごとに移っていく。政治問題での見解はソ連に迎合しており、ソ連に各種の要請をする弱みから、位負け外交が目に付く。

▽十万ドルの上納金

社会党の盲目的なソ連傾斜は、イデオロギー上の要請というより、別の実利的な目的があったことを示す文書がソ連公文書館に残っている。石橋書記長が七一年十二月、コワレンコ日本課長に送った書簡である。日本語で書かれ、書記長印が押されている。

ソ連共産党中央委員会　I・コバレンコ殿　（一九七一年十二月二十三日、文書番号未記入）[356]

貴国における社会主義建設の発展および貴国が世界平和確立のため御尽力されていることに対し、心から敬意を表します。

去る九月には、貴下の御協力によって日ソ貿易協会代表団の貴国訪問が実現し、今後の経済交流において大きな成果が収められたことに対し、厚く感謝申し上げます。

日ソ貿易協会も貴下をはじめ、貴国貿易関係者の強い御支援により、着々体質改善をすすめつつあり、また日本社会党としても同協会が正常に発展するよう指導を強めております。

そこでまた、貴下に対する要請でありますが、日ソ貿易協会の会長永井勝次郎が一九七二年一月十五日から同月二十二日までの期間、貴国を訪問し、貿易取引上の問題について外国貿易省をはじめ、関係機関責任者と折衝したいとの希望をもっておりますので、永井勝次郎が貴国を訪れた際には、その目的が達成できるよう貴下の特段の御配慮をおねがいする次第であります。

一九七二年の新しい年が貴下にとってすばらしい年でありますように。

日本社会党中央執行委員会書記長　石橋政嗣

後に社会党副委員長を務める北海道選出衆院議員の永井は予定通り七二年一月に訪ソし、関係機関と交渉した。訪問の目的や会談内容は、ウリヤノフスキー国際部副部長がソ連共産党中央委に送った報告で明らかになる。

日本社会党の要請について（一九七二年二月二十九日、文書番号 25-C-338）[357]

日本社会党幹部は日ソ貿易協会に参画する社会党系商社とソ連の貿易拡大を再三にわたり要請してきた。同協会会長で、社会党の著名な活動家である永井勝次郎は一月に外国貿易省で行われた交渉で、日ソ貿易協会会員社との間で約一千万ドルの商品買い付け契約を新たに追加し、これらの商社が国政選挙を控えた社会党に対して約十万ドルの資金援助を行うとの提案を行った。

社会党は野党第一党として、民主運動で重要な役割を果たしており、社会党の後退は日本の内政、外交の反動化をもたらすことになる。同党は現在財政難に陥っており、ぜひとも資金援助が必要だ。しかし、直接献金すれば、日本では財源の管理が厳しいので、政治問題になりかねない。日本の法律は、企業による社会団体への献金を認めており、米国人や中国人は、企業を通じた形で援助を行っている。

ソ連共産党中央委国際部は国政選挙を控えた日本社会党への資金援助のため、外国貿易省が社会党系商社と契約を結ぶことを承認する。契約はこれらの商社から繊維製品を日本側に有利な条件で外貨で買い付け、その結果、社会党へ十万ドルの上納金が支払われることを見込んでいる。この件は、外国貿易省も承認している。

ソ連共産党国際部副部長　ウリヤノフスキー

貿易操作を通じた十万ドルの献金計画は直ちに機関決定された。党中央委は七二年三月、外国貿易省に対し、社会党を支持する商社と全ソ公団ラズノエクスポルト（雑貨輸出公団）が七二年度に繊維製品を外貨で買い付ける契約を日本側に有利な価格で結ぶよう通達した。[358]

通達は、「商品の時価と契約価格の差で生じる金額を十万ドルに設定し、これら商社が社会党に献金できるよう取り計らうこと」としている。これはもはや、「通常の商取引」ではなく、社会党への資金援助を前提にした闇取引となる。石橋書記長がコワレンコへの書簡で言及した「その目的」とは、十万ドルの資金援助計画だったわけで、社会党執行部がソ連資金導入計画に直接関与していたことが判明した。

十万ドルは当時のレートで約三千万円。国際部の文書は「直接献金すれば、日本では財源の管理が厳しいので、政治問題になりかねない」としており、政治資金規正法を意識していた模様だ。しかし、ソ連側がそこまで同法に通じていたとは思えず、社会党側が同法について説明し、貿易操作のアイデアを提示した可能性がある。十万ドルの政治資金が実際に振り込まれたことを示す文書は見つかっていない。

文書に出てくる「来る国政選挙」は、七二年十二月、田中内閣の下で実施された総選挙を指す。前回六九年総選挙で議席を百四十から九十に激減させた社会党は、成田執行部で初の総選挙での挽回を期し、なりふり構わずソ連に資金援助を申し入れたとみられる。総選挙で社会党の議席は九十から百十八に増加した。

この総選挙では、共産党が前回を二十四議席上回る三十八議席を獲得し、第三党に躍進。公明、民社は苦戦し、議席を減らした。成田・石橋執行部はこの結果に自信を持ち、社公民路線から社共路線に大きく傾斜しており、それこそソ連が望んだ方向だった。社会党ではこの総選挙で、村山富市や自社連立政権誕生に尽力した野坂浩賢、協会派のエースとなる高沢寅男らが初当選した。

▽十万ドルで「二島返還」に

ソ連に資金援助などの便宜を図ってもらうと、社会党の政策もソ連寄りにならざるを得ない。たとえば、ソ連共産党が社会党への十万ドルの選挙資金提供を承認した三週間後の七二年三月二十四日、社会党国民運動局の伊藤茂局長は「北方領土問題に関する見解」を発表し、領土問題への対応を修正した[359]。

「見解」は「沖縄問題と北方領土問題は、戦後処理にかかわる懸案であるが、事実上の経緯及び国際法上の諸問題からみて、全く次元の異なる問題である」とし、「日米安保体制を強化しつつある自民党政権の下では、千島の返還実現は不可能」と指摘。「現実的な解決策は、第一の措置として歯舞、色丹の返還を条件に日ソ平和条約を締結し、次いで日米安保体制を解消する努力を続ける中で日ソ友好関係を促進し、全千島列島返還交渉を継続し、実現を図る」としている。

社会党は五五年の左右統一以来、北方領土問題への対応は、北方四島にとどまらない「全千島返還」だっただけに、「二島返還」は事実上の譲歩となった。社会党の見解は七二年の沖縄返還に向けて発表されたものだが、時期がソ連の十万ドル支援と符合し、ソ連への迎合を疑わせる。社会党が領土問題で、「四島返還」に正式に転換したのは、ゴルバチョフ訪日を控えた九一年四月の社会党中央執行委決定からだった。[360]

日ソ友好貿易協会の初代会長は右派・河上派の中井徳次郎で、六八年に中間左派の勝間田派（後の石橋派）に属する永井勝次郎が会長に就任した。七三年、同じく勝間田派の横川正市が会長となり、勝間田―石橋派が協会の主導権を握った。

七〇年代前半の社会党の権力構図について上住は「勝間田派の勢力伸長は、日ソ貿易協会にとどまらなかった。国際局長に石橋や川崎寛治、日ソ特別委員会の所管局である国民運動局長に伊藤茂、政策審議会長に堀昌雄、というように、対外関係の政策立案と運動の各方面を勝間田派でおさえ、この過程で、日ソ貿易協会を党の下部機関として利用しつつ、中間派から親ソ・左派路線にスタンスを変えてゆく」と指摘した。[361]

▽繊維、エビ、イカで優遇を

ソ連への傾斜とともに、資金依存に拍車がかかってくる。社会党が公党としてのルールに反する商取引に広範に関与していたことは、在日ソ連大使館が党国際部に送った以下の報告でも読み取れる。

社会党川崎議員らとの会談メモ　（一九七一年五月二十一日、文書番号 10268）[362]

日本社会党の川崎国際局長、館林千里国際部長の要請で、大使館で二人と会談した。

川崎は、社会党国際局が活動に直接の責任を負う日ソ友好貿易協会の現状を話したいと述べ、「日ソ友好貿易協会は現在立て直しの時期にあり、社会党の財政に必要な資金収入を保証する新たな貿易形態を検討している。社会党指導部もそれに注目している」と語った。

川崎はさらに、「日ソ友好貿易協会の財政状態が逼迫しており、この状況を打開する唯一の方法は、協会加盟の商社がソ連の対外貿易団体と契約を結ぶ形でソ連側が緊急支援を行うことである」と述べ、協会加盟の大陸貿易と永和通商が全ソ雑貨輸入公団、極東輸出入公団などとの間で、①繊維製品（百万ドル）②電子計算機器（五十万ドル）③エビ一千トン（三十四万ドル）④イカ一千トン（四十二万ドル）――の総額二百二十六万ドルの契約を締結できるよう協力を要請した。上記の商社は契約締結後、契約額の一％を協会に払い込むという。私は要請をしかるべき方面に伝えると約束した。

在日ソ連大使館参事官　チャソブニコフ

この優遇貿易が行われたら、当時のレートで六百七十八万円が協会から社会党に上納されたことになる。契約が実行されたことを示す文書は見つかっていない。

ソ連公文書では、日ソ貿易友好協会の横川会長や党の川崎国際局長の「暗躍」が目立つが、川崎が選挙戦用にパルプの特別提供をソ連に求めていたことも、ソ連大使館からの七四年四月の報告で判明する。

川崎寛治社会党国際局長との会談メモ　（一九七四年四月二十六日、文書番号13254）[363]

日本社会党の川崎寛治国際局長の要請で大使館で会談した。

川崎はソ連が社会党のために用紙製造用の広葉樹パルプを提供したことに感謝し、合意に基づく三万立方メートル分がすべて提供されたことを報告した。川崎はさらに、今年七月に参院選を控え、宣伝活動を強化する必要から、社会党指導部を代表して、広葉樹パルプ（S材）計二万立方メートル分を前回と同じ条件で追加供与するよう要請した。また、選挙が近づいていることから、この問題を早急に決定し、五月十日までに調達する可能性を検討するよう求めた。川崎は、この件はソ連共産党活動家代表団が三月末に訪日した際に要請済みだと指摘した。

川崎は「この要請を満たすことが、社会党の選挙での勝利と、今選挙で保革逆転を図る党の目標達成を保証する重要な要素になる」と強調した。さらに、自民党は保革逆転を阻むため、巨大な資金を利用して活発な選挙活動を行っていると付け加えた。私は、要請を本国に伝達すると答えた。

会談では、日ソ関係も話し合われ、私の方から、「日本の一部新聞は、BAM（バイカル・アムール）鉄道建設に関するソ連の立場を誤って報道している。BAM鉄道建設の目的があたかも軍事・戦略的要請によるものとするブルジョア新聞の指摘は有害であり、根拠がない。日ソ間の長期的経済プロジェクトは日本の独占資本だけに貢献するという意見も間違いだ」と伝えた。

川崎は「言及された問題に対する社会党の立場と理解はソ連と完全に一致する。日ソ経済協力が有利であることを日本国民に説明することが重要だ。社会党はその方向で努力する」と語った。

会談には、社会党側から横川日ソ貿易協会会長、杉山正三社会党国際部長が同席した。

在日ソ連大使館参事官　I・ツェホニャ

要請が満たされた場合、七四年参院選で社会党が使用した選挙ポスターやチラシ類の原料は、ソ連から安価で仕入れたパルプだったことになる。会談でソ連側は、ＢＡＭ鉄道をめぐる日本の報道ぶりを批判したのに対し、社会党は「言及された問題に対する社会党の立場と理解はソ連と完全に一致する」と簡単にかわしており、資金援助や優遇措置以外のテーマには関心がないかにみえる。

七四年参院選といえば、後述するように、社会党北海道本部の幹部が「木材売却契約から得られた資金は参院選挙に首尾よく利用された」とソ連側に報告していたことが機密文書に記されており、ソ連から多角的な選挙協力があったようだ。

田中政権末期の七四年七月参院選で、社会党は当時浮上した田中金脈問題を激しく追及し、金権政治、企業ぐるみ選挙を批判した。しかし、実際には有権者の目の届かないところでソ連と連携し、優遇措置を受けていた疑いがあり、これでは自民党の金権選挙を批判する資格はなかったことになる。

4．ソ連邦崩壊直前まで癒着

▽リストに五社

日本社会党とソ連の貿易操作を通じた「内通」は、社会党の働き掛けを受けて次第に組織的、包括的となり、ソ連側も社会党系商社への優遇措置に乗り出していく。

ソ連外国貿易省が七一年に作成した親ソ派企業リストには、社会党の推薦に基づき、①日貿連、②信水貿易、③洞海貿易、④永和通商、⑤奈良栄和商事——の五社が挙げられている。ソ連外国貿易省が作成した企業リストは、五社を推薦した上で、関係機関にこう通達した。

社会党を支持する日本企業と全ソ公団の契約について（年月日未記入、文書番号 05083）[364]

日本社会党を支持する日本の中小商社との貿易発展に関する六六年十一月と六七年十月の党中央委決議に沿って、ソ連の全貿易公団に推薦企業リストを送付する。既に公団指導者とリスト記載商社との交渉について協議したほか、日本側商社代表を招いて交渉を行った。これらの商社は、人材不足や銀行、製造業、輸送機関との関係希薄など多くの問題点があり、契約履行に困難が伴うことが判明した。調印された契約を履行できないケースもある。

しかし、外国貿易省は日本企業の取引条件が同等の場合、社会党を積極的に支持する商社や組織に優先権を与えることは可能と考える。在日ソ連大使館や通商代表部は、半年に一度、定期的に社会党支援企業リストに必要な修正を加えなければならない。

ソ連外国貿易省南東アジア・中近東諸国局長　N・シリャエフ

優遇措置を付与された五社は、日貿連を除いて日ソ友好貿易協会に加盟していた。リストには、七〇年の対ソ貿易は一社当たり五十万―百九十万ドルなどと五社の概要が記されている。

七〇年代にソ連が社会党系商社に特別の便宜を図っていたことは、業界では常識だった。ある商社関係者は「ソ連は貿易の条件が同じ場合、必ずこのリストに書かれている企業など社会党系の商社を指名した。社会党系商社が木材の輸入、繊維の輸出を中心に、ソ連側から優遇措置を得ていたことは公然の秘密だった」と述懐していた。

上住は、「日ソ貿易協会が、社会党の名において、値引きなどの国際ルールに反する商取引や、協会関連企業から一定のリベートを取ることを通じて、その一部を党と派閥に納入していた」、「一九七四年以降は、『ソ連外務省外交団世話部の管轄する一三〇平方メートル、三つの住居』を、協会のモスクワ駐在事務所用建物としてモスクワ市役所から安く借り受け、その一部を通常の外国商社向けの賃料で協会関連企業に貸し付け、その利ザヤを協会の収入にしてきた」と書いている。[365]社会党もあこぎなビジネスをしていたということだ。

ただ、シリャエフ局長が指摘するように、社会党系中小商社は一部を除いて弱小で、「多くの問題点」があり、実際には大手商社がビジネスを代行するケースが多かったらしい。別の商社関係者は「これら中小商社の大半は貿易実務の能力が乏しかった。大手商社が次第に中小商社を系列化し、名称だけ借りて仕入れや発注業務を代行していた。ソ連側貿易関係者もそれを承知で、大手商社分の契約の一部を中小商社名義で発注し、大手商社が船積みも代行していた」と打ち明けた。大手商社が名義だけ利用して取引を肩代わりし、ソ連側の指示を受けて中小商社に「口銭」を払うこともあったという。

営業能力のない社会党系商社の大半は、ソ連邦崩壊後、大手に吸収されるか、活動を停止して消滅。日ソ貿易協会も事実上解散した。

▽お礼にアジア安保構想を支持

ソ連資金が日ソ貿易協会を経由して社会党の党財源に還流する具体例は、ソ連大使館が党国際部に宛てた以下の報告に示されている。

―横川・日ソ貿易協会会長との会談メモ　（一九七四年九月三十日、文書番号 37469）[366]

横川正市会長の要請により、大使館で会談した。

横川会長は、日ソ貿易協会のモスクワ代表部開設許可に謝意を述べた後、石橋書記長を団長とする社会党代表団が近く訪ソする際、以下の三点をソ連側に要請する方針だと語った。
一、日ソ貿易協会加盟商社が七四年に購入した木材の支払いを、国内の木材不況のため、四―五年猶予する。
一、七五年から五年間にわたり毎年、広葉樹種パルプ五万立方メートルを一立方メートル当たり一七・五ドルの特別価格で同協会を通じて売却する。
一、七四年に日ソ両国が締結したクレジット協定に見込まれる額の二〇％までソ連が協会を通じて日本の日用品を買い付ける。七五年にモスクワで日ソ貿易協会主催の日本製日用品見本市を開催する。
横川は、協会が得た利益は協会の基金を経て、社会党や日ソ親善協会への資金援助に利用されると強調した。横川はまた、七三―七四年にソ連から広葉樹種パルプ五万立方メートルを購入した結果、日ソ貿易協会が社会党に二千二百万円の献金を行うことができたと語った。

私は情報提供に感謝した。

在日ソ連大使館一等書記官　S・アニシモフ

横川正市はこの当時は参院議員を辞した後で、七二年にソ連に十万ドルの資金援助を求めた永井勝次郎会長の後任。この会話で、「日ソ貿易協会がパルプ輸入で得た利益のうち二千二百万円を社会党に献金した」と明言しており、ソ連から社会党への政治資金ルートが明確になった。

文書に出てくる石橋書記長の訪ソは七四年十月に行われ、この時の両党共同声明で社会党は、戦後の国境線を画定した上で、アジアに全欧安保協力会議型の安保体制を作ることを目指すソ連の「アジア集団安全保障構想」に「理解」を表明した。石橋がソ連の対中包囲網というべきアジア集団安保構想に歩み寄ったのは、貿易操作をソ連側に認めさせることへの代償だったのでは、という疑惑が出てくる。

▽社会主義協会を優遇

社会党がソ連に資金援助や便宜供与を求める際の常套句は、党の財政危機を強調した上で、「これでは選挙に勝てない」と泣き落としたり、脅しながらソ連を説得するやり方だった。七四年三月、ソ連大使館のデニソフ参事官がモスクワに送った横川会長との会談メモも同じパターンだった。

横川日ソ貿易協会会長との会談メモ　（一九七四年三月十二日、文書番号 29255）[367]

横川会長の自宅に夕食に招かれて懇談した。横川は「次の総選挙で与野党の勢力図は基本的には変わらないだろう。自民党の人気は落ちているものの、選挙資金として財界に二百億円を割り当てている。共産党は百億円、公明党と民社党が六十億—七十億円だが、社会党は十億円しか投入できない」と窮状を訴えながら、「しかし、先の統一地方選のように、予期しない展開となり、野党が国会で議席を大幅に増やすこともあり得る」と述べた。

その上で横川は、「日ソ貿易協会を財政的に強化させるだけでなく、社会党を政治的に強力にする計画がある」とし、三十万立方メートルの木材をソ連から買い付け、それを各県の労働者住宅建設協同組合に提供し、住宅を建設するという構想を提案した。横川は「この方式によって建設費を四〇%下げることができ、ソ連に有利な宣伝を行うこともできる。社会党の地方での影響力も強まる」と強調した。私は、計画が策定されれば検討すると答えた。

在日ソ連大使館参事官　V・デニソフ

この構想が実行されたかどうかを示す文書はないが、労働者住宅建設協同組合は住宅建設で、輸入ソ連材も使用していた。

社会党最大の親ソ派勢力は党内最左派の社会主義協会だが、ソ連が貿易操作を通じて、社会主義協会を重点支援していたことを示す文書もあった。在大阪ソ連総領事館のチェルノフ総領事が七六年、社会主義協会の活動家でもある奈良栄和商事の板鼻耕治社長と会談した報告にそれがうかがえる。総領事がソ連共産党中央委に送った報告は次の通りだ。

奈良栄和商事社長との会談メモ　（一九七六年四月五日、文書番号153）[368]

板鼻社長の要請で総領事館で会談した。板鼻は日本社会党の現状について話し、「現在社会党では、今後の路線をめぐって派閥闘争が拡大している。その例が先の党大会であり、一連の問題をめぐって対立が表面化した。ソ連との関係拡大を図るグループは、成田委員長が訪中時に調印した共同コミュニケの中で、ソ連を米国と並ぶ超大国と規定したことに断固として反対した。党内親中派は党大会でこの部分を再確認しようとしたが、活動指針では却下された」と述べた。

板鼻はさらに、「社会主義協会（向坂逸郎グループ）は着実に影響力と人気を拡大している。勢力はまだ小さいものの、関西にも確かな基盤が組織化されつつある。若者を惹きつけ、協会の支持者を増やすためには、より活発な活動が必要であり、そのためには一定の資金が必要になる」と語った。また、「奈良栄和商事は日ソ友好運動に財政支援を行なっているが、現在会社は日本経済の不況の中で、危機的状況にあり、倒産の瀬戸際だ。仮に社が倒産したら、雑誌『社会科学』の発行は停止され、社会党への財政支援活動も縮小せざるを得なくなる」と警告した。

板鼻は「ソ連が奈良栄和商事の経営難克服に向け支援することは可能だ」とした上で、①同社が買い付けた七六年分の木材四万立方メートルを四月末までに引き渡す、②ソ連対外貿易協同組合が同社を通じて、二百万ドル相当の日用品を見返りの輸出なしに購入する――の二点を要請した。

大阪総領事　I・チェルノフ

板鼻は六〇年代に参院選奈良県選挙区に社会党から出馬し、落選した。奈良栄和商事は、ソ連外国貿易省が七一年に作成した支援商社リストにも登場する。この報告には、板鼻のサイン入り正式要請書（露文）[369]とチェルノフ総領事がソ連対外貿易協同組合の議長に宛てた推薦文[370]も添付されている。総領事はこの中で、「奈良栄和商事が日本におけるソ連の影響力拡大に向けた活動に協力し、日ソ友好運動も支援している」として、この要請に前向きに応じるよう求めた。報告は、党中央委の承認を受けた後、外国貿易省に送付された。

セミチャストノフ外国貿易省次官は七六年十月二十一日付で回答を党中央委に送り、「外国貿易省は七七年の奈良栄和商事との契約締結問題を検討し、ソ連の関連企業に対し、同社との商談を行い、条件が他の日本商社と同じ場合、奈良栄和商事を優先するよう指示した。目下、同社との間で、木材輸出公団など五組織が契約を調印または検討段階にある」と回答した[371]。ソ連は社会党内で最も親ソ的な社会主義協会系企業の肩入れに乗り出したことが分かる。

この文書について、板鼻は「チェルノフ総領事とは七一年ごろ初めて会い、個人的な付き合いは深かった。しかし、経済や政治の話は一度もしたことがない。当時は商売が最盛期で、破産の心配などなかった。なぜこのような記録が残っているのか理解に苦しむ」とコメントしていた。[372]
ソ連への資金援助要請は、社会党の党レベル、派閥レベルだけでなく、議員個人からも寄せられていた。在日ソ連大使館のデニソフ参事官が七三年十二月、党中央委に送った報告によれば、栃木県選出の戸叶武社会党参院議員が、衆院選に出馬する長男の選挙資金をソ連に要請した。

戸叶社会党議員との会談メモ（一九七三年十二月十日、文書番号 288）[373]

戸叶武議員の別荘に招かれ、会談した。日ソ関係や日本の内政を話した後、戸叶は私に、NHKを退社して現在同議員の秘書をしている長男の勝朗を「七五年に予想される次回衆院選挙に栃木県から社会党公認で出馬させるつもりだ」と紹介した。

戸叶は「自民党は次回選挙で一人の候補者につき、選挙資金三千万円を投じる予定だ。息子の当選の多くは、地元の大手木材業者が加入する栃木県日ソ貿易協同組合の支援にかかっている」と述べ、同組合がソ連から木材を輸入できるよう協力を求めた。私は「定期的に接触を取る」と言って別れた。

在日ソ連大使館参事官　V・デニソフ

戸叶勝朗は七二年十二月の衆院選に出馬して落選しており、文書にある援助要請は再起を狙っ

たものだろう。しかし、七六年の衆院選には立候補していない。

社会党担当のデニソフ参事官は横川会長の自宅に招かれた時に「選挙資金は自民党二百億円、社会党十億円」などと聞かされ、貿易操作の資金援助を依頼されており、その記述からは、同じパターンの要請にうんざりしているかにみえる。社会党にとってソ連は七〇年代、資金援助引き出しマシーンになっていたとする上住の指摘は納得できる。

▽北海道知事選にもソ連資金

一九七〇年代半ばになると、後の社会党大物の名もしばしばソ連公文書に登場する。たとえば、細川政権の建設相で、村山内閣で官房長官を務めた五十嵐広三は、北海道旭川市長を務め、ソ連とゆかりが深かった人物である。五十嵐は七五年四月の北海道知事選に革新統一候補として出馬。政治汚職追放や政界浄化を叫んで健闘したが、この時の五十嵐陣営の選挙資金にもソ連の秘密援助が流入していた疑いがある。

在日ソ連大使館のクズネツォフ一等書記官は七四年十二月、社会党北海道本部委員長の関田伸男と行った秘密会談の内容をソ連共産党中央委に報告した。「極秘」のスタンプが押された露文タイプで二ページの報告書は、北海道知事選での資金援助をめぐる密談を報告している。

関田・社会党北海道本部委員長との会談メモ（一九七四年十二月十九日、文書番号46306）374

ソ連共産党活動家代表団が宿泊中のホテルで関田と会った。私の方から、七四年十月に発表されたソ連共産党と社会党代表団の共同声明について、アジア集団安保構想に関するくだりをめぐり、一部の社会党員から批判する動きが出ているが、社会党大会を前に状況はどうかと尋ねた。

関田は、「そうした動きは党指導部の政策に不満な親中派分子が試みており、おそらく党大会で提起されるだろう。だが、アジア安保体制を支持する社会党の路線はこの数年不変であり、批判は撃退されるだろう」と述べた。

関田はさらに、「来年四月の北海道知事選は厳しい戦いとなり、現在の形勢は五分五分だ。革新統一候補である五十嵐広三には勝つチャンスがある。選挙戦を成功裏に戦うためには、約五億円が必要だ。これまでのところ、労組や大衆組織から三億五千万円を調達できると確信している。目下、残りの資金調達を試みているところだ」と述べた。

選挙資金調達に関して、関田は、社会党系商社である永和通商に対し、ソ連が木材、さらに可能なら鯨肉四千トンを売却するという、彼が昨年提案した契約案を検討するよう要請した。関田によれば、この件では、社会党員で信頼の置ける人物であるフクザワが同社の代表として近日中にモスクワを訪問するという。

関田はまた、ソ連が昨年永和通商との木材売却契約調印に貢献したことに謝意を表明し、「この契約実現によって得られた資金は参院選に首尾よく利用された」と伝えた。私は「要請をモスクワに報告する」と伝えた。

在日ソ連大使館一等書記官　Y・クズネツォフ

関田は五十嵐陣営の選挙資金として、最高一億五千万円の秘密援助を貿易操作を通じて提供するようソ連に働きかけたととれる。七五年四月十三日に行われた北海道知事選は、自民・民社推薦の現職・堂垣内尚弘と社会・共産推薦で公明党支持の五十嵐広三の一騎打ちとなり、現職の堂垣内が百六十三万票で当選、百三十二万票の五十嵐は落選した。五十嵐は七九年の知事選でも堂垣内に敗れ、国政に転じた。

貿易操作による資金援助が実行されたことを示す文書は公開されていないが、文書の中で、関田が、「永和通商との木材売却契約から得られた資金は参院選に首尾よく利用された」とソ連資金の選挙利用を公然と認めているのは、外国からの政治資金導入として、政治資金規正法に抵触する。

この参院選は田中政権の金権選挙が批判された七四年七月の参院選とみられるが、社会党の当選議席は二十八で、前回七一年の三十九から減らしており、「首尾よく」とはいえない。永和通商は、太田薫・元総評議長が設立したソ連専門商社で、ソ連が指定した優遇五商社に含まれていた。

この報告を書いたユーリー・クズネツォフ書記官は、ソ連共産党国際部の日本通で、大使館勤務中は社会党対策などを担当した。九三年にロシア外務省で日本などを担当する第二アジア局長を務めていた際、筆者が文書のコピーを見せると、「外交官の義務として要請を公電で本国に伝えたことはあり得るが、この内容は記憶にない。本国でどう処理されたかも知らない」と述べていた。[375]

当時の山花委員長は、「詳しく調べてみるが、あり得ないだろう。笑い話に近い」と否定した。[376] とはいえ、これほど具体的に書かれている以上、選挙資金導入は間違いなさそうだ。

▽ミグ25亡命事件の内幕

七六年九月、ソ連空軍の最新鋭戦闘機ミグ25が函館空港に強行着陸し、パイロットのビクトル・ベレンコ中尉が米国に亡命する事件が起きた。

六七年のモスクワ航空ショーに初登場して以来、秘密のベールに包まれ、世界最強の戦闘機とする神話もあった同機の飛来は、西側軍事専門家にとっては天与の機会で、その情報、性能をチェックすることは西側の安全保障に寄与するといわれた。

ソ連は機体の即時返還を要求して外交圧力をかけた。在日米軍や防衛庁内には一カ月以上の徹底検査を求める声もあったが、三木内閣は約一週間の機体調査を経て、ソ連に返還した。ベレンコ中尉は「自由の戦士」として米国亡命を認められた。

当時の世界は七五年のサイゴン陥落を経て、米ソ関係がデタント（緊張緩和）から新冷戦の時代へ変質していた。米国が内向きとなる中、ソ連は軍事力を拡張し、米ソの核戦力が均衡しつつあった。日ソ関係もこの事件を機に冷却化が進み、ソ連は七〇年代後半から北方領土駐留軍の配備など極東のソ連軍を増強、日本領空や領海侵犯など軍事圧力を強化した。

筆者はワシントンに駐在していた九九年、北海道新聞ワシントン支局の紹介で、たまたま首都に来ていたベレンコにインタビューする機会があった。ベレンコは亡命当時の険しい風貌がすっかり柔和になり、ジョークを飛ばす好人物だった。

取材を受けるベレンコ元中尉
(左は筆者。1999年、ワシントン)

「私が自由を求めて脱出したというのは事実ではない。真相は不倫をして妻と離婚寸前になり、妻の父が地元の党幹部だったので報復されることが怖かった。同僚は出世するのに、中尉止まりで嫌気が差していた。亡命してやり直したかった」、「亡命当初はCIAや国防総省に情報提供し、手厚く扱われた。ホワイトハウスでレーガン大統領にも会った。米軍に頼まれ、世界の米空軍基地を回って講演した。しかし、亡命者はやがて忘れられて放置され、自由世界で一人で生き抜くのは大変だった」、「アリゾナ州でオートバイ販売や航空機メーカーのコンサルタントをしているが、騙されて売上金をすべて奪われたこともある。米国人と結婚したが、離婚した」、「祖国が恋しくなり、ソ連崩壊後にお忍びでモスクワを訪れた」。

やや拍子抜けし、記事にはしなかった。

七六年のミグ事件によって、日本でソ連脅威論が高まった頃、政党では社会党だけが機体の即時返還と機体調査の中止を要求した。日ソ貿易協会、日ソ親善協会など社会党系の日ソ友好団体は「ミグ25の即時返還を求める集い」を東京で開き、ミグ機解体検査の速やかな停止と即時返還、日ソ友好関係の復活を要求する決議を採択した。

▽ミグ事件で貿易利権要請

しかし、こうした活動の目的は、人道でも、イデオロギーでもなかった。実はこの時、日ソ貿易協会が機体の即時返還運動を口実に、貿易上の利権付与をソ連に求めていたことが、ソ連公文書で明らかになる。

ミグ事件発生から一カ月後の十月七日、日ソ貿易協会の佐藤哲雄・モスクワ駐在代表はソ連共産党国際部のコワレンコ日本課長に書簡を送った。その内容は、ソ連からの鯨肉輸入交渉で、日ソ貿易協会が自民党の阿部文男衆院議員が推す森川商事と競合しており、森川商事の独占購入権を破棄し、日ソ貿易協会を優遇するよう求めたものだった[377]。

書簡は「阿部氏に代表される与党はミグ25捕獲のための非合法行為を全面的に支持している」、「日ソ貿易協会がミグ事件での日本政府の非合法行為に断固として抗議した唯一の商業団体だ」

と記され、東京での集いで採択されたミグ機即時返還要求決議を添付している。[378] 機体返還運動を実施した実績を強調し、自民党系企業の利権を奪おうとしていたのである。

この要請を受け、コワレンコは外国貿易省に対し、「日ソ貿易協会支援に関する社会党の要請に応じることをうたったソ連共産党中央委決議」（七五年一月八日付）に基づき、鯨肉売却交渉では日ソ貿易協会加盟商社を重視するよう指示した。

外国貿易省のセミチャストノフ次官は十月十一日、党国際部に回答し、「鯨肉売却契約で、日ソ貿易協会会員企業の永和通商が入札でつけた価格は森川商事に比べて二五％も安く、品質管理でも同協会会員企業は実績に乏しい。しかし、漁業輸出公団は日ソ貿易協会会員企業と新たな売却商談を行い、今年は同協会企業に総額二百十万ドル、四千四百トンの冷凍鯨肉を売却する。これは前年の二千百トンから倍増しており、他の海産物売却交渉も行う」と伝えた。[379]

自民党系・森川商事の契約破棄には至らなかったが、ソ連側もミグ事件で即時返還を要求した日ソ貿易協会の努力を多とし、一定の優遇措置を施した。森川商事を推す阿部文男は、北海道選出の自民党代議士で、ソ連と交流が深かったが、九二年の「共和汚職事件」で逮捕された。

このころ、日ソ貿易協会の横川会長もソ連大使館のクズネツォフ一等書記官と会談し、ミグ機亡命問題を話し合った。会談記録によると、横川は「日ソ貿易協会はミグ機亡命事件で、日本の権力機関の行動に反対する声明の採択や集会を行ったほか、日本政府に日ソ関係修復を求める決議を採択した」などと実績を強調した。[380]

その上で横川は、「日ソ貿易協会は来る総選挙で、日ソ間の友好関係を目指す活動を展開している社会党候補に財政支援を行うつもりだ。協会はまた、十月社会主義革命六十周年にちなんでソ連との友好諸団体が行う祝賀行事に財政支援する」と伝えた。

横川発言に出てくる「革命六十周年記念事業」は、七七年十一月七日のロシア革命六十周年記念日に向け、社会党の左派や中間派が国民運動として総力を挙げて取り組んだ行事だった。日ソ貿易協会、日ソ親善協会など日ソ交流四団体を中心に、日本各地で「革命六十周年記念展」「ソ連写真展」が開かれた。

▽革命六十周年で記念事業

このロシア革命六十周年記念事業が本格化した七七年、社会党の石橋書記長はソ連党中央委に次のような日本語の書簡を送った。

ソ連共産党中央委員会殿　（一九七七年十一月一日、文書番号 77216）[381]

今般は歴史的な大十月革命記念式典に高沢寅男副委員長と上田卓三衆院議員の二人を派遣でき、光栄に存じます。わが党はこの記念事業を今年初頭から総評等と協議のうえ、日本全国各地で行ない、六十周年の歴史的意義をわが勤労大衆に教育宣伝し、日ソ親善友好の増進に多大の成果を収めました。

わが党は記念事業の成功のため、日ソ貿易協会をはじめ、わが党の協力団体が貴党および関係諸団体に対して要望している諸提案について、格段の御高配をお願いするものであります。

日本社会党書記長　石橋正嗣

石橋が書簡で訴えた「格段の御高配」の内容は、その十日後の七七年十一月十一日、在日ソ連大使館で行われた横川会長とデニソフ参事官の会談で明らかになる。[382]

公文書館に残された横川・デニソフ会談の記録によれば、横川は、日ソ貿易協会会員商社からの寄付が一億八千百二十万円に上り、革命六十周年展など各種ソ連展開催経費の一部に充てられると述べた上で、日ソ貿易協会が、①ソ連外国貿易省との経済問題定期協議の開催、②専門家相互交流協定の締結、③日本の中小企業とソ連諸機関の極東シベリア天然資源開発協力、④協会のモスクワ事務所拡張——などの要請をソ連側に提示するとし、積極的な検討を求めた。

一連の要請は、七八年一月、日ソ友好四団体代表によってモスクワでソ連党国際部に正式に伝達された。この席でウリヤノフスキー党国際部副部長は、日本での革命六十周年記念事業に感謝を表明し、「今後ともできる限り協力したい。新年度に経済関係発展のための協定締結ができるだろう」と述べた。その二日後、ソ連共産党中央委は「日ソ貿易協会会員商社との貿易を将来拡大するためにとられるべき諸措置について」とする秘密決議を採択し、一連の要請をすべて承認した。[383]

社会党と関連団体の熱烈な革命記念事業を意気に感じ、ソ連側も迅速に対応したことが分かる。しかし、その七年後にはゴルバチョフ政権が登場し、ペレストロイカを進める過程で、ロシア革命への賛美は急激に低下。その六年後にはソ連邦自体が崩壊した。ロシア革命記念行事を各地で開き、「六十周年の歴史的意義をわが勤労大衆に教育宣伝」(石橋書記長)することに、どれほどの意味があったのか。

実は社会党にとって、七〇年代は政権交代のチャンスだった。田中政権は金権政治や汚職体質、インフレなどのひずみをもたらし、二度のオイルショックで高度経済成長は転機を迎え、価値観も多様化した。実際、田中政権は社会党の躍進を危惧し、一連の福祉政策を推し進めている。自民党は七九年総選挙では過半数割れし、政争に追われた。だが、社会党は革命路線にこだわって現実路線に転換できず、国民の支持を得られなかった。

▽崩壊直前まで行われた「お抱え旅行」

社会党は八〇年代に入っても、「ソ連」に取り憑かれたままだった。社会党左派出身で、細川政権誕生時に委員長だった山花貞夫は八〇年十一月、第十二次社会党活動家訪ソ代表団長として、また八二年九月には日ソ特別委員会訪ソ代表団員としてソ連を訪問したことが、ソ連公文書に記載されている。ソ連は世界各国の友党や親ソ派勢力を頻繁にソ連に招いたが、日本では社会党が主要対象だった。

ソ連共産党と社会党の交流は毎年、ソ連党中央委で決定された交流計画に基づいて進められており、たとえば、八〇年の交流計画にはこう記されている。

日本社会党とソ連共産党の八〇年度交流計画 （一九八〇年三月十二日、文書番号78-3）[384]

一、社会主義協会の理論家代表団（七名、十五日間）を「レーニン主義と現代の労働運動における重要問題」をテーマにしたシンポジウムに参加させるため招待。

一、社会主義協会の地方議会代表団（五名、十五日間）を社会主義理論研究とソ連の成果を見聞させるために招待。

一、労働大学（社会党左派の党学校）の代表団（七名、十五日間）をソ連における政治教育の実態と共産主義建設の成果に触れさせるため招待。

日本に限らず、招待計画のほぼすべてに、「代表団のソ連への交通費とソ連国内での滞在費はソ連共産党の予算から拠出される」とある。ソ連が外国人への宣伝・洗脳を図るプログラムであり、山花らの訪ソもソ連共産党の丸抱え旅行だったとみていい。

社会党は八六年採択の「新宣言」で、非マルクス主義の国民政党を目指し、「ソ連型社会主義の道は歩まない」ことを誓いながら、その後も毎年党間交流を続けた。ソ連共産党が解散する五カ月前の九一年三月にもソ連側の招きで代表団を派遣した。団員の一人は、社会党元書記長で、現在は立憲民主党衆院議員の赤松広隆だった。

社会党の訪ソ団はソ連邦が解体する土壇場まで計画されており、五十嵐広三を団長とする社会党日ソ問題特別委代表団が九一年十月、一週間の日程で訪ソする予定だった。[385]しかし、招待主のソ連共産党は、同年八月の保守派によるクーデター未遂事件を経て解散に追い込まれ、訪問はむろん中止された。幻の訪ソ団派遣計画は、社会党が最後まで社会主義の祖国・ソ連にこだわったことを示すエピソードだ。

社会党はソ連共産党解散を受けて、「国民の精神生活と経済活動を上から統制した一党支配は、個人の自発性と自由を尊重する民主主義に敗れ去った」と批判する簡単な談話を出したが、[386]ソ連を志向した歴史の自己批判や総括はなされなかった。

5. 証言から見る資金援助

▽社会党は全面否定

社会党がソ連共産党に資金援助を要請していたことを示すソ連公文書が次々に報じられると、社会党はようやく調査に乗り出した。一九九三年三月、関山信之中央執行委員（衆院議員）ら「旧ソ連古文書問題調査団」が事実関係調査のためモスクワを訪れた。それまで社会党は「そのような事実はない」「あり得ない話」と全面否定していたが、自民党が二月に調査団を派遣し、社会党疑惑を調査したため、対応せざるを得なくなった。

自民党は持ち帰った資料の一部を翻訳し、記者会見して記者団に要約を公開した。[387] 大原一三・自民党調査局長は「社会党がソ連から資金援助を受けたことは相当の疑いがある。政党のあり方が問われている」と述べた。

当時政界では、佐川急便事件や金丸信元自民党副総裁の脱税事件で、社会党が自民党追及を強めていただけに、自民党側には、旧ソ連公文書を反転攻勢に利用する思惑があった。

自民党は、翌九四年に自民党への資金援助疑惑が報じられた時、米国に調査団を派遣して調べることはしなかったが、社会党の資金疑惑には素早く対応した。敵失は攻め、自身の失策は隠すという政党特有の防衛本能だろうが、歴史に公正に向き合う姿勢ではなかった。

一方、社会党は千葉景子副書記長らが記者会見し、調査結果を公表して疑惑を全面否定した。[388] 発表によると、調査団はモスクワの公文書館を訪れ、資料をコピーして点検した。千葉は日ソ貿易協会や傘下の商社を通じた党への資金疑惑では、『二百万円』（六八年）、『十万ドル』（七二年）などの「文書があったことは認める」としながら、面談に応じた石橋政嗣元委員長ら日本側五人、コワレンコ元ソ連共産党国際部副部長らロシア側四人の関係者が資金援助を全面否定したと指摘した。

コワレンコは調査団に、「旧ソ連共産党が日本社会党に資金を供与することはあり得なかったし、いかなる政党にも資金援助はなかった」と述べたという。千葉は、「調査団は持ち帰った資料に基づき、現職の国会議員を含め、文書に名前が出てくる関係者から事情を聴いた結果、資金提供の事実は全くなかった」と強調した。

社会党の調査結果は、①ソ連共産党から社会党への資金供与はあり得なかったし、事実なかった、②貿易にかかわる便宜が図られたことはなく、通常の商業ベースで行われた、③実務打開のため、ソ連共産党に協力を求めた経緯はある、④ソ連共産党との交流は他国の友党との交流同様、相互親善の国際交流だった——という点に集約された。

とはいえ、調査結果は漠然とし、具体性や説得力に欠けている。「聴取した全員がそれぞれ、報道されているような事実は一切ないと否定した」（千葉副書記長）といった具合で、否定の根拠や内容は示されなかった。なぜ社会党への資金援助を示すソ連公文書が大量に出てくるのか、その真偽はどうなのか、否定できる具体的材料はあるのか、関係者への事情聴取はどのように行われたのか——など突っ込みどころは満載だが、詳しい説明はなかった。結局、最初に結論ありきの組織防衛型釈明だったと言える。

政界では、社会党のソ連資金疑惑はうやむやとなり、国会で討議されることもなかった。自民党は当時発覚した佐川急便事件で、野党による自民党幹部証人喚問要求の牽制に文書を利用した模様だ。九四年には自民、社会が連立政権を樹立、自民党資金疑惑も浮上するに及んで、社会党資金問題は封印されてしまった。

▽社会党だけが得点

社会党の資金疑惑については、文書以外に関係者の多くの証言がある。社会党の調査団に「いかなる資金援助もなかった」と答えたとされるコワレンコは、九六年に日本で出版した回想録で、社会党資金疑惑を次のように書いている。[389]

「社会党指導部がソ連共産党中央委員会に援助を要請してきたのは、私が中央委員会で仕事をしていた一九六三年から一九九〇年までの二八年間にわずか二回であった。(中略)最初は一九七一年に、至急、日本の貿易商社(複数)と有利な契約を結んでほしいという形での要請があった。それら貿易商社が収益の一部を社会党の選挙運動資金に回せるようにするためだった。ところがソ連の外国貿易公団が、それらの商社に売れるような適当な商品を見付けることができなかったので、ソ連共産党中央委員会は二〇万ドルを無償で社会党に供与することにした。しかし社会党指導部はこの申し出を断った。(中略)

ソ連外国貿易省が競争力の弱い中小企業との契約に難色を示したので、これらの企業は合同して日ソ貿易協会を創立した。つまり、商品の値段が同じで品質も同じの場合、外国貿易省とツェントロソユーズ（消費組合中央連合）は中小企業との貿易契約の締結を優先させるという方式で、日ソ貿易協会を窓口として、ソ連の外国貿易公団と契約を結ぶことになったのである。この方式はソ連共産党中央委員会の特別決定によって確認された。ソ連の外国貿易公団は、この決定に従わなければならなかった。しかし中小企業は資金不足のため、しばしば品質の悪い商品を高い価格で売ろうとした。このため、外国貿易省のルートでは、この決定はほとんど履行されなかった。（中略）党中央委員会の決定の実施はツェントロソユーズに一任された形となり、ツェントロソユーズは、バーター方式で社会党系の商社と取引していた。（中略）協会の加盟企業との貿易高は年間二億ドル以上に達していた。協会がそのうちどれだけ社会党に回していたのか国際部には分からなかったし、これほどデリケートな問題に関心を示すことは国際部の職員に厳禁されていた」

コワレンコは社会党援助の実態を最も知り得る立場にある人物だが、在任中から真偽をとりまぜた情報操作の発言が目立った。シベリアに抑留された日本人捕虜の洗脳工作に携わり、「日本人は脅せば従う」という独特の日本人観を持つといわれる。回想録もロシアでは発行せず、日本向けだった。自らの立場を正当化し、日本共産党には厳しく、社会党には概してやさしい記述が目立った。

それでも、同書はソ連が日ソ貿易協会系商社を優遇し、協会から社会党に政治資金が流れていたことを大筋で確認している。「社会党が要請してきたのは二回だけ」という部分は、ソ連公文書から見て、明らかに虚偽だろう。

一方、KGBの日本防諜部長を務めたアレクセイ・キリチェンコは筆者に対し、コワレンコが積極的に社会党系企業を優遇していたとし、回想録の記述を批判した。[390]

「六〇年代初期の日ソ両共産党関係の悪化により、ソ連共産党は日本での足がかりを探す必要に迫られた。日本共産党というパイプが失われた以上、ソ連がその政策を日本に浸透させる拠点は日本社会党だけだった。社会党の路線を改良主義と批判する意見もソ連にあったが、他に道はなく、日本での共産主義運動に注がれる資金のほぼ全額が社会党への工作に回された。ソ連は日本で革命が起きるとはみなしておらず、社会党との関係強化の目的は、同党の力をテコに、日ソ関係を改善することにあった。

こうして日本社会党は、『対ソ関係では全能』という栄光を獲得した。いくつかの競合企業がソ連に取引をもちかけた場合には、経済上の損得に関係なく、優先権は社会党傘下の会社に与えられた。経済的な協力は概ね日本社会党側に有利な形で進められた。すべてはソ連党中央委の決定を外国貿易省に下ろす形で実行された。

社会党の影響下にある中小企業は、日ソ貿易に携わる他の大企業と競うのがいかに困難かよく分かっていた。そこで、コワレンコが救いの手を差し伸べた。ソ連の経済的利益を犠牲にしてでも社会党系の企業と協力関係を結ぶことがいかに有益であるかを彼が説得して回った。社会党はソ連党指導部に対して、傘下企業のためのロビー活動を行っていた。

ソ連側は社会党の影響力拡大に必要な支援を惜しまなかったが、時には社会党側の多大な要求に閉口することもあった。ソ連共産党にとっては、これらの援助は施しを与えているようにしか映らず、日本社会党もそれは承知の上だったはずだ」

キリチェンコの指摘は、一連のソ連公文書に記された社会党資金疑惑を追認するものだ。KGB幹部として実態を知り、当事者のコワレンコよりも自由に話せたようだ。ただ、両者とも貿易操作を経て社会党系企業に入った利益のうち、どの程度が社会党に回されたかには触れていない。これは、社会党幹部と協会幹部だけが知り得る専権事項だろう。

▽KGBが社会党工作で年次計画

冷戦期のソ連の対日工作は、ソ連共産党国際部が統括し、KGBは国際部の命令を実行する機関だった。七〇年代にKGBのスパイとして社会党工作も担当したスタニスラフ・レフチェンコは七九年の米国亡命後、秘密活動の全容を暴露し、政界やマスコミ界に衝撃を与えた。ソ連誌『ノーボエ・ブレーミャ』の東京特派員を隠れ蓑に対日スパイ活動を行ったレフチェンコは、米議会の公聴会で、「東京にはソ連大使館を中心に、約五十人のKGB将校がおり、国会議員や政府職員、ジャーナリスト、学者など約二百人をエージェントとして操作している。日本はスパイ天国だ」などと証言して反響を呼んだ。

レフチェンコはソ連公文書公開後の九三年、月刊『文藝春秋』で「社会党はカネ以外に政策までソ連から貰っていた」などと告発した。社会党の資金疑惑について、レフチェンコは上住充弘との対談でこう述べている。[391]

「社会党をソ連の言いなりにさせるために、貿易による社会党への資金供与などを、国際部とKGBが一緒になってやったのです。それは、国際部、KGB、その他すべての共同作業でした。KGBは社会党といかに活動するかに関する年次計画を持っていました。それは非常に細部にわたるものです。『社会主義協会』をどうするか、他の人々をどうするか、つまり完全にマルクス主義者の集団ではない派閥に所属しているが、ソ連に対して好意的な人々をどうするかとか」

亡命後、アメリカで記者会見する
スタニスラフ・レフチェンコ

「KGBが欲しなかったこと、それは『社会主義協会』が社会党を乗っ取ることです。(中略)そうなったら、民間労組が社会党から離れ、社会党は潰れます。KGBは『社会主義協会』が勝間田派や他の派閥に対して強い勢力を保持して、影響力を行使して欲しかったのです」

「（石橋氏は）ＫＧＢと関係はなかった。石橋氏をリクルートしたのはソ連共産党国際部です。国際部は、社会党の財政状態を熟知していました。それで、石橋氏が友好貿易を通じた資金供与のために、駐日ソ連大使館を訪ねたり、たとえば日ソ友好貿易協会の第七回総会に関連して、国際部に書簡を送らざるをえないように仕向けたのです」

「（公表された公文書のほとんどは）国際部に資金を要求していた社会党議員たちに関するものです。しかし、社会党のある大物議員たちの名前はここには見当たりません。（中略）それはほんの一部にすぎないということです。（中略）ＫＧＢについて言えば、資料を公開するにはより厳しい基準があります。国際部はもう存在しないから書類は出やすいのですが、もっと重要な資料は、秘匿されたり、焼却されたりしているはずです」

「対日貿易はソ連にとっていつも『赤字』でした。にもかかわらず、それぞれの取引で、社会党はいつも国際市場価格に較べて特別なディスカウントをしてもらっていました」


　重要な資料が「焼却」されるという指摘は事実ではないと思われる。米国やロシアの官僚は、公文書を秘匿することはあっても、破棄することはまずない。公文書の「破棄」がシステムとして存在するのは、実はわが日本外務省である[392]。

　レフチェンコはこの中で、社会党が七〇年代前半に「社共統一戦線」を進めたことについて、「国際部がやったことです。しかし共産党について言えば、宮本（顕治）氏が特にそのことに賛同したとは思えない。国際部は社共統一戦線を強烈に望んでいました。しかし、それは国際部の誤算でした。日本共産党を誤解していたのです。その時すでに日共は大変なナショナリストでしたから」と述べた。社共共闘路線はソ連共産党が社会党に働き掛けたが、日本共産党が結局それに乗らなかったとの認識である。

レフチェンコはさらに、「社会党は実に複雑な政党」で、「多くの派閥があります。ある人たちはいつもKGBに自分の派閥に都合のいい情報を与えようとする。そして他の派閥は悪者扱いです」と述べ、内部対立の激しい社会党工作に苦慮したことを明かしている。

ソ連のエージェントと告発された石橋は、『文藝春秋』の同じ記事に載ったインタビューで、「私が貿易の問題でソ連側に会ったり、あるいは口をきいたりしたことは一切ない。（中略）私のどこがソ連派ですか。（中略）大体、私は『社会主義協会』とは一切関係がなかったし、ソ連派でも中国派でもない。私は社会党の外交政策を一貫して批判してきたんです」と反論した。[393]

▽ソ連資金は派閥に流入？

党調査部長を務めた右派の上住充弘は、党内でも七〇年代にソ連の秘密資金が流入しているとの噂を聞いたことを明らかにし、ソ連資金が派閥に流れた可能性を指摘している。[394]

「ソ連からのカネというのは社会党の会計に入ったのではなく、石橋政嗣・元委員長の率いる派閥の懐に収まっていると党内では見られていました。石橋は当時、書記長の要職にありました。和田、勝間田、石橋、伊藤茂と続くこの派閥は、国際局、国民運動局と下部組織の日ソ特別委員会、日ソ議員連盟、日ソ友好協会などを全て掌握していました。そしてさらに、問題の『日ソ貿易協会』という組織を党の外部に作り、牛耳っていたわけです。そして、こういう要職を利用して日ソ貿易協会が様々な商業取引をソ連側と行うのを側面的に協力していた、というのが党内の『常識』でした」「その仲介斡旋料という名目で、取引額の一五％とか二〇％がリベートとして日ソ貿易協会、ひいては石橋派の懐に転がり込んでくる仕組みになっていたと聞いています」

「その頃私は党の企画室にいて、毎朝会議をやっていたのですが、『石橋派だけがソ連とくっついて金儲けしているのはおかしいじゃないか。日ソ貿易協会は党の機関にすべきだ！』という議論さえでていました。年末になると、党本部の書記局員の中の石橋派系のメンバーがボーナスとして十万円ももらっていることがわかり、他のメンバーがうらやましがったこともあります」

「破格のボーナス」の話は一概には信じられないが、日ソ貿易協会の上納金がどう社会党に流れ、どのように使われたかはソ連公文書にも一切記載がない。コワレンコも回想録で、ソ連側は用途には一切関知しないとしている。社会党が文書に残しているとも思えず、もはや追及困難なテーマだろう。

▽ミトロヒン文書の告発

ソ連による社会党への資金援助は、九二年に英国に亡命した元KGB職員のワシリー・ミトロヒンがロシアから持ち出したKGB機密文書、通称「ミトロヒン文書」でも取り上げられた。戦後、対外諜報活動に従事していたミトロヒンはソビエト体制に幻滅し、KGBの書庫管理室に移った後、機密文書のコピーやメモを集めた。その文書は、英ケンブリッジ大学の歴史学者、クリストファー・アンドリューが分析に参加し、二冊に分けて刊行された。邦訳は出ていない。[395]

日本関係は二冊目の"Mitrokhin Archives II"に十六ページが費やされ、KGBの政界工作やマスコミ工作、対外務省工作、科学技術取得工作などが描かれている。社会党関連の要旨は以下の通りだ。[396]

一九六〇年代初期の中ソ関係決裂で、日本共産党がソ連から離反して中国に接近し、ソ連は「資産」を失った。代わって、政治・軍事・経済・戦略情報を担当するKGBの「PR部門」は、最大野党・社会党左派の主要メンバーをエージェントとしてリクルートすることに集中した。

在日KGBは七〇年ごろには、社会党幹部五人をリクルートした。その五人は、①勝間田清一（コードネーム＝GAVR。七四年に党内の立場を強化するため四百万円を提供）、②佐藤保

（コードネーム＝ＡＴＯＳ。社会主義協会派のリーダー。七三年十月、社会党機関誌に原稿を掲載するため四十万円支払う。他にも資金提供があった）、③コードネーム＝ＡＬＦＯＮＳ（『社会新報』に原稿を掲載してもらうため、ＫＧＢが二百五十万円支払う）、④コードネーム＝ＤＵＧ（委員長に近い社会党職員。七二年の彼の選挙戦で三十九万円支払う）、⑤コードネーム＝ＤＩＫ（七二年に選挙ポスター作成などで二十万円を支援）。

七〇年二月二十六日、ソ連共産党政治局はＫＧＢが十万外貨ルーブル（約三千五百六十一万円）を社会党の数人の幹部に支払い、党機関紙に補助金を支払うことを承認した。十万ルーブルが支払われたのは七二年で、六万ルーブルは幹部らの議員活動に充てられた。一万ルーブルは社会党とソ連共産党の関係強化に、二万ルーブルは日本と米国、中国の関係に打撃を与える措置に、残りの一万ルーブルは社会党と公明、民社両党の関係を阻害することに使われた。機関紙への補助金は毎年支払われた。

このほか、ＫＧＢが七〇年代にリクルートした社会党員には、伊藤茂衆院議員（コードネーム＝ＧＲＡＣＥ）、党副委員長を務め、著名な労組活動家のＪＡＣＫ、江田三郎元書記長の側近であるＤＥＮＩＳらが含まれている。ＫＧＢの秘密のエージェントには、日本共産党から移籍し、社会党幹部になったＫＩＮＧ、勝間田派の国会議員ＫＥＲＫらがいる。

同書の社会党部分は二ページ程度で、文書を直接紹介せず、レフチェンコ発言を引用するなど、やや雑な筆致になっているが、資金援助のディテールが細かく、信憑性を感じさせる。「七〇年にソ連共産党が十万外貨ルーブルを社会党に提供することを承認し、七二年に支払われた」とあるが、事実なら、これまで取り上げてきた貿易操作だけでなく、社会党に対して直接現金の受け渡しが行われたことを意味する。

七二年に社会党が要請した十万米ドルの一件は、中小商社の追加商品買い付けという貿易操作の利益の一部だった。直接提供の十万外貨ルーブルとは通貨単位が異なり、別立てとなる。資金の直接提供は、明白な政治資金規正法違反行為となる。

同書はまた、「社会党以外の政治家で最も重要なエージェント」として、労相などを務め、長年日ソ友好議員連盟会長の座にあった元自民党衆院議員、石田博英（コードネーム＝HOOVER）を挙げ、自民党工作にも言及している。それによれば、石田は自民党内や議員連盟で「影響力を行使するエージェント」として利用され、七三年の田中首相訪ソ直前にモスクワに招かれ、ブレジネフらが歓待した。

石田は七七年、KGBの要請を受け、福田赳夫首相に対し、モスクワ駐在の日本大使夫妻がソ連反体制派と接触し、好ましくない行動を取っているとして更迭するよう求めたという。この大使は、終戦時の外相で、降伏文書に調印した重光葵の甥に当たる重光晶大使とみられる。

同書はさらに、「KGBは自民党の一部派閥の金銭的腐敗に便乗して浸透を図ろうとしたが、ロッキード事件でロッキード社が贈った巨額の賄賂に金銭的に対抗することは到底できなかった。日本の保守政治中枢に食い込むという悲願は、遂に実現できなかった」と書いている。金銭的に、社会党には食い込みやすかったということだろう。

こうして、ソ連崩壊後、社会党とソ連の闇の関係を示す文書が次々に出てきたが、「ソ連共産党文書はすべてが公表されているわけではない。極秘のいわゆる『大統領公文書保管所』[397]に、両党関係の中でも世間体の良くない側面に解明のメスを入れてくれる文書が、まだ多数残っていると確信が持てる」（ロシアのジャーナリスト、アンドレイ・セベロフ）という指摘もある。[398]その場合、これまで紹介した文書は、社会党とソ連の癒着の「氷山の一角」かもしれず、全容解明には程遠いことになる。

それにしても、冷戦期の社会党幹部はソ連がいずれ崩壊し、不都合な機密文書が公開されるとはよもや思わなかっただろう。ソ連との内通を総括・清算できなかった日本社会党は、結局ソ連・東欧の共産党と同じ運命をたどることになった。

終　章　民主政治の発育不良

▽天王山で岸に賭ける

以上のような資料や論考から、自民党、民社党、日本社会党、日本共産党の四党が冷戦期に外国の政治資金を導入していたことが明らかになった。既に見たように、一九四八年に施行された政治資金規正法は、第二二条の五で、「何人も、外国人、外国法人又はその主たる構成員が外国人若しくは外国法人である団体その他の組織から、政治活動に関する寄附を受けてはならない」と明記している。各党とも、それを知りながら資金援助を受けて法律に抵触し、その事実を隠蔽して有権者を欺いていたことになる。国民の大半が復興へとひたむきに走っていた時代に、社会の指導的立場にあるべき政党が舞台裏で国家主権にもかかわる違法行為を犯していた事実は看過できない。

与野党が安易に外国資金を導入した要因としては、今日とは比較にならない、戦後における保革両陣営の激しい選挙戦やイデオロギー対立があろう。米ソの東西冷戦も進行し、五二年に独立を回復した日本の進路も不透明だった。論壇でも、左右両翼の思想戦が火花を散らした。

米国が自民党に肩入れしたのは、アジアにおける「共産主義の防波堤」とみなした日本が中立主義に傾き、共産ブロックとの和解に動く可能性を懸念したためだ。マッカーサー駐日大使や米国の日本専門家らは、五五年体制成立後初の五八年総選挙で社会党の躍進、自民党の不振の可能性を憂慮し、日本や日米関係の将来を左右する天王山と位置づけた。

ダレス国務長官は五七年六月、訪米した岸信介首相との首脳会談で、日米関係の重要性を強調し、アイゼンハワー大統領に向かって、「われわれは、この紳士に大きく賭けている（We are making a big bet on this gentleman）」「それは、将来の両国関係への正当な賭けである」と語りかけた。[399] マイケル・シャラーは、「岸こそ『日本に我々が残してきた唯一の賭け馬』だとする認識を固めた。（中略）この決定は、五七年六月の岸の盛大な訪米旅行とＣＩＡによる資金供与をもたらすことになった」と分析した。[400] ＣＩＡがソ連や中国による日本共産党への資金援助情報を察知していたことも、自民党への資金提供を促した。五八年総選挙で自民は大勝し、米国の思惑通り、その後強固な日米同盟関係が長期化することになる。

もとより、自民党が戦後、自由と民主主義という価値観を共有する米国との同盟関係を選択したことは歴史的功績であり、それがその後の平和と繁栄につながった。とはいえ、米国から資金援助を受けることは独立国の与党として容認されることではなく、真相を解明し、誠実に対処すべきだろう。今日の時点で、それを公表することが政治活動や国家安全保障の打撃になるとは思えない。

一方のソ連にとって、「日米離間」は対日外交の永遠のテーマであり、米国の影響力を排除する狙いから、足場を持つ革新勢力に資金援助を行った。資本主義国の革命運動支援はコミンテルンの時代から国際共産主義運動の伝統であり、当初は日本共産党に肩入れし、共産党が自主独立路線に転換した後、日本社会党を支援した。

その後の東西冷戦の帰趨をみれば、日本共産党が六〇年代初期、自主独立路線に転換し、ソ連との資金関係を断ち切ったのは先見の明があったといえよう。遅れてソ連を志向した社会党は結局、冷戦に敗北し、崩壊したソ連と同様の運命をたどる形になった。社会党は晩年、「非武装中立」から日米安保容認へと「政策大転換」（原彬久）[401]を強いられ、迷走した。ソ連からの資金援助導入が暴露されたことも、社会党が事実上消滅した要因の一つに挙げられよう。

▽占領メンタリティー

秘密資金援助の背景には、米ソ両国の独特の政治思想がある。米国は建国以来、アメリカ型の自由や民主主義、価値観を世界に普及させるという使命感を持った。ソ連も社会主義総本山として、共産主義思想を世界に広めることを任務とした。東西両陣営の盟主意識や、戦後の与野党の激しいイデオロギー対立が交錯し、違法な資金援助につながった。相手側の資金援助導入の噂も、相互の疑心暗鬼を高めた。

日本の政党が安易に外国資金を導入した心理的背景として、敗戦後七年にわたる占領時代が生んだ連合国へのコンプレックスも指摘できる。ジョン・ダワーが占領時代について、「征服者たちは、新しい『臣民』である日本人にたいして貴重な実用品を恵み与えることもあった」、「日本人は、アメリカ人が優位な立場にいるということを毎日のように思い知らされた」と書いたように[402]、米国に依存する一種の占領メンタリティーが自民党のＣＩＡ資金受け入れにつながった可能性がある。

同様に、革新勢力にとって、五〇―六〇年代のソ連は「労働者の祖国」だった。非効率なソ連経済の実態が知られていない当時は、社会主義先進国であり、資金援助を受けることに抵抗感はなかったようだ。コミンテルン活動家だった野坂らは、ソ連から資金を受けることを当然視していた。援助が常態化すると、各党とも資金援助に慣れ、貴重な政治資金源とみなしていった。

違法な外国資金導入で形成されていった五五年体制は、その後の政治や外交にネガティブな影響を与えた。日本外交は米国追随が続き、思考のない盲目的な同調外交も目立った。「日本の首都はワシントンにある」「日本にはForeign Policy（外交政策）はないが、Following Policy（追随政策）がある」といった政治ジョークもあった。

社会党の野党外交も、ソ連への追随政策だった。ソ連側との交渉では、政策論議は適当に済ませ、もっぱら貿易を通じた利権の交渉を重視していた。政治が思考力を失った結果、「寄らば大樹の陰」の事なかれ主義が目立った。

日本経済がバブル崩壊で下り坂となり、グローバル化への対応に苦慮していた一九九〇年代後半、日本異質論者（レビジョニスト）の元祖として知られる米国の日本専門家、チャルマーズ・ジョンソンは、日本の政治・経済の危機管理能力の欠如や国際化の遅れは、「冷戦期に日本が中立化の道を選ばないように工作した米国の影響」が背景にあると分析し、対日政策での「アメリカのカネと不正工作（dirty tricks）」を批判した。[403]ジョンソンは、ドイツのような二大政党制を確立できず、真の政党間競争のなかったことが、日本の不運だったとしている。ただし、ドイツの保守政党にもCIA資金が日本以上に流入しており、日独政治格差が生じたとすれば、別の次元の問題となる。

日独の政治・外交格差は、冷戦終結時の戦後処理外交で鮮烈な対比を見せた。旧西独のコール政権は、八九年のベルリンの壁崩壊後、ゴルバチョフ政権との間で迅速かつ多角的な外交を展開し、ソ連にドイツ統一や統一ドイツのNATO加盟を承認させ、戦後処理を一気に完了した。

これに対し、日本政府・外務省はソ連崩壊後、圧倒的な経済的優位やエリツィン政権の親西側外交、スターリン外交の否定という千載一遇の好機に本格交渉に動かなかった。その結果、いまだに北方領土問題は未解決のままで、交渉はますます難航している。リスクを避ける外務省特有の官僚外交にも問題があったが、永田町では当時、リクルート事件を受けた選挙制度改革や区割り法案に没頭していた。ソ連崩壊、冷戦終結という国際政治の地殻変動に、政界、官界の関心は低く、戦後処理が持ち越された。

ジョンソンは冷戦が終了した時、「アメリカにとって、良いニュースは冷戦が終わったこと、悪いニュースはドイツと日本が勝ったことだ」と皮肉った。[404]しかし、ドイツが冷戦勝利で「戦果」を挙げたのに対し、対露外交失敗の日本は勝利の果実を得られないままに終わった。町村信孝元外相は生前、「ソ連崩壊のころ、永田町では区割り法案作成に躍起になっていた。もっとドイツのように、国際情勢の激変に目を向け、北方領土問題に力を注ぐべきだった」と自省していたが[405]、後の祭りだった。

日本の政界の危機管理や国際化対応に欠陥があった背景には、ジョンソンが指摘するように、違法な外国資金を導入する政党の体質が、政治・外交の思考力を失わせ、健全な与党、健全な野党の発展を阻害したことがあるかもしれない。冷戦時代は、本来の政策立案による政党間競争が失われ、国会論戦は単調なイデオロギー論争が多かった。国家主権意識に基づく民主主義の生育不良をもたらし、それは現代の日本政治にも影を落としている。

米ソからの秘密資金導入問題には、五五年体制の日本政治の暗部が凝縮されている。社会が戦後復興へ向け邁進するさ中、政治が違法な外国資金に手を染めていたことは、法的問題だけでなく、政党として根本的なモラルが問われる。外国の政治干渉や「政治とカネ」の連鎖を断ち切るためにも、公党は真相解明を進め、歴史の清算を図るべきだろう。

▽主戦場は欧州

与野党が冷戦期に米ソ両国から秘密資金を受領していたことは重大なスキャンダルとはいえ、客観的、相対的な視点を持つことも必要になる。以下、分析にあたっての注意事項を列挙する。

第一に、戦後の国際政治を主導した米ソ両超大国は冷戦期に、世界戦略の一環として世界各地で内政干渉や選挙介入を行っており、干渉の対象は日本だけではなかった。一九五〇年代後半から六四年まで続いたとみられる自民党への資金援助は、たとえば旧西独やイタリアの保守政党への資金援助と比べて額は少なかった。旧南ベトナムや中南米で親米派政権を誕生させた軍事クーデター支援のような露骨な冒険主義や、欧州でのNATOを通じたソ連・東欧圏との本格的な軍事的対峙も日本は無縁だった。

一方、ソ連共産党国際部の文書に記載されている日本共産党向け資金援助額は、仏共産党やイタリア共産党に比べるとはるかに少なく、六三年を最後に打ち切られた。日本社会党には、貿易操作を通じて間接的に資金援助が行われたが、ソ連はフランス共産党やイタリア共産党の傘下にある企業も支援しており、社会党が特別ではなかった。ソ連は東ベルリン暴動、ハンガリー動乱、チェコスロバキア自由化など、東欧の「社会主義共同体」の危機に際して武力介入したが、アジアではその種の冒険主義的行動はなかった。

このように、米ソともに冷戦期の各国への資金援助や政治工作では、「主戦場」の欧州を重視し、日本・アジアは二次的な扱いだったといえる。日本での秘密工作は、あくまで冷戦期の米ソ世界戦略の一部であり、その比重は相対的に最も重要ではなかった。むしろ、米ソの秘密文書にしばしば垣間見られる特徴は、資金援助が常態化する中で、米ソの側よりも、日本の政党側が政治資金を安易に求めていた構図だ。受領する側にとって、米ソの資金援助が次第にATM（現金自動引き出し機）と化したかにみえる。特に慢性的な財政難だった日本社会党にとって、ソ連の支援は「麻薬」のような存在だったようだ。

第二に、米ソからの資金導入を担当し、手を染めていたのは、あくまで政党内の一部グループであり、政党全体が非合法行為に加担していたわけではなかった。自民党では、主導したのは親米派の岸信介、佐藤栄作兄弟や幹事長の川島正次郎らとみられる。米国の資金提供を知った元首相の大平正芳が「外国の金は絶対に受けてはいけない」と批判したとする間接情報も紹介した。[406]

社会党でも、党調査部長を務めた上住充弘が「ソ連からのカネは社会党の会計に入ったのではなく、石橋政嗣・元委員長の率いる派閥の懐に収まっていると党内ではみられていました」と回顧していた。[407]日本共産党については、「ソ連資金は党中央に一切入っていない」（不破）ことが事実かどうかはともかく、野坂参三、袴田里見らが受け渡しの窓口となっていたのは間違いない。一部の幹部が外国資金を導入しているとの噂を聞き、苦々しく思っていた政党人もいたはずである。

近代政治学の泰斗とされるマックス・ヴェーバーは『職業としての政治』で、「政治を職業とする人」は「政治のために生きる人」、「政治によって生きる人」のどちらかに大別できると書いたが、[408]安易に外国資金を受領した政治家は後者の範疇に入るといえよう。ヴェーバーはさらに、「ボスははっきりした政治『原則』をもたない。彼はまったく主義をもたず、票集めのことしか考えない」と政党指導者を批判した。[409]ここで言う「票集め」とは選挙に限らず、権力維持や権力奪取のための行動すべてを意味しており、こうしたリーダーの下で外国資金導入が進んだとみることもできる。自民党政治については、安倍晋三首相にも連なる岸・佐藤兄弟の政治倫理や政治姿勢が、社会党では、冷戦期の歴代委員長・書記長や向ソ一辺倒だった最左派・社会主義協会などの体質が問われよう。

第三に、本論文では米ソの公文書の引用を中心に論旨を展開したが、米ソの外交官らが文書に記した内容自体が事実かどうか、誇張や歪曲があるのかなどは判断できない。紹介した機密文書は個別の案件が多く、実際に米ソからどれだけの額が日本の政党に流入したのか、資金が誰によってどう活用され、選挙で具体的に成果があったのか、政治家個人にも渡ったのかなどは不明である。その意味で、米ソの資金提供疑惑の全容は解明できず、なお多くの謎が残されている。

ＣＩＡは原則的に情報開示を拒否しており、日本政府や政党が情報公開でこの種の文書を公表するとは思えない。ロシアの新たな文書公開も、プーチン政権の隠蔽体質からみて難しいだろう。今後の調査、研究は困難が多いと思われる。

▽選挙干渉をどう防ぐか

第四に、米露などの大国が他国の選挙や内政に介入するケースは冷戦後も続いており、国際政治における普遍的なテーマと言える。第2章で触れたように、大戦後の一九四六年から二〇〇〇年までに外国の国政選挙で米国が影響力を行使したのは計八十一回に上り、旧ソ連・ロシアが行った選挙干渉は三十六回とする研究報告が米国で公表された。大国による他国への選挙干渉は、二十一世紀に入っても形を変えて続いている。

米国では、政府機関以外に、各国の民主化を支援する民間機関が影響力を持つ。レーガン政権時代に民主化支援の名目で設立され、議会も出資する「全米民主主義基金」（ＮＥＤ）、民間の民主主義普及組織で世界各地に支部を持つ民主党系非営利組織、「全米民主主義研究所」（NDI）、投資家ジョージ・ソロスにより設立された国際的な助成財団、「オープン・ソサエティ財団」（OSF）など多くの組織が活動し、米国型民主主義を世界に拡散している。

ロシアでは、プーチン政権下で影響力を取り戻した情報機関、対外情報庁（SVR）や連邦保安局（FSB）、軍参謀本部情報総局（GRU）が選挙干渉を強めている。一六年の米大統領選やEU離脱を問う英国民投票、一七年の仏大統領選や独総選挙で、サイバー技術を駆使したロシアの選挙介入が問題になった。特に、ハード部門で選挙干渉能力を持つGRUの影響力増大が観測されている。

トランプ政権のロシア疑惑を捜査したモラー特別検察官の捜査報告書は、「ロシア政府は大胆かつ組織的な方法で米大統領選に干渉した」と結論付けた。プーチン大統領は、選挙には一切干渉していないと否定したが、米国の十七の情報機関すべてがロシアの選挙干渉はあったと断定し、[410]米議会は対露経済制裁に動いた。

もとより、プーチンは一四年三月のウクライナ領クリミア併合演説で、旧ソ連圏の「カラー革命」や中東一帯で起きた「アラブの春」について、「これらの国々は民族の生活様式にも伝統にも文化にも全く合わない基準を押しつけられた」と米国の内政干渉を厳しく非難した。[411]その後のロシアによる一連のサイバー攻撃は、米国の干渉への報復という意味合いがある。米国防次官補を務めた国際政治学者のジョセフ・ナイは、選挙干渉を防ぐため、サイバー抑止力を強化するとともに、米露が互いの国内政治プロセスに干渉する行動の制限を交渉するよう提言した。[412]

こうして、冷戦期の米ソの各国への内政干渉、選挙介入は、形を変えて今日も続いており、国際政治の不安定要因になっている。新しい超大国・中国が今後、「一帯一路」政策の一環で、親中派政権を擁立するため第三世界の内政に干渉するケースも増えそうだ。今日、大国による日本の選挙への干渉はみられないが、将来の外国による政治干渉や選挙介入を阻止し、主権を堅持する上でも、冷戦期の与野党による外国資金導入問題の真相に迫る意義がある。

本書は、学術的観点から言えば、歴史研究に属し、戦後政治史の一ケーススタディである。冷戦後に公開された米ソの公文書を基に、戦後政治の恥部ともいうべき与野党の外国資金導入問題を取り上げ、各政党の興亡の中に位置づけながら、文書の紹介と実証的な分析を心がけた。学界での戦後政治史研究は占領期を中心に膨大な作業が蓄積されているが、米国やソ連による日本の政党への資金提供問題は事実上空白であり、与野党が陰で違法行為を行っていた事実は顧みられず、専門的な研究も行われていない。

国際政治学者の五百旗頭真・兵庫県立大学理事長はかつて、「政治学の諸理論と歴史研究とは互いに他方を必要とする補完関係にありながら、容易に結び合わないのが現実である」としながら、政策決定過程論は両者の接する位置にあり、成果を生み出している分野に属すると指摘した[413]。

本書で扱った日米関係、日ソ関係の一断面が政治学の諸理論とどう結びつくのか、日本の対外政策にどのような影響を与えたか、現代の政党政治にどう波及しているかなどは、政策決定論の枠内で新たな調査、研究を待つべきかもしれない。その意味で本書は、事実の発掘と問題提起を目的とした先行研究と言える。

あとがき

共同通信と時事通信は特ダネを配信する際、「独自」のワッペンを付けて通常の記事と差別化するが、筆者は記者として時事通信に勤務した三十五年間に計五百本の独自原稿を書いた。質はともかく、量的には最も多い方だろう。

その約三分の一は、米露両国の公文書館などで入手した機密文書に基づく現代史の見直しだった。一九九〇年代は二十世紀の総括が日本のメディアの大きなテーマで、中央紙や地方紙によく掲載していただいた。

ソ連邦崩壊後、旧ソ連公文書の解禁が始まると、モスクワの公文書館に通ったし、ワシントンでは、閲覧者の少ない土曜日にバージニア州の自宅から高速を飛ばしてメリーランド州の国立公文書館を訪ねた。当時から、冷戦期の日本の政党の外国資金導入問題を包括的に再構成することを考えてきた。その意味で、構想から完成まで、三十年近くかかったことになる。

米露の首都で自在に取材活動をさせてくれた時事通信には感謝している。

時事で駆け出しだったころ、上司の田久保忠衛・杏林大学名誉教授から、米中ソという大国の興亡と構図が国際関係や日本の行方を左右することを叩き込まれた。政治部ＯＢで政治評論家の屋山太郎氏からは、「『右も左もぶっ飛ばせ』が記者の真髄であり快感だ」と教わった。外信部OBの中澤孝之・元長岡大学教授、金重紘・元ニューヨーク総局長らにもお世話になった。時事での記者活動が、本書の執筆で支柱になっている。

公文書の調査に際しては、加藤哲郎・一橋大名誉教授、共同通信OBの春名幹男・元名古屋大学教授から重要なアドバイスを受けた。二〇一九年十一月に急逝されたロシア専門家の木村汎・北海道大学名誉教授にも貴重な意見をいただいた。

本書は拓殖大学国際協力学研究科（安全保障専攻）に二〇一九年度博士学位申請論文として提出した原稿を基にしており、論文特有の表記や制約を避けて書き直した。

拓殖大学の森本敏総長、川上高司海外事情研究所所長、佐藤丙午同副所長には、論文執筆を奨励され、支援を受けた。同僚の丹羽文生准教授には、原稿を事前にチェックしてもらい、表現や構成、注釈で的確なコメントをいただいた。

恩師の故中嶋嶺雄・国際教養大学初代学長は「執筆者と評者しか読まない文化系の博士論文はあまり意味がない」とし、自らは学位論文『中ソ対立と現代』を一九七八年に中央公論社から出版して版を重ねたが、今回、何とか出版にこぎつけられて安堵している。

出版に際しては、新潮社出版企画部の竹中宏氏に全面的な協力を受けた。心から感謝したい。

二〇一九年十一月
著者

【関連政治史年表】

1945年（昭和20）

8月15日	ポツダム宣言受諾の玉音放送
9月22日	米国務省が「降伏後ニ於ケル米国ノ初期ノ対日方針」発表
10月9日	幣原喜重郎内閣成立
10月20日	共産党機関紙『赤旗』復刊
10～11月	野坂参三、極秘訪ソ
11月2日	日本社会党結成（書記長・片山哲）
11月9日	日本自由党結成（総裁・鳩山一郎）
12月1日	日本共産党再建

1946年（昭和21）

1月12日	野坂参三、帰国
4月10日	第22回総選挙（自由141、進歩94、社会93、協同14、共産5、諸無119／最後の帝国議会選挙）
5月3日	極東国際軍事裁判開廷
5月22日	第1次吉田内閣成立
11月3日	日本国憲法公布

1947年（昭和22）

1月1日	共産党などの主導で2・1ゼネスト計画
3月12日	トルーマン・ドクトリン発表
4月20日	第1回参院選（社会47、自由39、民主29、国民協同10、共産4、諸無121）
4月25日	第23回総選挙（社会143、自由131、民主124、国民協同31、共産4、日本農民5、諸無28）
5月3日	日本国憲法施行
5月24日	片山哲内閣成立（社会、民主、国民協同）
6月5日	米国、マーシャル・プラン発表
9月	ソ連および東欧6か国、仏、伊の共産党によりコミンフォルム創立

1948年（昭和23）

1月6日	米政府、占領政策で「改革停止宣言」
3月10日	芦田均内閣成立（民主、社会、国民協同）
3月15日	民主自由党結成（総裁・吉田茂）
7月29日	政治資金規正法制定、外国人からの献金を禁止
10月15日	第2次吉田茂内閣成立
11月12日	極東国際軍事裁判、判決
12月23日	衆院、内閣不信任案可決・解散 死刑判決のA級戦犯7名を処刑
12月24日	岸信介らA級戦犯、巣鴨刑務所より釈放

1949年（昭和24）

1月23日	第24回総選挙（民主自由264、民主69、社会48、共産35、国民協同14、諸無36）
7月6日	下山事件
7月15日	三鷹事件
8月17日	松川事件
9月7日	西ドイツ（ドイツ連邦共和国）成立
10月1日	中華人民共和国成立
12月25日	ソ連がハバロフスク裁判で日本の戦争犯罪追及（～30日）

1950年（昭和25）

1月6日	コミンフォルムが機関誌で日本共産党の野坂路線を批判
1月19日	社会党分裂（左派・鈴木茂三郎／右派片山哲）（4月3日に再統一）
2月9日	米マッカーシー上院議員の演説によりマッカーシズム（反共運動）始まる
3月1日	民主自由と民主党の合同により自由党発足（総裁・吉田茂）
5月3日	マッカーサー元帥、共産党の非合法化を示唆

6月4日　第2回参院選（自由52、社会36、緑風9、国民民主9、共産2、労農2、諸無22）
6月25日　朝鮮戦争勃発
6月26日　『赤旗』の発行停止指令。このころよりレッド・パージが本格化
7月11日　総評（日本労働組合総評議会）結成
9月1日　閣議において公務員のレッド・パージの基本方針を決定

1951年（昭和26）

4月11日　トルーマン大統領、マッカーサー元帥を罷免
10月16日　共産党、第5回全国協議会（五全協）で「51年綱領」を採択。武装闘争に転換
12月24日　社会党、臨時党大会において安保条約を巡り、再分裂
この年、「国際労組基金」が共産党に10万ドルの支援決定

1952年（昭和27）

4月28日　日米安全保障条約発効
5月1日　血のメーデー事件
7月21日　破壊活動防止法、公安調査庁設置法公布
10月1日　第25回総選挙（自由240、改進85、右社57、左社54、労農4、共産0、諸無26）
11月4日　米大統領選、アイゼンハワー当選

1953年（昭和28）

4月19日　第26回総選挙（自由〈吉田派〉199、改進76、左社72、右社66、自由〈鳩山派〉35、労農5、共産1、諸無12／岸信介、自由党から初出馬当選）
4月24日　第3回参院選（自由46、改進8、左社18、右社10、緑風16、諸無30／鳩山自由、共産0）
7月27日　朝鮮戦争休戦協定調印
10月14日　徳田球一、北京で死去（公表は55年8月）

1954年（昭和29）

2月23日　「造船疑獄」で有田二郎衆議を逮捕
4月21日　犬養健法相、「造船疑獄」で指揮権発動。佐藤栄作自由党幹事長逮捕を阻止
6月9日　防衛庁設置法、自衛隊法公布
11月24日　日本民主党結成（総裁・鳩山一郎）
12月10日　鳩山一郎内閣成立

1955年（昭和30）

2月27日　第27回総選挙（民主185、自由112、左社89、右社67、労農4、共産2、諸無8）
6月11日　米政府が対日政策文書で保守党強化、健全野党育成を決定
7月27日　共産党、第6回全国協議会（六全協）で武装闘争を自己批判。党、再統一
10月13日　社会党統一（委員長・鈴木茂三郎）
11月15日　自由民主党結成（翌年4月に初代総裁・鳩山一郎選出）
この年、「国際労組基金」が共産党に25万ドル提供

1956年（昭和31）

2月14日　フルシチョフによるスターリン批判
4月17日　コミンフォルム解散
7月8日　第4回参院選挙（自民61、社会49、緑風5、共産2、諸無10）
7月17日　経済白書「もはや戦後ではない」
10月19日　鳩山首相訪ソ、日ソ国交正常化
12月18日　国連総会、日本の国連加盟を可決
12月23日　石橋湛山内閣成立

1957年（昭和32）

2月15日　マッカーサーⅡ世、駐日大使着任
2月25日　岸信介内閣成立
6月16日〜　岸首相訪米、日米新時代強調の共同声明
10月4日　ソ連、スプートニク1号打ち上げ成功

１９５８年（昭和33）

3月11日	米ＣＩＡ、自民党への資金援助を進める特別グループ（ＳＧ）設置
5月22日	第28回総選挙（自民２８７、社会１６６、共産１、諸無13／自社激突。社会党、戦後最多議席）
7～8月	共産党大会で野坂議長、宮本顕治体制発足（国務省が２００６年に公表）
7月	佐藤栄作、米外交官に59年参院選の資金援助を要請
	この年、「国際労組基金」が共産党に5万ドル提供

１９５９年（昭和34）

3月9日	社会党・浅沼稲次郎委員長訪中、「米帝国主義は日中両国人民共同の敵」と発言
6月2日	第5回参院選（自民71、社会38、緑風6、共産1、諸無11〈内6人は創価学会〉）
10月25日	社会党、西尾末広派が離党
11月6日	マッカーサー大使、西尾末広らを公邸に招き激励
	この年、「国際労組基金」が共産党に5万ドル提供

１９６０年（昭和35）

1月19日	岸首相訪米、新日米安保条約調印
1月24日	民主社会党結成（委員長・西尾末広）
	この頃から米、穏健野党（民社党）に年間7万５０００ドルを提供（～64年）
5月20日	新安保条約強行採決
6月15日	安保改定反対デモで樺美智子死亡
6月23日	新安保条約批准書交換、岸首相退陣表明
7月19日	池田勇人内閣成立
10月12日	浅沼稲次郎、刺殺
11月8日	米大統領選、ケネディ当選
11月20日	第29回総選挙（自民２９６、社会１４５、民社17、共産３）

１９６１年（昭和36）

4月19日	ライシャワー、米駐日大使に着任
8月13日	東ドイツ、「ベルリンの壁」を構築
	野坂参三、ソ連に対し62年分の支援として15～20万ドル要請
	この年、「国際労組基金」から共産党に10万ドル

１９６２年（昭和37）

7月1日	第6回参院選（自民69、社会37、公明9、民社4、共産3、参院同志会2、諸無3）
7月27日	江田三郎社会党書記長が「新しい社会主義のビジョン（江田ビジョン）」を発表
8月	ソ連がナウカ書店への新規融資決定
8月6日	第8回原水禁世界大会で社会党、総評が、ソ連の核実験に抗議する動議
10月22日	キューバ危機
11月27日	社会党大会で「江田ビジョン」批判決議
12月3日	社会党、総評、「いかなる国の核実験にも反対」を決議
12月5日	原水爆禁止連絡会（原水禁）設立
	この年、「国際労組基金」から共産党に15万ドル

１９６３年（昭和38）

5月	ＫＧＢ要員が袴田里見に１７９２万円手渡す
7月5日	中ソ共産党会議、モスクワで開催。20日、中ソ対立激化で決裂
8月5日	第9回原水爆禁止世界大会で原水爆禁止運動が分裂
11月22日	ケネディ大統領暗殺
	この年、「国際労組基金」から共産党に15万ドル

１９６４年（昭和39）

1月	社会党が党大会で「日本における社会主義への道」を採択
7月	社会党訪ソ団（成田知己団長）、ソ連との全面的協力を

表明

5月21日	共産党、志賀ら親ソ派の除名を決定
10月10日	東京五輪開催
10月15日	ソ連、ブレジネフ政権発足
11月3日	米大統領選、ジョンソン当選
11月9日	佐藤栄作内閣発足
	この年から米、国務省の秘密資金計画が段階的に消滅
	この年以降、「国際労組基金」から共産党への支援が停止。志賀グループを支援

1965年（昭和40）

2月7日	米軍、ベトナムで北爆開始
5月6日	社会党、新委員長に佐々木更三を選出
6月22日	日韓基本条約調印
7月4日	第7回参院選（自民71、社会36、公明11、民社3、共産3、諸無3）
7月16日	ライシャワー駐日大使が琉球立法院で自民党系政党への資金援助支持
	この年、ソ連が社会党に新聞用紙を30％引きで売却

1966年（昭和41）

3月28日	宮本顕治共産党書記長、訪中。毛沢東との会談決裂
5月16日	中国で文化大革命はじまる
8月	社会党が新聞用紙の安値提供をソ連に要請
11月	ソ連が社会党系中小商社の優遇を指示

1967年（昭和42）

1月29日	第31回総選挙（自民２７７、社会１４０、民社30、公明25、共産5、諸無9）
4月15日	社会党、共産党推薦で美濃部亮吉、都知事に当選
7月	社会党系の日ソ友好貿易協会、設立
8月20日	社会党、勝間田清一委員長、山本幸一書記長体制発足
12月11日	佐藤栄作首相、衆院予算委で「非核三原則」を言明

1968年（昭和43）

7月7日	第8回参院選（自民69、社会28、公明13、民社7、共産4、諸無5）
8月20日	ソ連軍、チェコスロバキアに介入
10月4日	社会党、成田知巳委員長、江田三郎書記長体制発足
10月	参院選において日ソ友好貿易協会が社会党に２００万円を寄付とソ連に報告
11月6日	米大統領選、ニクソン当選

1969年（昭和44）

1月18日	安田講堂事件
7月20日	アポロ11号、月面着陸
12月27日	第32回総選挙（自民２８８、社会90、公明47、民社31、共産14、諸無16）

1970年（昭和45）

2月26日	ソ連党政治局が社会党の幹部数名に10万外貨ルーブルの支払いを承認（ミトロヒン文書）
3月14日	大阪万博開催
7月7日	共産党大会で宮本顕治委員長、不破哲三書記局長体制発足
11月30日	社会党、成田知巳委員長、石橋政嗣書記長体制発足

1971年（昭和46）

5月	社会党が系列商社との２２６万ドルの契約実行をソ連に要請。契約額の1％を社会党への寄付に
6月17日	沖縄返還協定調印
6月27日	第9回参院選（自民63、社会39、公明10、民社6、共産6、諸無2）
7月15日	ニクソン大統領、翌年の訪中発表

1972年（昭和47）

- 1月26日　社会党大会において「社公民」体制否定、「社共共闘」を支持
- 2月　社会党が貿易操作による10万ドルの提供をソ連に要請
- 5月15日　沖縄施政権返還
- 7月7日　田中角栄内閣発足
- 9月25日　田中首相、訪中。日中国交回復
- 12月10日　第33回総選挙（自民２７１、社会１１８、共産38、公明29、民社19、諸無14）

1974年（昭和49）

- 2月　日ソ友好貿易協会が「日ソ貿易協会」に改組
- 3月　社会党が中小商社による木材支払いの猶予、ソ連の日用品買い付けを要請。73～74年にパルプ５万立方メートルの取引から、貿易協会が２２００万円を社会党に献金とソ連に報告
- 4月　社会党が広葉樹パルプの安値提供を要請
- 7月7日　第10回参院選（自民62、社会28、公明14、共産13、民社５、諸無８）
- 8月8日　米大統領にフォード就任
- 12月　社会党北海道支部が木材、鯨肉を社会党系商社に売却する契約の検討を要請

1975年（昭和50）

- 7月15日　公職選挙法、政治資金規正法改正（施行76年１月）
- 11月15日　第一回先進国首脳会議（フランス、ランブイエ）

1976年（昭和51）

- 7月27日　ロッキード事件で田中前首相逮捕
- 10月21日　ソ連が社会党系の奈良栄和商事を貿易で優遇
- 9月6日　ソ連空軍のベレンコ中尉亡命事件
- 11月3日　米大統領選、カーター当選
- 11月　日ソ貿易協会が鯨肉の買い付けで優遇措置を要請
- 12月5日　第34回総選挙（自民２４９、社会１２３、公明55、民社29、共産17、新自ク17、諸無21）

1977年（昭和52）

- 3月26日　社会党江田三郎元書記長が離党届（不受理により除名）、社民連を創設
- 7月10日　第11回参院選（自民63、社会27、公明14、民社６、共産５、新自由ク３、社民連１、革新自由１、諸無６）
- 12月30日　共産党、袴田里見前副委員長を除名（翌年１月４日発表）

1978年（昭和53）

- 1月　ソ連が日ソ貿易協会会員との貿易拡大を通達
- 8月12日　日中平和友好条約調印
- 12月7日　大平正芳内閣成立

1979年（昭和54）

- 1月1日　米中国交正常化
- 2月11日　イラン革命
- 4月3日　中国、中ソ友好同盟相互援助条約の破棄をソ連に通告
- 6月28日　東京で第５回先進国サミット開催
- 10月7日　第35回総選挙（自民２４８、社会１０７、公明57、共産39、民社35、新自ク４、社民連２）

1980年（昭和55）

- 1月10日　社会党、公明党、連合政権構想で合意
- 6月22日　初の衆参ダブル選挙（衆／自民２８４、社会１０７、公明33、民社32、共産29、新自ク12、社民連３、諸無11）（参／自民69、社会22、公明12、共産７、民社５、社民連１、諸無10）
- 7月19日　モスクワ五輪開催
- 11月4日　米大統領選、レーガン当選

注釈

1 The New York Times, Oct. 9, 1994, "C. I. A. Spent Millions to Support Japanese Right in 50's and 60's" by Tim Weiner.

2 『朝日新聞』、1994年10月10日付朝刊。

3 『毎日新聞』、1993年4月23日付朝刊。

4 志位和夫談話、『赤旗』、1993年4月14日付。1928年創刊とされる日本共産党機関紙は、『アカハタ』、『赤旗』と表記を変え、1997年からは『しんぶん赤旗』に改題したが、本稿では『赤旗』で統一する。

5 総務省ホームページ（HP）で公開されている政治資金規正法の概要説明は、「外国人、外国法人又はその主たる構成員が外国人若しくは外国法人である団体その他の組織から政治活動に関する寄附を受けることはできません」と記載している。今日、自治体や政治家のホームページその他には、政治献金についてこの外国人条項が明記されるようになった。

6 政治資金制度研究会編『Q&A　政治資金ハンドブック　第五次改訂版』、ぎょうせい、2009年、321－322頁。URLは　http://www.soumu.go.jp/menu_hourei/index.html

7 政治資金制度研究会監修、『政治資金規正法要覧〈第五次改訂版〉』、国政情報センター、2015年、102－103頁。

8 『朝日新聞』、2011年3月11日付夕刊。

9 筆者とのインタビュー。2017年11月27日。

10 河島太朗、「米英独仏における外国人の政治献金規制」、国立国会図書館、『調査と情報』542号、2006年6月1日付。1頁。

11 同上、2－5頁。

12 同上、5－7頁。

13 同上、8－9頁。

14 同上、9－10頁。

15 同上、1－11頁。

16 『日本経済新聞』、2011年3月7日付朝刊。なお、前原の辞任は、韓国人女性の献金が理由ではなく、覚醒剤使用や脱税で逮捕・起訴された企業経営者にパーティー券を大量に購入してもらうなど親しく交際していたことが暴露されそうになったのが真相とする見方もある。「資金提供者と殺人未遂事件　前原の危なすぎる人脈」、『週刊AERA』、朝日新聞出版、2011

年9月5日号。
17 『毎日新聞』、2011年3月11日付夕刊。
18 『朝日新聞』、2011年9月4日付朝刊。
19 『朝日新聞』、2011年3月8日付朝刊。
20 『産経新聞』、2011年10月5日付朝刊。
21 有馬哲夫著、『CIAと戦後日本』、平凡社新書、2010年、7頁。有馬は日本の報道機関による密約報道について、「なぜそのような密約があるのか、どのような『過程』があって、それを明文化せず密約にとどめたのか十分明らかにしていない」とし、皮相的な報道と批判している。
22 ティム・ワイナー著、藤田博司、山田侑平、佐藤信行訳、『CIA秘録 上・下』、文藝春秋、2008年。原著は“Legacy of Ashes : The History of the CIA”, Anchor, 2008. Legacy of Ashes（灰の遺産、負の遺産）とは、アイゼンハワー大統領が退任時にCIAを批判した時に使った表現。CIAの対日工作の部分は、文藝春秋の要請で日本語版用に大幅に書き加えたという。
23 マイケル・シャラー著、市川洋一訳、『「日米関係」とは何だったのか』、草思社、2004年。原著は、“Altered States : The United States and Japan Since the Occupation”, Oxford University Press, 1997.
24 春名幹男著、『秘密のファイル 上・下』、共同通信社、2000年。
25 米国立公文書記録管理局（National Archives and Records Administration, NARA）が運営する公文書館は全米に33カ所ある。ワシントンDCにある本館は手狭になったため、1994年にメリーランド大学のキャンパス付近に新館が建てられ、「アーカイブス2」と呼ばれる。
26 URLはhttps://aad.archives.gov/aad/
27 『合衆国の外交』（The Foreign Relations of the United States, FRUS）、以下FRUSと表記。編集作業は国務省広報局歴史部が担当している。URLはhttps://history.state.gov/
28 春名幹男、前掲書（下）、214頁。
29 URLは https://nsarchive.gwu.edu/
30 URLは http://www.jpri.org/
31 ただし、横手慎二・慶應義塾大名誉教授は「ロシア語史料はアメリカでも入手に苦労していて、冷戦時代のソ連・東欧諸国関係を除けばたいしたものは集まっていない」としている。（「ロシアの文書館事情」、『現代史研究』47号、現代史研究会、２００１年、93頁）

32 Christopher Andrew and Vasili Mitrokhin, "The Mitrokhin Archive- The KGB in Europe and the West", The Penguin Press, 1999. Christopher Andrew and Vasili Mitrokhin, "The KGB and the World- The Mitrokhin Archive II", Penguin Books, 2005. ミトロヒン文書は第一巻で西欧など西側諸国、第二巻で日本を含むアジア、中東、アフリカ、中南米などでのＫＧＢの工作活動を扱っている。

33 不破哲三著、『日本共産党にたいする干渉と内通の記録　上・下』、新日本出版社、１９９３年。

34 アンドレイ・イーレシュ著、瀧澤一郎訳、『ＫＧＢ極秘文書は語る』、文藝春秋、１９９３年。

35 名越健郎著、『クレムリン秘密文書は語る』、中公新書、１９９４年。

36 春名幹男、前掲書（上）、３７１頁。

37 孫崎享著、『戦後史の正体』、創元社、２０１２年、96頁。

38 ティム・ワイナー、前掲書（上）、１７８頁。

39 同上。

40 加藤哲郎は２０１４年、『ＣＩＡ日本人ファイル（米国国立公文書館機密解除資料）』として、注目度の高い日本人31人分の人物ファイルを現代史料出版から全12巻で出版した。加藤はこの解説で、「本資料集の解読で、『日本の黒い霧』といわれた戦後日本における米国のインテリジェンス活動の実際が、明らかになるであろう」と書いている。

41 加藤哲郎、「ＣＩＡ日本人ファイル　解説」、『ＣＩＡ日本人ファイル』、現代史料出版、２０１４年第1巻17頁。

42 米国立公文書館では、岸信介に関する個人ファイルは、米陸軍情報部（ＭＩＳ）がまとめた文書群にもあり、公文書館の分類請求名ＩＲＲ（Investigative Records Repository）として閲覧が可能。戦後、各国に駐留した米軍のＣＩＣ（Counter Intelligence Corps＝対敵防諜部隊）が収集したものが中心で、海軍情報部（ＯＮＩ）や連邦保安局（ＦＢＩ）、国務省などの文書も混じっている。ＩＲＲの「岸信介ファイル」は、巣鴨拘置所での尋問記録の一部が含まれ、ＣＩＡファイルより価値があるが、それでも米側との「特別な関係」を示す文書は含まれていない。

43 ジョン・ダワー著、三浦洋一、高杉忠明訳、『敗北を抱きしめて　上』、岩波書店、２００１年、２７３－２７４頁。

44 花井等・浅川公紀編著、『戦後日米関係の軌跡』、勁草書房、１９９５年、20頁。

45 FRUS, 1955–1957, Japan, Volume XXIII, Part 1. Memorandum of a Conversation, Department of State, Aug. 29, 1955, pp. 90–

97.

46 “Detailed Development of Major Actions Relating to Japan（NSC 5516/1）”, Operations Coordinating Board, Sep. 23, 1955. 文書番号 OCB File No. 11.

47 FRUS, 1955–1957, Japan, Volume XXIII, Part 1. Telegram from the Embassy in Japan to the Department of State, pp. 271–272.

48 FRUS, 1955–1957, Japan, Volume XXIII, Part 1. Telegram from the Embassy in Japan to the Department of State, pp. 273–274.

49 FRUS, 1955–1957, Japan, Volume XXIII, Part 1, Letter from the Ambassador in Japan to the Secretary of State, May 25, 1957, pp. 326–330.

50 Bina Cady Kiyonaga, “My Spy- memoir of a CIA wife”, Avon Books, 2000.

51 同上、１１５－１４０頁。

52 The New York Times, Oct. 9, 1994.

53 『読売新聞』、１９９４年10月13日付朝刊。

54 『毎日新聞』、１９９４年10月13日付朝刊。

55 『朝日新聞』、１９９４年10月10日付朝刊。

56 『毎日新聞』、１９９４年10月16日付朝刊。

57 同上。

58 春名幹男、前掲書（下）、２１４－２１５頁。

59 『産経新聞』、１９９４年11月17日付朝刊。

60 『朝日新聞』、１９９４年11月18日付朝刊。

61 『読売新聞』、１９９４年10月20日付朝刊。

62 『産経新聞』、１９９４年10月13日付夕刊。

63 『毎日新聞』、１９９４年10月11日付朝刊。

64 The New York Times, Oct. 9, 1994.

65 『産経新聞』、１９９４年10月12日付朝刊。

66 同上。

67 William O. Studeman, "Why C. I. A. Can Disclose Much, but Not All", The New York Times, Mar. 4, 1995.

68 Chalmers Johnson, "The 1955 System and the American Connection: A Bibliographic Introduction", Japan Policy Research Institute, Working Paper No. 11, Jul. 1995. ジョンソンが主宰する日本政策研究所は95年7月、「CIAと日本政治」と題するワーキングペーパーを公表した。

69 『読売新聞』、1994年10月20日付朝刊。

70 米国立公文書館（NARA）は2014年から、在外公館と国務省のやりとりなど、1977年以降の公電について、解禁されたものからNARAのウェブサイトに開設した文書データベース（Access to Archival Databases、AAD）で公開している。URLは https://aad.archives.gov/aad/ 77年以前の外交文書の電子化は進んでおらず、郵送された報告書類の電子化も行われていない。公文書館スタッフは2017年3月時点で、電子化されたのは保管外交文書全体の数％程度としていた。

71 "Telegram from the Embassy in Japan to the Department of State", Oct. 18, 1957. 文書番号794.00/10-1857. Department of State, Central Files. 国立公文書館では、国務省文書はRecord Group（RG）59に収められている。国務省のセントラル・ファイルの文書（1910-63年）は通常、十進分類で分けられ、7＝政治関係、94＝日本、00＝世界、10-1857＝1957年10月18日を意味する。63年2月-73年の文書は分類方法がやや異なる。分類の詳細は以下を参照。https://www.archives.gov/research/foreign-policy/state-dept/rg-59-central-files/1910-1963 なお、第2章、第3章で取り上げる文書は国務省のセントラル・ファイルとロット・ファイルから入手した。

72 この件は春名幹男、前掲書（下）、206-209頁が詳しい。

73 同上、209-212頁。

74 同上、206-209頁。

75 Editorial Note, Office of the Historian, FRUS, 1964-1968, Volume XXIX, Part 2. Japan. この「編集ノート」は以下のURLで閲覧可能。https://history.state.gov/historicaldocuments/frus1964-68v29p2/d1

76 前掲公文書。Telegram from the Embassy in Japan to the Department of State", Oct. 18, 1957.

77 岸信介著、『岸信介回顧録』、広済堂出版、1983年、419頁。なお、岸の回顧録は、東京裁判で訴追を逃れた背景や対米関係の深層など微妙な問題には触れていない。

78 『朝日新聞』、１９５８年5月24日付朝刊。
79 北岡伸一著、『自民党　政権党の38年』、中公文庫、２００８年、99頁。
80 FRUS, 1958-1960, JAPAN; KOREA, VOLUME XVIII, Telegram From the Embassy in Japan to the Department of State, pp. 35-36.
81 春名幹男、前掲書（下）、２１３頁。
82 Telegram from Tokyo to the Department of State, Jul. 29, 1958. 文書番号 794.00/7-2958.
83 高野派は高野実初代総評事務局長が率いる総評左派。高野は戦後、日本労働組合総同盟を経て総評事務局長を務め、社会党左派と連携した。
84 Telegram from Tokyo to Secretary of State, No. 1768. Jan. 8, 1958. 文書番号 794.00/1-858.
85 Telegram from Tokyo to Secretary of State, No. 3117. May 28, 1958. 文書番号 794.00/5-2858.
86 Telegram from Tokyo to Secretary of State, No. 83. Jul. 12, 1958. 文書番号 794.00/7-1258.
87 FRUS, 1958-1960, Japan; Korea, Volume XVIII, Telegram from the Embassy in Japan to the Department of State, Dec. 7, 1958, pp. 109-110.
88 Telegram from Tokyo to Secretary of State, No. 1305. Dec. 24, 1958. 文書番号 794.00/12-2458.
89 FRUS, 1958-1960, Japan; Korea, Volume XVIII, Telegram from the Embassy in Japan to the Department of State, Jun. 6, 1959, pp. 186-187.
90 FRUS, 1958-1960, Japan; Korea, Volume XVIII, Telegram from the Embassy in Japan to the Department of State, Feb. 8, 1960, pp. 286-287.
91 FRUS, 1958-1960, Japan; Korea, Volume XVIII, Telegram from the Embassy in Japan to the Department of State, Apr. 6, 1960, pp. 290-291.
92 FRUS, 1958-1960, Japan; Korea, Volume XVIII, Telegram from the Embassy in Japan to the Department of State, Jun. 17, 1960, pp 369-370.
93 FRUS, 1958-1960, Japan; Korea, Volume XVIII, Telegram from the Department of State to the Embassy in Japan, Feb. 4, 1960, p. 285.
94 岸信介、前掲書、５３４－５３５頁。

95 春名幹男、前掲書（下）、２８０頁。
96 同上。
97 同上、２７８頁。
98 同上、２８１頁。
99 孫崎享、前掲書、１９６頁。
100 FRUS, 1958-1960, Japan; Korea, Volume XVIII. Telegram from the Embassy in Japan to the Department of State, pp. 409-410.
101 マイケル・シャラー、前掲書、２５６頁。
102 前掲公文書。"Memorandum of a Conversation", Jul. 25, 1958.
103 春名幹男、前掲書（下）、２７４-２７６頁。
104 Telegram from Tokyo to Secretary of State. Nov. 10, 1960. 文書番号 794.00/11-1060. No. 1677.
105 "STATE DEPARTMENT DOCUMENT REVEALS 'SECRET ACTION PLAN' TO INFLUENCE 1965 OKINAWAN ELECTIONS", The National Security Archive.
https://nsarchive2.gwu.edu//nsa/archive/news/okinawa.htm
106 同上。
107 ティム・ワイナー、「第12章　『別のやり方でやった』自民党への秘密献金」、前掲書（上）、１７１-１８４頁。
108 同上、１７８-１８１頁。
109 同上、１８０-１８１頁。
110 FRUS, 1955-1957, Japan, Volume XXIII, Part 1, Memorandum of a Conversation Between Secretary of State Dulles and Prime Minister Kishi. Jun. 20, 1957, pp. 378-386.
111 マイケル・シャラー、前掲書、マッカーサー研究で知られるシャラーは、米側公文書を基に、日本がいかに米国の冷戦戦略の一コマに組み込まれたかを米側の視点で描いた。
112 同上、３４５-３４６頁。
113 同上、２２４-２２６頁。
114 同上、２３７-２４０頁。

115 Full text of "History of Allen Welsh Dulles As CIA Director Volume III Covert Activities" https://archive.org/details/HistoryOfAllenWelshDullesAsCIADirectorVolumeIIICovertActivities
116 FRUS, Editorial Note, Office of the Historian, 1964-1968, Volume XXIX, Part 2, Japan.
117 『朝日新聞』、２００６年７月20日付朝刊。
118 『読売新聞』、２００６年７月20日付朝刊。
119 ティム・ワイナー、前掲書（上）、１８２－１８３頁。
120 栗原祐幸著、『大平元総理と私』、廣済堂出版、１９９０年、１６２－１６３頁。大平はロッキード事件について、公の場では、「政界に身を置くものの一人として、また友人の一人として、国民に対して申し訳ないと思います」と述べている。（同書１９３頁）
121 一七会編、『われは傍流にあらず　政治記者の記録　政治改革に生涯をかけた三木武夫の軌跡』、人間の科学社、１９９１年、68頁。
122 第29回国会衆院決算委員会第９号議事録（１９５８年９月９日）。ＵＲＬは http://kokkai.ndl.go.jp/SENTAKU/syugiin/029/0106/02909090106009a.html
123 マイケル・シャラー、前掲書、２３９頁。
124 『読売新聞』、１９９４年10月20日付朝刊。
125 マイケル・シャラー、「米機密文書が暴くＣＩＡの対日工作資金」、『ＴＨＩＳ　ＩＳ　読売』、読売新聞社、１９９５年８月号、34－42頁。
126 石川真澄、山口二郎著、『戦後政治史』、岩波新書、２０１０年、42頁。
127 西尾末広著、『西尾末広の政治覚書』、毎日新聞社、１９６８年、３２６頁。
128 『朝日新聞』、１９６０年１月24日付夕刊。
129 FRUS, Editorial Note, Office of the Historian, 1964-1968, Volume XXIX, Part 2, Japan.
130 From Tokyo to Secretary of State, No. 1137. Nov. 25, 1958. 文書番号 794.00/11-2558.
131 From Tokyo to Secretary of State, No. 2619. Jun. 9, 1959. 文書番号 794.00/6-959.
132 From Embassy to Secretary of State, No. 144. Nov. 7, 1959. 文書番号 794.00/11-759.
133 From Tokyo to Secretary of State, No. 2119. May 10, 1961. 文書番号 794.00/5-1061.

134 西尾末広、前掲書、３５０頁。

135 FRUS, 1958-1960, Japan; Korea, Volume XVIII, Telegram from the Embassy in Japan to the Department of State, Sep. 20, 1957, pp. 480-484.

136 Telegram from the Embassy in Japan to the Department of State. Dec. 7, 1958. 文書番号 794.00/12-758.

137 FRUS, 1958-1960, Japan; Korea, Volume XVIII, Telegram from the Embassy in Japan to the Department of State, Jun. 6, 1959. pp. 186-188.

138 FRUS, 1958-1960, Japan; Korea, Volume XVIII, Telegram from the Embassy in Japan to the Department of State, Jun. 21, 1960. pp. 377-378.

139 マイケル・シャラー、前掲書、２５７頁。

140 同上。

141 "Detailed Development of Major Actions Relating to Japan (NSC 5516/1)", Operations Coordinating Board, Sep. 23, 1955.

142 FRUS, 1958-1960, Japan; Korea, Volume XVIII, National Security Council Report, NSC 6008/1. Jun. 11, 1960. pp 337-350.

143 竹内洋、「民社党にみる戦後政治の不運」、『産経新聞』２０１４年12月5日付朝刊。

144 当日、日比谷公会堂では民社、社会、自民の三党首演説会が行われ、西尾、浅沼、池田の順で演説を行う予定となっていた。西尾が浅沼刺殺の一報を耳にしたのは、演説が終わり一足先に退席した帰路のことだった。

145 竹内洋、前掲『産経新聞』。

146 大野和基、「新証言　ＣＩＡ対日秘密工作の全文書」、『文藝春秋』１９９４年12月号、１４４－１５６頁。

147 米政府「歴史外交文書諮問委員会」の会議議事録は国務省の以下のサイトで閲覧できる。https://history.state.gov/about/hac/meeting-notes

148 https://history.state.gov/about/hac/october-1996　議事録では、微妙な部分は黒塗りで非公開となっている。

149 『西日本新聞』、２０１６年１月６日付朝刊。

150 Jim Mann, "CIA Keeping Historians in the Dark about Its Cold War Role in Japan", The Los Angeles Times, Mar. 20, 1995.

151 https://history.state.gov/about/hac/october-1996

152 https://history.state.gov/about/hac/september-2003

153 前掲、『西日本新聞』２０１６年１月６日付朝刊。

154 同上。
155 『西日本新聞』、２０１７年１月３日付朝刊。
156 FRUS, Preface, Volume XXII, Northeast Asia 1961-1963.
157 https://history.state.gov/about/hac/june-2001
158 FRUS, Preface, 1969-1976, Volume XIX, Part 2, Japan, 1969-1972.
159 The Los Angeles Times, "The U. S. is no stranger to interfering in the elections of other countries", Dec. 21, 2016.
160 The Washington Post, "The long history of the U. S. interfering with elections elsewhere", Oct. 13, 2016.
161 https://nsarchive.gwu.edu/briefing-book/intelligence/2017-02-07/cia-covert-aid-italy-averaged- 5-million-annually-late-1940s
162 ＣＩＡのイタリア秘密工作は、米国防総省の歴史研究グループが２０１１年に作成した報告書 "Shots from a Luce Cannon": Combating Communism in Italy, 1953-56 で紹介されている。国家安全保障公文書館が報告書を入手し、公表した。
163 FRUS, Western Europe 1948, Volume III. pp. 776-779. Report by the National Security Council. Mar. 8, 1948.
164 FRUS, Western Europe 1948, Volume III. Mar. 12, 1948. p. 784.
165 https://en.wikipedia.org/wiki/1948_Italian_general_election
166 The New York Times, "Russia Isn't the Only One Meddling in Elections. We Do It, Too". Feb. 17, 2018.
167 Wayne Madsen, "US Meddling in Foreign Elections: A CIA Tradition Since 1948", "Online Journal, Strategic Culture", https://www.strategic-culture.org/
168 Der Spiegel, "The CIA Paid", 33/1997.
169 前掲公文書。文書番号 794.00/10-1857. Oct. 18, 1957.
170 春名幹男、前掲書（下）、２０７－２０９頁。
171 "Partisan electoral interventions by the great powers: Introducing the PEIG Dataset", Dov H. Levin, First Published Sep. 19, 2016. 報告書は以下のサイトで30米ドルで購入可能。http://www.dovhlevin.com/datasets
172 同上。
173 Bloomberg, "Clapper: When We Interfere and Overthrow Governments, It Is for 'The People'", Jun. 4, 2018.
174 The Los Angeles Times, Dec. 21, 2016.
175 たとえば、Gordon Thomas, "Gideon's Spies: The Secret History of the Mossad", Griffin, 2015. pp. 102-107.

176 The Los Angeles Times, Dec. 21, 2016.

177 Dov H. Levin. pp. 7-8.

178 同上。p. 14.

179 同上。p. 13.

180 マックス・ヴェーバー著、脇圭平訳、『職業としての政治』、岩波文庫、１９８０年、１１８頁。

181 日本共産党中央委員会ホームページ。https://www.jcp.or.jp/

182 Youssef El-Gingihy, "Karl Marx 200th anniversary: The world is finally ready for Marxism as capitalism reaches the tipping point", Independent, May 8, 2018.

183 "The Communist International 1919-1943", Marxists Internet Archive https://www.marxists.org/history/international/comintern/index.htm

184 コミンテルンの秘密活動や公然活動について、詳しくは『共産主義黒書』、ステファヌ・クルトワ他著、高橋武智訳、恵雅堂出版、２００６年。

185 新華社通信、２０１９年6月30日。

186 立花隆著、『日本共産党の研究（一）』、１９８３年、講談社文庫、52頁。

187 読売新聞社編、『20世紀　どんな時代だったのか　革命編』、読売新聞社、１９９８年、82頁。

188 立花隆、前掲書、63頁。

189 同上、52頁。

190 たとえば、水島毅著、『宮本共産党を裁く』、全貌社、１９９６年、61-91頁。

191 日本共産党は１９５０-55年の極左暴力路線を「冒険主義」だったと自己批判したが、今日では、徳田、野坂ら所感派の仕業とする立場を取っている。たとえば、『赤旗』（２０１６年3月24日付）は、「１９５０年から55年にかけて、徳田球一、野坂参三らによって日本共産党中央委員会が解体され党が分裂した時代に、中国に亡命した徳田・野坂派が、旧ソ連や中国の言いなりになって外国仕込みの武装闘争路線を日本に持ち込んだことがあります。しかし、それは党が分裂した時期の一方の側の行動であって、１９５８年の第7回党大会で党が統一を回復したさいに明確に批判され、きっぱり否定された問題です」としている。

192 不破哲三、日本共産党創立78周年記念講演会、２０００年7月20日。http://www.jcp.or.jp/jcp/78th_koen/fuwa_78th_hon

bun.html
193 『産経新聞』、2017年7月20日付朝刊。
194 「日本共産党綱領　第3章　世界情勢——二〇世紀から二一世紀へ」、2004年1月17日第23回党大会で採択。https://www.jcp.or.jp/i/jcp/jcp/koryo/index.html
195 『毎日新聞』、1991年9月1日付朝刊。宮本顕治は『読売新聞』（1991年9月14日付朝刊）とのインタビューで、「『もろ手』とは言い過ぎだと一部の人は言うが、ソ連の覇権主義がどんなに社会主義に逆行していたか。世界の共産主義運動が自分たちの立場を再検討するいい機会だ」と釈明している。
196 『朝日新聞』、1991年9月14日付朝刊。
197 『赤旗』、2017年12月31日付。
198 名越健郎、前掲書、74-77頁。
199 『イズベスチヤ』、1993年3月31日、4月1日、「ソ連共産党資金の追及　上（楽観的開始）、下（悲観的結末）」。
200 同上。
201 同上。
202 ソ連共産党中央委決議、1950年7月19日。文書番号 п76/122.
203 横手慎二、「ソ連共産党中央委員会国際部の形成　一九四三-五七」、『法學研究：法律・政治・社会』68巻2号、慶應義塾大学法学研究会、1995年、226頁。
204 グリゴリヤン・ソ連共産党対外政策委委員長のスターリン宛て報告。1950年8月16日。文書番号 15-Г-2051.
205 グリゴリヤン・ソ連共産党対外政策委委員長のスターリン宛て報告。1951年1月20日。文書番号 15-Г-003.
206 グリゴリヤン・ソ連共産党対外政策委委員長のスターリン宛て報告。1951年12月1日。手書き。文書番号未記入。
207 「左翼労働組織支援国際労組基金に参加する共産党指導者との会談記録」。作成日時不明。
208 「1958年労組基金使用リスト」。作成日不明。手書き。文書番号未記入。
209 「1959年労組基金使用リスト」。作成日不明。手書き。文書番号未記入。
210 「1961年労組基金使用リスト」。作成日不明。手書き。文書番号未記入。
211 「1962年労組基金使用リスト」。作成日不明。手書き。文書番号未記入。
212 「1963年労組基金使用リスト」。作成日不明。手書き。文書番号未記入。

213 「1965年労組基金使用リスト」。作成日不明。手書き。文書番号未記入。
214 「1973年労組基金使用リスト」。作成日不明。手書き。文書番号未記入。
215 名越健郎、前掲書、84頁。
216 ソ連共産党中央委決議案。1963年1月3日。文書番号未記入。
217 アンドレイ・イーレシュ著、『KGB、ソ連共産党、ソ連軍の機密』(邦訳『KGB極秘文書は語る』)、1993年、文藝春秋、194-219頁。
218 同上。207頁。イーレシュは、71年に志賀に5万ドル、神山に1万ドルが与えられたとし、「こうした散発的とされた援助も74年を最後に中止された」としている。
219 同上、209-211頁。
220 同上、216頁。
221 イワン・コワレンコ著、『対日工作の回想』、文藝春秋、1996年、220-221頁。
222 ファーリン党国際部長から中央委への報告。1989年12月5日。文書番号未記入。
223 ゲラシチェンコ国立中央銀行総裁への党中央委の指示。1989年12月11日。文書番号 II175/3.
224 アンドレイ・イーレシュ、前掲書、200-201頁。
225 『イズベスチヤ』、1993年4月1日付。
226 ソ連共産党中央委議定書。1961年12月11日。文書番号 P7/60.
227 『時事通信』、1993年4月13日。
228 『時事通信』、1993年4月22日。
229 志位和夫談話、『赤旗』、1993年4月14日付。
230 不破哲三著、『日本共産党にたいする干渉と内通の記録　上・下』、新日本出版社、1993年。
231 加藤昭、小林峻一、有田芳生、「ソ連秘密資金で建てた日本共産党本部」、『週刊文春』1993年4月15日号。『週刊文春』はフリージャーナリストの加藤昭のチームがモスクワに長期滞在して文書の発掘に当たり、野坂参三の同志密告の書簡なども入手した。文春と日本共産党は論戦を展開した。
232 同上、36頁。
233 同上、39-40頁。

234 『赤旗』、1993年4月9日付。
235 イワン・コワレンコ、前掲書、222頁。
236 『赤旗』、1993年4月9日付。
237 アンドレイ・イーレシュ、前掲書、207－208頁。
238 駐日ソ連大使の党中央委宛て報告。1964年3月8日。文書番号13958.
239 アンドレイ・イーレシュ、前掲書、218－219頁。
240 『イズベスチヤ』紙ペトロフ東京特派員と日本共産党幹部会員袴田里見同志との対談記録。1962年3月2日。文書番号M/B145.
241 シェブリャーギン党国際部副部長の党中央委宛て報告。1962年2月19日。文書番号06912.
242 ボリソフ外国貿易省次官の党中央委宛て報告。1962年8月7日。文書番号23114.
243 ソ連共産党中央委決議。1962年8月10日。文書番号CT-35/Tc.
244 合同出版社代表、ドイ・スケノブ氏との面談記録。1965年8月4日。文書番号未記入。
245 『産経新聞』、1992年11月10日付朝刊。ただし、産経が報じたのはソ連による融資の部分だけで、半分が日本共産党の金庫に入った疑惑に関する文書には言及していない。
246 『週刊文春』1993年4月15日号、38頁。
247 『イズベスチヤ』紙ペトロフ東京特派員と日本共産党幹部会員袴田里見同志の対談記録。1962年1月20日。文書番号M641.
248 日本共産党中央委員会の要請。1961年8月7日。第192回党書記局会議議事録。
249 ソ連共産党中央委書記局議定書第191号。1961年7月31日。
250 ソ連共産党中央委書記局議定書第51号。1968年5月17日。
251 ソ連共産党中央委書記局議定書第51号。1968年5月17日。文書番号51-206Г.
252 ソ連共産党中央委書記局議定書第130号。1978年10月20日。
253 『共同通信』、2006年7月19日。
254 『週刊文春』、1993年4月22日号、39頁。
255 『読売新聞』、1993年11月15日付夕刊。

256 "The Communist Threat in Japan", G2. １９５４年。日時不詳。
257 "Report of Findings", 441st CIC Group, Nov. 4, 1957. 文書番号 SR380-320-1010.
258 "The Japanese Communist Party 1955–1963", CIA/RSS. Mar. 20, 1964, p. 82. 文書番号 1119/64.
259 "Report of Findings," 441st CIC Group, Feb. 5, 1957. 文書番号 SEC-3110.
260 和田春樹著、『歴史としての野坂参三』、平凡社、１９９６年、22頁。
261 野坂がコミンテルンに宛てた山本懸蔵告発文書（英文）は、加藤昭・小林峻一著、『闇の男　野坂参三の百年』（文藝春秋、１９９３年）の巻末に邦訳全文が掲載されている。
262 大森実著、『戦後秘史３　祖国革命工作』、講談社、１９７５年、２４２－２５２頁。
263 "Summary of Information", OSS, Jul. 7, 1944. 文書番号 W-756.
264 "Summary of Information," OSS, Mar. 1945. 文書番号 XL-7670.
265 "Check Sheet", G-2, Feb. 6, 1946. 文書番号 DA-252.
266 春名幹男、前掲書（上）、１６４頁。
267 同上、１６３頁。
268 ディミトロフ、ポノマリョフによるスターリン、モロトフ、マレンコフ宛て書簡。１９４５年８月15日。文書番号 25-D-2797. なお、ソ連公文書では野坂はペンネームの「オカノ・ススム（岡野進）」または「ノサカ・テツ（野坂鉄）」と表記されているが、本稿では野坂参三に統一した。
269 ポノマリョフ、ディミトロフによるモロトフ外相宛て報告書。１９４５年11月17日。
270 名越健郎、前掲書、１０４頁。
271 『赤旗』、１９９２年８月16日付。
272 同上。
273 同上。
274 同上。
275 ポノマリョフによるモロトフ外相宛て報告書。１９４５年11月17日。文書番号未記入。
276 コワリョフらによるベリヤ、マレンコフ宛て報告書。１９４５年11月４日。文書番号未記入。
277 ポノマリョフ、ディミトロフによるモロトフ宛て報告書。１９４５年11月17日。文書番号未記入。

278 不破哲三、前掲書（下）、285頁。

279 アレクセイ・キリチェンコ、「ソ連共産党　戦後地下エージェントとしての野坂参三」、『諸君！』、文藝春秋、1993年3月号、152頁。キリチェンコは野坂訪ソによるモスクワ極秘会談が「戦後の日ソ両共産党関係史の原点」になったとしている。144頁。

280 野坂参三に関する報告書。1949年10月28日。文書番号 498.

281 "The Cominform and the Korean Communist Party", 971st CIC Detachment, 1948.

282 たとえば、松村史紀、「未熟な中ソ分業体制」、『アジア研究』、一般財団法人アジア政経学会、2015年1号、39-40頁。

283 "Incoming Message", General Headquarters, US Army Forces, Pacific Adjutant General's Office. Dec. 27, 1945.

284 大森実著、『戦後秘史3　祖国革命工作』、野坂参三インタビュー、講談社文庫、1981年、273頁。和田春樹は、「野坂にとって旧知の朝鮮独立同盟の第一陣も金科奉以下すでに平壌に到着していた。野坂としては彼らこそが朝鮮の党の中心に立つべきだと考えていたので、若い金日成に対し、軽侮の念を持ったということがあったのであろうか。そうは考えにくい。野坂は日本と朝鮮の革命の方針について、北朝鮮の党のトップである金日成と『深く話した』はずである」と分析している。

285 『歴史としての野坂参三』、156-157頁。

和田春樹、前掲書、156-157頁。和田によれば、野坂はたまたま平壌に来ていた朝鮮南部の活動家、朴憲永に会い、ソウルの米軍司令官ホッジに手紙を出して、帰国援助を求めた。返事はなかったとみられる。

286 「野坂議長にきく　延安から東京まで」、『赤旗』、1971年9月4日付。

287 春名幹男、前掲書（上）、165頁。

288 同上。

289 水島毅、前掲書、65-66頁。

290 同上。

291 『朝日新聞』、1946年1月27日付朝刊。

292 "Japanese Communist Contacts with Soviet Officials", G-2, Sep. 26, 1946. 文書番号 A-211.

293 "Summary of Information", 441st CIC Group, Aug. 19, 1947. 文書番号 D-5-1412.

294 "Summary of Information", 441st CIC Group. Oct. 20, 1948. 文書番号 D-5-2931.

295 Summary of Information, Aichi CIC Area, Third CIC District. Oct. 21, 1948. 文書番号 D-3-2122.

296 "Report of Interview", G-2, Feb. 11, 1946.
297 "Interview with Nosaka Sanzo," G-2, Apr. 25, 1947.
298 竹前栄治著、『日本占領――ＧＨＱ高官の証言』、中央公論社、１９８８年、91-93頁。
299 下斗米伸夫著、『日本冷戦史』、岩波書店、２０１１年、１９３頁。
300 立花隆、「解説座談会　野坂参三は何重スパイだったのか」、『闇の男　野坂参三の百年』、１９５頁。
301 『共同通信』、１９９４年８月27日。
302 同上。
303 不破哲三、前掲書（下）、３６４頁。
304 袴田里見著、『昨日の同志　宮本顕治へ』、新潮社、１９７８年、２０６頁。
305 アレクセイ・キリチェンコ、前掲『諸君！』論文、１５２頁。
306 和田春樹、前掲書、19頁。
307 同上、１３９頁。
308 同上、２０９頁。
309 クレムリンＨＰ。http://en.kremlin.ru/events/president/news/51206
310 『読売新聞』、１９９１年11月21日付朝刊。
311 『読売新聞』、１９９１年11月28日付朝刊。
312 『赤旗』、２００２年７月11日付。
313 『毎日新聞』、１９９４年９月３日付朝刊。
314 同上。
315 『読売新聞』、１９９４年７月19日付朝刊。
316 村山富市、薬師寺克行編、『村山富市回顧録』、岩波現代文庫、２０１８年、２４２頁。
317 同上、２８３-２８４頁。
318 『読売新聞』、１９９９年11月21日付朝刊。
319 原彬久著、『戦後史のなかの日本社会党』、中公新書、２０００年、２１４頁。原は社会党外交の主要なバックボーンになったのは、旧日本軍の中国侵略に対する贖罪意識であり、それが「反戦平和」「非武装中立」「反安保」につながったとしている。

320 213－214頁。
321 同上、254頁。
322 『産経新聞』、1998年10月20日付朝刊。
323 同上。
入手した文書には、在日ソ連大使館からの党中央委宛て報告書なども含む。機密性の高い共産党政治局の文書は、ロシア大統領府公文書館に引き継がれ、公開されていない。
324 ソ連共産党中央委議定書第155号、1960年6月28日。ソ連はこの時期、事故死した鉱山労働者の遺族に見舞金を送り、炭鉱労働者を支援したこともある（ソ連共産党中央委議定書第55号、1961年4月13日）。
325 ソ連共産党中央委議定書第62号、1963年3月11日。ソ連は松川事件の服役囚解放運動に関する総評主導の映画製作基金に資金援助を伝えるなど、松川事件に関心を示している（ソ連共産党中央委議定書第40号、1959年12月2日）。
326 石川真澄、山口二郎、前掲書、99頁。
327 「道」については、日本社会党中央党学校編、『日本における社会主義の道』、日本社会党中央本部教宣局、1967年が詳しい。
328 社会党が1986年に「道」を事実上放棄したのは、85年のゴルバチョフ政権発足、社会主義協会の理論的支柱だった向坂逸郎の死、86年衆参ダブル選の大敗などがあるとされる。
329 上住充弘、「日本社会党左派はソ連共産党の出店だったのか」、『中央公論』中央公論社、1993年8月号、169頁。
330 同上、169－170頁。
331 成田書記長からコワレンコ日本課長宛て書簡。1966年10月2日付。文書番号 41113.
332 横手慎二は、コワレンコの活動がめざましかったことについて、カピッツァ元外務次官の話として、「その背後にスースロフ党政治局員がいたため」とし、82年のスースロフの死後、コワレンコの影響力が弱まり、対日姿勢が変化したと分析している（横手慎二、「ソ連共産党中央委員会国際部の形成一九四三－五七」、230頁）。
333 原彬久、前掲書、259頁。
334 ソ連共産党中央委宛て報告。1966年11月19日付、文書番号 25-C-1351.
335 ソ連共産党中央委議定書。1966年11月24日付、文書番号 25-C-1328.
336 ソ連共産党中央委議宛て報告。1967年9月14日付、文書番号 25-C-1362.

337 山本社会党書記長からの書簡。1967年10月1日。
338 「ソ連共産党中央委員会宛報告書」、1967年10月25日、文書番号 25-C-1599.
339 ソ連共産党中央委議定書「日本社会党の要請について」。文書番号 St-37/46gs. 1967年10月31日。
340 在日ソ連大使館からソ連共産党国際部への報告。1968年10月4日。文書番号 45823.
341 在日ソ連大使館からソ連共産党中央委宛て報告。1966年8月24日付。文書番号 42121.
342 「川上貿易への社会党向け新聞用紙1600トンの売却について」。ソ連共産党書記局議定書第11号。1966年9月2日。
343 原彬久、前掲書、224頁。
344 同上、225頁。
345 ソ連共産党中央委議定書。1968年2月26日。この博物館は静岡県田方郡戸田村(現沼津市)に建設された「戸田造船郷土資料博物館」で、沼津市のHPには、ソ連政府から1969年に500万円の寄付があったことが記されている。
346 ソ連共産党中央委議定書。1966年4月26日。文書番号未記入。
347 ソ連共産党中央委議定書。1974年10月9日。文書番号 29561.
348 アニシモフ一等書記官の党国際部宛て報告。発信番号 478、1971年4月20日。
349 シレンコ三等書記官の党国際部宛て報告。発信番号 359、1971年2月16日。
350 成田社会党委員長のブレジネフ共産党書記長宛て書簡。1971年3月23日。
351 上住充弘、「日本社会党左派はソ連共産党の出店だったのか」、『中央公論』、1993年8月号、174頁。
352 同上、168-169頁。
353 上住充弘、「社会党親ソ派は今どこにいる」、『中央公論』、1993年10月号。175-176頁。
354 成田社会党委員長からブレジネフ書記長への書簡。1972年12月21日、文書番号 22923.
355 スタニスラフ・レフチェンコ、「私が操った社会党と新聞」、『月刊文藝春秋』、1993年6月号。145頁。記事は、米国亡命中のレフチェンコと上住充弘の対談の形を取っている。
356 石橋社会党書記長のコワレンコ日本課長宛て書簡。1971年12月23日。
357 ソ連共産党中央委員会、「外国貿易省への要請について」。1972年2月29日、文書番号 25-C-338.
358 ソ連共産党中央委議定書第33号。1972年3月3日。
359 北方領土問題をめぐる社会党の姿勢の変化については、上住充弘、「社会党親ソ派は今どこにいる」、『中央公論』、174-

176頁が詳しい。
360 『読売新聞』、1991年4月11日付朝刊。
361 上住充弘、「日本社会党左派はソ連共産党の出店だったのか」、『中央公論』、1993年8月号、170-171頁。
362 在日ソ連大使館から外務省・党国際部宛て報告。発信番号68、1971年5月21日。文書番号10268.
363 「川崎社会党国際局長との会談メモ」、発信番号79、1974年4月26日。文書番号13254.
364 「報告書：日本社会党を支持する日本企業と全ソ公団が締結した契約について」。文書番号05083。日付が明記されていないが、1971年作成とみられる。
365 上住充弘、「社会党、『ソ連秘密資金』はあった」、『週刊文春』、1993年8月17日号。41-170頁。
366 在日ソ連大使館からソ連共産党国際部への報告、発信番号198、1974年9月30日。文書番号37469.
367 「デニソフ参事官の横川会長との会談記録」、発信番号207、1974年3月12日。文書番号29255.
368 在大阪ソ連総領事館からソ連共産党国際部への報告。1976年3月27日。文書番号153.
369 板鼻社長よりチェルノフ総領事宛て書簡。1976年3月24日。
370 チェルノフ総領事よりソ連対外貿易協同組合議長宛て書簡。1976年4月5日。文書番号159.
371 ソ連外国貿易省次官よりソ連共産党国際部副部長宛て書簡。1976年12月1日。文書番号013-7/20376.
372 『時事通信』、1993年2月19日。
373 デニソフ・ソ連大使館参事官の外務省・共産党国際部宛て報告。1973年12月10日。文書番号288.
374 クズネツォフ一等書記官のソ連共産党国際部、ソ連外務省宛て報告。1974年12月19日。発信番号255、文書番号46306.
375 『時事通信』、1993年3月28日。
376 同上。
377 ソ連共産党国際部宛て書簡、1976年10月7日。文書番号47323.
378 1976年10月1日の「ミグ25機の即時返還を求める集い」で採択された決議。ミグ機の解体検査中止や即時返還、日ソ関係修復を要求している。
379 ソ連共産党国際部宛て報告。1976年10月11日、文書番号50680.
380 横川・日ソ貿易協会会長との会談メモ、クズネツォフ参事官よりソ連外務省宛て。1976年10月14日。
381 石橋社会党書記長からソ連共産党中央委への書簡。1977年11月1日。

382 デニソフ参事官の外務省・共産党国際部宛て報告。1977年11月11日。
383 ソ連共産党中央委員会書記局第90回会議議事録「日ソ貿易協会会員商社との貿易拡大措置について」（1978年1月31日）、文書番号未記入。
384 ソ連共産党中央委書記局議定書。1980年3月12日。文書番号78-3.
385 名越健郎、前掲書、135－136頁。
386 「われわれにとってソ連共産党の解党とは」、『週刊エコノミスト』、毎日新聞出版、1991年9月10日号、2頁。
387 『読売新聞』、1993年4月10日付朝刊。
388 『毎日新聞』、1993年4月23日付朝刊。
389 イワン・コワレンコ、前掲書、220－226頁。
390 アレクセイ・キリチェンコ、筆者とのインタビュー。1993年、2005年。
391 スタニスラフ・レフチェンコ、「私が操った社会党と新聞」、『月刊文藝春秋』、1993年6月号。136－166頁。
392 外務省幹部との懇談。2015年。
393 スタニスラフ・レフチェンコ、前掲論文、145－146頁。
394 上住充弘、前掲論文、『週刊文春』、1992年7月16日号、42頁。
395 Christopher Andrew and Vasili Mitrokhin, "Mitrokhin Archives I: The KGB in Europe and the West", Penguin Books, 1999. Christopher Andrew and Vasili Mitrokhin, "The KGB and the World: Mitrokhin Archives II", Penguin History 2005. ミトロヒン文書は1992年、英情報機関ＭＩ６の協力を得て英国に持ち出され、クリストファー・アンドリューの編纂協力を得て、二巻に分けて出版された。第一巻は、西側でのＫＧＢのスパイ活動の暴露が反響を呼び、英、伊、インドなどの議会で調査委員会が設置された。邦訳は出版されていない。1999年版は欧米でのＫＧＢ活動が対象で、2005年版は日本を含むアジア、中東、中南米、アフリカでの活動を網羅している。
396 Christopher Andrew and Vasili Mitrokhin, "The KGB and the World: Mitrokhin Archives II", pp. 299-301.
397 大統領公文書保管所はソ連共産党政治局関係の文書等を保管する。
398 アンドレイ・セベロフ、「ソ連は社会党にこうして貢いだ」、『ＴＨＩＳ　ＩＳ読売』読売新聞社、1993年6月号、104頁。
399 FRUS, 1955-57, Japan, Document 192, pp. 410-413. Memorandum of conversations at the White House, Jun. 21, 1957, p. 412.

400 マイケル・シャラー、前掲論文、41頁。
401 原彬久、前掲書、３１９頁。
402 ジョン・ダワー、前掲書 上巻、２６６－２６７頁。
403 Chalmers Johnson, "The CIA and Japanese Politics", Asian Perspective, Vol. 24, No. 4, 2000, p. 82.
404 マイケル・シャラー、前掲書、13頁。
405 ＢＳフジ、『プライムニュース』、２０１２年３月20日放送。
406 栗原祐幸、前掲書、１６２－１６３頁。
407 上住充弘、前掲論文、『週刊文春』42頁。
408 マックス・ヴェーバー、前掲書、21頁。
409 同上、67頁。
410 "USA Today", Oct. 21, 2016. "Yes, 17 intelligence agencies really did say Russia was behind hacking"
411 ロシア大統領府ホームページ。http://kremlin.ru/events/president/news/20603
412 『読売新聞』、２０１９年４月29日付朝刊。
413 五百旗頭真著、『米国の日本占領政策　上』、中央公論社、１９８５年、まえがきiii頁。

写真提供：35頁　岸信介、佐藤栄作（パブリックドメイン）
41頁　ダグラス・マッカーサーⅡ世（時事）
62頁　岸信介（首相官邸ＨＰ）
82頁　川島正次郎（共同）
85頁　エドウィン・ライシャワー（時事）
107頁　西尾末広（時事）
184頁　イワン・コワレンコ（時事）
189頁　袴田里見（共同）
220頁　野坂参三帰国歓迎国民大会（朝日新聞社／時事）
301頁　スタニスラフ・レフチェンコ（ＣＮＰ／時事）

新潮選書

秘密《ひみつ》資金《しきん》の戦後《せんご》政党史《せいとうし》　米露《べいろ》公文書《こうぶんしょ》に刻《きざ》まれた「依存《いぞん》」の系譜《けいふ》

著　者………………名越健郎《なごしけんろう》

発　行………………2019年12月20日

発行者………………佐藤隆信
発行所………………株式会社新潮社
〒162-8711 東京都新宿区矢来町71
電話　編集部 03-3266-5411
　　　読者係 03-3266-5111
https://www.shinchosha.co.jp
印刷所………………株式会社三秀舎
製本所………………株式会社大進堂

乱丁・落丁本は、ご面倒ですが小社読者係宛お送り下さい。送料小社負担にてお取替えいたします。価格はカバーに表示してあります。

ISBN978-4-10-603850-1 C0331